中国建筑业改革与发展研究报告（2024）

——优化市场环境与提升建筑品质

住房和城乡建设部建筑市场监管司
住房和城乡建设部政策研究中心　编著

中国建筑工业出版社

图书在版编目（CIP）数据

中国建筑业改革与发展研究报告.2024：优化市场环境与提升建筑品质/住房和城乡建设部建筑市场监管司，住房和城乡建设部政策研究中心编著.--北京：中国建筑工业出版社，2025.4.--ISBN 978-7-112-31024-1

I.F426.9

中国国家版本馆CIP数据核字第202514VM63号

责任编辑：张智芊
责任校对：李美娜

中国建筑业改革与发展研究报告（2024）
——优化市场环境与提升建筑品质
住房和城乡建设部建筑市场监管司　编著
住房和城乡建设部政策研究中心

*

中国建筑工业出版社出版、发行（北京海淀三里河路9号）
各地新华书店、建筑书店经销
华之逸品书装设计制版
建工社（河北）印刷有限公司印刷

*

开本：787毫米×960毫米　1/16　印张：16　字数：245千字
2025年4月第一版　2025年4月第一次印刷
定价：75.00元
ISBN 978-7-112-31024-1
（44733）

版权所有　翻印必究
如有内容及印装质量问题，请与本社读者服务中心联系
电话：(010)58337283　QQ：2885381756
（地址：北京海淀三里河路9号中国建筑工业出版社604室　邮政编码：100037）

编 写 说 明

《中国建筑业改革与发展研究报告（2024）》是从2003年该报告问世以来第21个年度发展报告，主题是"优化市场环境与提升建筑品质"。本期报告突出以下三个特点：

1. 紧扣建筑业发展的时代主题。 党的十八大以来，我国建筑业持续健康平稳发展，在国民经济中的支柱产业地位更加稳固，建筑产业现代化程度大幅提升，工程质量稳步提高，有力支撑了基本民生保障。2023年，建筑业总产值达到31.59万亿元，同比增长5.77%；建筑业增加值达到8.57万亿元，比上年增长7.10%，增速高于国内生产总值1.9个百分点。面对新形势新要求，优化市场环境、提升建筑品质是重要的主题，既有利于促进建筑业高质量发展，也有利于为人民美好生活提供切实保障。本期报告在反映我国建筑业常规发展状况的基础上，集中反映了上述内容。

2. 分析总结2023年我国建筑业改革举措和发展形势。 围绕主题，报告内容分为五个部分。第一部分简要总结2023年以来我国的宏观经济形势以及工程建设领域政府监管与服务的工作成果；第二部分全面反映2023年我国建筑业的发展状况，包括建筑施工、勘察设计、工程监理与造价咨询、建筑材料、对外承包工程等方面，同时分析了这一时期的安全生产形势；第三部分论述我国建筑业优化市场环境的相关做法与成效；第四部分阐述我国提升建筑品质的重要举措；第五部分展望我国建筑业改革与发展。

3. 以广义的工程建设承包服务主体为对象。 2024年度报告仍以广义的工程建设承包服务主体为对象。建筑施工、勘察设计、工程监理及造价等咨询服务在工程建设领域活动中，彼此紧密关联、相互依托，为全面反映我国建筑业发展状况，本报告按照广义的建筑业范围展开阐述，即包括建筑施工、勘察设计、工程监理和相关咨询服务业。

本报告编写组由张强、钟庭军、翟宝辉、李晓西、王益鹤、刘波、袁利平、牛伟蕊、周琳娜等同志组成。建筑市场监管司牵头，标准定额司、工程质量安全监管司、建筑节能与科技司等协助编写和定稿工作。

由于水平所限，加上时间紧，工作量大，在编写过程中，难免存在诸多不足和疏漏之处，诚恳欢迎读者批评指正。

住房和城乡建设部建筑市场监管司
住房和城乡建设部政策研究中心
2024年12月

目　　录

第一章　中国建筑业发展环境 ··· 001
　一、宏观经济环境 ··· 001
　　（一）经济总体回升向好 ··· 001
　　（二）国内固定资产投资增速放缓 ··································· 002
　　（三）国际交流合作成果丰硕 ······································· 003
　二、政府监管与服务 ··· 004
　　（一）建筑市场 ··· 004
　　（二）质量安全 ··· 010
　　（三）标准定额 ··· 018
　　（四）地方政府举措 ··· 024

第二章　中国建筑业发展状况 ··· 052
　一、发展成就与特点 ··· 052
　　（一）支柱产业地位稳固 ··· 052
　　（二）市场环境不断优化 ··· 055
　　（三）地区发展各有特点 ··· 055
　　（四）转型升级取得成效 ··· 061
　二、建筑施工 ··· 062
　　（一）规模分析 ··· 062
　　（二）效益分析 ··· 063
　　（三）结构分析 ··· 063
　三、勘察设计 ··· 069

（一）规模分析 ··· 069
　　（二）结构分析 ··· 071
四、工程监理 ·· 075
　　（一）规模分析 ··· 075
　　（二）结构分析 ··· 076
五、工程造价咨询 ·· 082
　　（一）规模分析 ··· 082
　　（二）结构分析 ··· 083
六、建筑材料 ·· 089
　　（一）钢材 ··· 089
　　（二）水泥 ··· 091
　　（三）其他建筑材料 ····································· 091
七、对外承包工程 ·· 091
　　（一）规模分析 ··· 091
　　（二）企业表现 ··· 092
八、安全形势 ·· 096
　　（一）总体情况 ··· 096
　　（二）分类情况 ··· 096

第三章　优化市场环境 ······································ 098
一、规范建筑市场秩序 ······································ 098
　　（一）加强企业资质审批管理 ····························· 098
　　（二）积极参与清欠账款专项行动 ························· 100
　　（三）加大"严管""重处"力度 ··························· 102
二、激发市场主体活力 ······································ 103
　　（一）建设全国统一建筑市场 ····························· 104
　　（二）大力将审批提速落到实处 ··························· 104
　　（三）加强建筑市场信用体系建设 ························· 105
　　（四）深化招标投标制度改革 ····························· 106
　　（五）推进工程造价改革 ································· 107

三、健全施工安全保障体系 ································· 109
 (一)强化安全生产风险防控能力 ······················· 109
 (二)推动施工安全监管数字化转型 ····················· 110
 (三)加强房屋市政工程抗震管理 ······················· 111
四、深化"数字住建"建设 ································· 113
 (一)开展全国房屋建筑和市政设施调查及数据成果应用更新 ··· 113
 (二)加强全国建筑市场监管公共服务平台建设 ············· 114
 (三)推进工程建设项目全生命周期数字化管理 ············· 116
五、培育新时代建筑产业工人 ······························· 117
 (一)加强建筑产业工人权益保障 ······················· 117
 (二)持续推进建筑工人实名制管理 ····················· 119
 (三)提升建筑产业工人技能水平 ······················· 121
六、优化工程项目组织模式 ································· 124
 (一)推行工程总承包 ································· 124
 (二)发展全过程工程咨询服务 ························· 125
 (三)推进建筑师负责制试点 ··························· 126

第四章 提升建筑品质 ···································· 128
一、下力气建设"好房子" ································· 128
 (一)积极开展"好房子"研究 ························· 129
 (二)提升住宅设计水平 ······························· 130
 (三)完善质量监督机制 ······························· 138
 (四)打造"好房子"样板 ····························· 139
 (五)加强既有房屋安全管理与品质提升 ················· 141
二、推进建筑领域绿色低碳转型 ····························· 142
 (一)助力城乡建设领域"双碳"目标实现 ··············· 142
 (二)因地制宜发展装配式建筑 ························· 145
 (三)加快绿色建筑发展 ······························· 151
 (四)推广应用绿色建材 ······························· 155
三、大力发展智能建造 ····································· 162

（一）推动智能建造城市试点 ………………………………… 162
　　（二）推广智能建造先进成果 ………………………………… 167
　　（三）培育智能建造龙头企业 ………………………………… 169
　　（四）加强智能建造人才培养 ………………………………… 170
四、完善工程建设标准体系 …………………………………………… 171
　　（一）提高居住建筑建设标准 ………………………………… 171
　　（二）推进工程建设标准化改革 ……………………………… 173
　　（三）推动工程建设标准国际化 ……………………………… 175
五、科技赋能高质量发展 ……………………………………………… 176
　　（一）持续巩固提升世界领先技术 …………………………… 177
　　（二）集中攻关突破"卡脖子"技术 ………………………… 179
　　（三）大力推广应用惠民实用技术 …………………………… 180

第五章　建筑业改革发展形势与展望 …………………………… 182
一、锚定"四好"建设新赛道 ………………………………………… 182
　　（一）以"好房子"为契机推进供给侧结构性改革 ………… 182
　　（二）好小区、好社区、好城区建设提出新要求 …………… 184
　　（三）为宜居韧性智慧城市建设添砖加瓦 …………………… 185
二、把握"三大工程"新蓝海 ………………………………………… 186
　　（一）城中村改造带来发展机遇 ……………………………… 187
　　（二）保障性住房建设倒逼提质增效 ………………………… 188
　　（三）通过"平急两用"加强质量安全管理 ………………… 189
三、焕发统一市场新活力 ……………………………………………… 190
　　（一）畅通全国建筑市场堵点 ………………………………… 191
　　（二）提升监管与服务数字化水平 …………………………… 191
四、打造基础支撑新体系 ……………………………………………… 192
　　（一）夯实《中华人民共和国建筑法》修订基础 …………… 192
　　（二）构建新型工程建设标准体系 …………………………… 193
　　（三）强化建筑领域科技创新 ………………………………… 194
　　（四）筑牢高质量人才支撑 …………………………………… 195

五、开辟国际合作新舞台 ………………………………… 196
　（一）"一带一路"沿线合作潜力巨大 ………………… 196
　（二）发达国家更新改造市场有待挖掘 ………………… 197
　（三）国际交流与合作前景广阔 ………………………… 199

附录1　2021—2023年建筑业最新政策法规概览 ………… 201
附录2　2021—2023年批准发布的国家标准和行业标准 …… 231
附录3　部分国家建筑业相关统计数据 …………………… 239

第一章　中国建筑业发展环境

一、宏观经济环境

(一) 经济总体回升向好

2023年是全面贯彻党的二十大精神的开局之年，面对复杂严峻的国际环境和艰巨繁重的国内改革发展稳定任务，在以习近平同志为核心的党中央坚强领导下，各地区各部门坚持以习近平新时代中国特色社会主义思想为指导，按照党中央、国务院决策部署，坚持稳中求进工作总基调，完整、准确、全面贯彻新发展理念，加快构建新发展格局，着力推动高质量发展，全面深化改革开放，加大宏观调控力度，着力扩大内需、优化结构、提振信心、防范化解风险，国民经济回升向好，高质量发展扎实推进，现代化产业体系建设取得重要进展，科技创新实现新的突破，改革开放向纵深推进，安全发展基础巩固夯实，民生保障有力有效，社会大局和谐稳定，全面建设社会主义现代化国家迈出坚实步伐。全年国内生产总值1260582亿元，比上年增长5.2%；全年城镇新增就业1244万人，比上年多增38万人；城镇居民人均可支配收入比上年实际增长4.8%，农村居民人均可支配收入比上年实际增长7.6%。全年脱贫县农村居民人均可支配收入比上年实际增长8.4%。

2023年，多重困难挑战交织叠加，世界经济复苏乏力，地缘政治冲突加剧，保护主义、单边主义上升，外部环境不利影响持续加大，国内经历三年新冠病毒流行冲击，经济恢复发展本身有不少难题，长期积累的深层次矛盾加速显现。外需下滑和内需不足，周期性和结构性问题并存，一些地方的房地产、地方债务、中小金融机构等风险隐患凸显，部分地区遭受洪涝、台风、地震等严重自然灾害，两难多难问题明显增加。我国经济曲折式前进，实现了全年预期发展目标，许多方面还出现积极向好变化,特别是深化了新时代做好经济工作的规律性认识,积累了克服重大困难的宝贵经验,未来可期。

(二)国内固定资产投资增速放缓

2023年,全国固定资产投资(不含农户)503036亿元,依据国家统计局按可比口径计算,比上年增长3.0%(表1-1、图1-1、图1-2)。分区域看,东部地区投资比上年增长4.4%,中部地区投资增长0.3%,西部地区投资增长0.1%,东北地区投资下降1.8%。

2014—2023年全国固定资产投资规模及增速　　　　表1-1

类别/年份	2014	2015	2016	2017	2018	2019	2020	2021	2022	2023
固定资产投资(万亿元)	37.36	40.59	43.44	46.13	48.85	51.36	52.73	55.29	57.21	50.30
固定资产投资增速(%)	13.5	8.6	7.0	6.2	5.9	5.1	2.7	4.9	5.1	3.0
建筑业总产值增速(%)	10.2	2.3	7.1	10.5	5.5	8.4	4.8	9.6	6.2	5.8

数据来源:国家统计局。

注:固定资产投资相关指标增速按可比口径计算。报告期数据与上年已公布的同期数据之间存在不可比因素,不能直接相比计算增速。

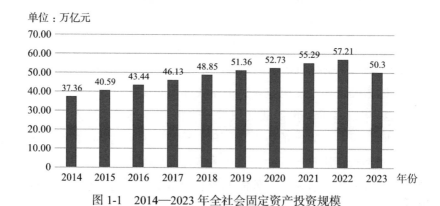

图1-1　2014—2023年全社会固定资产投资规模

数据来源:国家统计局。

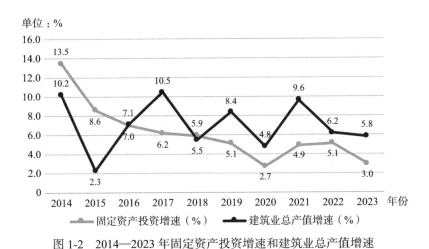

图 1-2　2014—2023 年固定资产投资增速和建筑业总产值增速
数据来源：国家统计局。

（三）国际交流合作成果丰硕

2023年，国际关系发生重大深远演变，中国特色大国外交全面推进，成果丰硕。第一，元首外交精彩纷呈，铸就中国特色大国外交新丰碑，从克里姆林宫长谈到广州松园会晤，从"长安复携手"到"同志加兄弟"，从"彩虹之国"的金砖时刻到"阳光之乡"的亚太蓝图，从"成都成就梦想"到"潮起钱塘江，澎湃亚细亚"，推动了中国与世界的双向奔赴，打开了中国对外关系的崭新局面。第二，2023年是习近平主席倡导构建人类命运共同体十周年，构建人类命运共同体已从理念主张发展为科学体系，从中国倡议扩大为国际共识，从美好愿景转化为丰富实践，连续七年写入联大决议，不断拓展延伸到各个地区、各个领域，实现中亚地区、中南半岛全覆盖，同柬埔寨、老挝打造命运共同体新一轮五年行动计划，更为紧密的中国—东盟命运共同体建设蹄疾步稳，一路向前，携手构建高水平中南命运共同体，中非关系进入共筑高水平命运共同体新阶段，中阿、中拉、中国—太平洋岛国等区域性命运共同体建设也展现出新气象。第三，2023年是习近平主席提出共建"一带一路"十周年，十年来，共建"一带一路"从亚欧大陆延伸到非洲、拉美，从硬联通扩展到软联通、心联通，搭建起世界上范围最广、规模最大的国际合作平台。2023年10月，第三届"一带一路"国际合作高峰论坛在北京举行，共建"一带一路"进入高质量发展新阶段，倡导各国携手实现世界现代化，151个国家、41个国际组织、上万名代表带着458项重要成果清单、972亿美元合作协议满意而归，落实全球发展倡议、全球安全倡议、全球文明倡议，深化拓展全球伙伴关系。第四，金砖机制实现历史性扩员，凝聚了发展中国家团结合作的新力量，开启了"全球南方"联合自强的新纪元，数十个发展中国家正式申请加入，"大金砖"必将更有力推动全球治理体系朝着公正合理方向发展。第五，首届中国—中亚峰会在古丝绸之路起点西安成功举办，打造了区域睦邻友好合作新平台，签署了一系列多双边文件，擘画了各领域合作蓝图，建立中国—中亚能源发展伙伴关系、支持跨里海国际运输走廊建设等重大合作达成共识，开启了中国中亚关系新时代。

二、政府监管与服务

2023年，住房和城乡建设部深入学习贯彻习近平新时代中国特色社会主义思想，认真贯彻落实党的二十大精神，扎实开展学习贯彻习近平新时代中国特色社会主义思想主题教育，深刻领悟"两个确立"的决定性意义，不断增强"四个意识"、坚定"四个自信"、做到"两个维护"。围绕建设"好房子"的目标，扎实推进建筑市场、质量安全、标准定额和地方政府举措等各项工作。

（一）建筑市场

2023年，积极推进建筑法修订，推动统一建筑市场建设工作，进一步规范建筑市场秩序，营造统一开放、公平竞争的建筑市场环境。结合建设工程监理行业实际，完善工程监理制度，加强基础数据研究，强化事中事后监管，推进全过程工程咨询服务发展，加强建筑市场信用体系建设。

1. 提升勘察设计水平，为打造高品质建筑提供支撑

组织开展面向社会的设计人才公益性培训。2023年5月31日，印发《住房和城乡建设部办公厅关于开展工程设计人员能力提升培训的通知》（建办市函〔2023〕140号），上线"工程设计大讲堂"栏目，邀请院士、大师、知名学者和一线设计人员进行在线授课，供设计人员免费在线学习。2023年，上线58门课程视频，总访问量85万人次，课程总访问量8万人次，平均评价为4.7～4.8分（总分5分）。"工程设计大讲堂"搭建了数字化交流共享的知识平台，激发了设计人员的精品意识，更新了设计人员的创作理念和技术知识，引导了各地因地制宜的培训工作，营造了学技术、提能力、打造高品质建筑的学习氛围。

稳妥推进注册建筑师考试改革。实施一级注册建筑师考试新大纲，考试科目由9门调整为6门，优化考核内容，会同人力资源和社会保障部做好旧大纲中被调整的5个科目的收尾考试，实现新旧大纲平稳过渡。

勘察设计工程师注册申请"掌上办"。2023年4月28日，印发《住房和城乡建设部办公厅关于推行勘察设计工程师和监理工程师注册申请"掌上办"的通知》（建办市函〔2023〕114号），自2023年5月8日起，勘察设计注册工程师（二级注册结构工程师除外）可通过微信、支付宝小程序随时随地办理注册申请、进度查询等业务，实现了注册业务申请渠道多元化、操作简单、查询便捷的目标。

推进环保等4个专业勘察设计注册工程师注册执业工作。会同有关部门积极推进环保、道路、港口与航道、水利水电4个专业注册执业工作，制定注册工作方案，明确工作目标、原则、任务。

研究修订勘察设计管理条例、注册建筑师条例。组织有关单位开展修订前期研究，收集国内外有关法规政策，吸收地方行之有效的经验做法，提出《建设工程勘察设计管理条例》《中华人民共和国注册建筑师条例》重点修订条款，增加新时期建筑方针、以质量为基础的招标方式、建筑师职业道德责任等内容，促进行业高质量发展。

推动建筑师负责制试点。指导北京、上海、杭州等6个城市开展建筑师负责制试点，因地制宜制定政策文件，出台合同示范文本、应用指南等配套措施，在180多个试点项目中推进建筑师负责制，发挥建筑师对建筑品质、功能等进行全过程把控的作用，交付符合公众利益、体现设计理念的完整的建筑工程。

促进建筑设计国际交流。支持学协会积极开展国际交流合作,支持中国建筑学会参加第28届世界建筑师大会,以"共享共生共栖"为主题,展示180个项目,宣传中国建筑现代化成就。

2. 积极推动智能建造,持续规范建筑市场秩序

积极推动智能建造城市试点。2023年3月,在江苏苏州组织召开智能建造试点工作推进会,2023年11月在浙江温州组织召开全国智能建造工作现场会,总结推广各地经验做法和典型案例,推动智能建造各项工作。指导各试点城市制定年度工作计划,调研苏州、沈阳等智能建造试点城市,督促落实试点任务。积极推动智能建造领域科技创新,印发《住房和城乡建设部办公厅关于开展智能建造新技术新产品创新服务典型案例应用情况总结评估工作的通知》(建办市函〔2023〕146号)、《住房城乡建设部办公厅关于印发发展智能建造可复制经验做法清单(第二批)的通知》(建办市函〔2023〕322号)①,供各地工作借鉴。组织开展智能建造标准体系建设指南、智能建造通用技术导则等课题研究,支持各地编制智能建造相关标准规范。编印10期智能建造试点城市经验交流专刊、10期中国建设报智能建造专版,建设工作简报推介智能建造城市试点工作经验3期,央媒和地方媒体对智能建造发表十余篇专题报道,加大宣传力度,凝聚行业共识和社会共识。

加强建筑工人权益保障。通报2022年度建筑工人实名制管理、房屋建筑市政工程拖欠农民工工资案件查处等工作情况,要求各地推动实现企业、项目、人员全覆盖。赴江苏、北京、上海、天津、辽宁等地以及部分建筑企业、建筑工地开展调研,了解实名制管理工作存在的问题及原因,研究起草可复制可推广经验清单。以国务院就业促进和劳动保护工作领导小组办公室开展2022年度省级人民政府保障农民工工资支

---

① 注:鉴于"住房和城乡建设部"与"住房城乡建设部"两种名称在不同文件名称中都有使用,并且机构名称"住房城乡建设部"并没有法定更改,所以除文件名称中原本用"住房城乡建设部",或者活动名称本身为"住房城乡建设"(如"住房城乡建设大讲堂""住房城乡建设部科技创新平台")两种情形外,本报告其他地方都采用"住房和城乡建设部"。

付工作考核为依托,督促各地完善实名制管理相关制度,扎实推动实名制管理和根治欠薪工作。完善全国建筑工人管理服务信息平台建筑工人技能证书、劳动合同签订统计等功能,推动提高企业、项目、人员覆盖率。组织开展清理拖欠农民工工资工作、根治拖欠农民工工资冬季专项行动,派员参加农民工工作考核、清理拖欠农民工工资工作督导等,2023年12月组织召开进一步做好住房和城乡建设系统根治拖欠农民工工资工作视频会议,在冬季专项行动期间进行定期调度,第一时间介入处置突发性、群体性事件,督促指导广东、海南等部分省级住房和城乡建设主管部门对欠薪案件进行核实处置,及时解决欠薪问题,保证关键节点行业稳定。

开展建筑业高质量发展调研。赴浙江、河南、北京等地开展建筑业高质量发展情况调研,了解各地工作的亮点做法、难点问题和企业遇到的困难,为建筑企业纾困解难。配合开展清理拖欠企业账款专项行动。

持续规范建筑市场秩序。深入开展房屋市政工程安全治理行动,在各地项目排查的基础上,组织检查组,对部分城市的在建工程开展抽查督导检查,对在检查中发现存在严重质量安全隐患问题及违法违规行为下发执法建议书,规范市场主体行为。2023年6月6日,印发《住房和城乡建设部办公厅关于2022年度建筑工程施工转包违法分包等违法违规行为及举报投诉案件查处情况的通报》(建办市〔2023〕22号),要求各地住房和城乡建设主管部门进一步提高思想认识,指导各地加强建筑市场监管,规范市场秩序。对在安全生产事故中负有责任的企业、注册人员以及存在"挂证"行为的注册人员,作出行政处罚。

研究修订《注册建造师管理规定》。组织召开部分省市座谈会听取意见,研究重点修订内容,形成《注册建造师管理规定》修订稿初稿。修订注册建造师考试大纲,2023年12月7日,发布《住房城乡建设部关于发布建造师执业资格考试大纲(2024年版)的公告》(中华人民共和国住房和城乡建设部公告2023年第174号)。

做好共建"一带一路"相关工作。畅通与央企、协会的沟通渠道,优化资质申报系统,允许境外业绩作为有效业绩用于资质升级。派员参加"一带一路"政策沟通交流和能力建设计划第二次活动任务,推进共建绿色"一带一路"相关工作。先后赴商务部、对外承包商会等单位开展调研，与商务部建立数据共享机制。

3. 完善工程监理制度，提升高品质建筑质量安全保障能力

完善建设工程监理规章制度。一是推进部门规章修订工作。根据2023年住房和城乡建设部立法计划，开展注册监理工程师管理工作系列调研，分别在杭州、西安、郑州等地组织召开工程建设相关单位及专家座谈会，听取关于《注册监理工程师管理规定》修订的意见建议。组织住房和城乡建设部执业资格注册中心、中国建设监理协会对修订内容进行座谈研讨，研究完善注册监理工程师履职管理、优化审批程序、健全处罚制度的具体措施。在重庆召开建设工程监理工作会议，听取各省级住房和城乡建设主管部门及相关协会关于修订稿初稿的意见建议，并发函广泛征求意见，在各方意见的基础上，形成《注册监理工程师管理规定（修订送审稿）》。二是提升注册审批服务便利化水平。2023年4月28日，印发《住房和城乡建设部办公厅关于推行勘察设计工程师和监理工程师注册申请"掌上办"的通知》（建办市函〔2023〕114号），自2023年5月8日起，推行注册申请"掌上办"方式。通过中国建设报、建设监理、中国勘察设计杂志等微信公众号进行宣传介绍，并在住房和城乡建设部政务服务平台、住房和城乡建设部执业资格注册中心网站发布"掌上办"操作手册，方便申请人熟悉和掌握。截至12月底，通过"掌上办"办理注册监理工程师申请共近10.2万人次，占申请总量的36.1%。三是推进监理工程师注册证书电子化。调试注册管理系统，增加证书打印功能，做好与国家政务服务平台和住房和城乡建设部政务服务平台的衔接。

推进建筑市场监管向"宽进、严管、重处"转变。一是梳理强化建筑市场监管的工作举措和存在问题，起草推进建筑市场监管向"宽进、严管、重处"转变工作方案。二是梳理建筑市场监管存在的资质审批周期较长、注册执业人员审批服务有待提升、资质审批后动态监管还不到位、信用监管机制尚不健全、数字化监管手段应用不足、实名制管理覆盖率有待提升等问题，分析主要原因，提出年内和中远期的解决措施建议，形成推进建筑市场监管向"宽进、严管、重处"转变工作措施清单。三是赴陕西省西安市、北京市通州区、河南省郑州市开展调研。按照全国住房和城乡建设工作会议确定的"宽进、严管、重处"工作思路，调研当前工程监理监管体制机制法制等方面存在的突出问题，梳理分析产生相关问题的原因，研究提出政策措施建议，推进行业转型升级。四是组织江苏省住房和城乡建设厅、东南大学开展课题研究，拟针对完善资质资格法规制度、提升审批效率，实现项目建设全过程动态监管，加大对违法违规企业及人员的处罚力度等方面，提出逐步建立建筑市场"宽进、严管、重处"监管体系的政策措施建议及具体实施路径。

开展工程监理统计调查，加强基础数据研究。一是修订《建设工程监理统计调查制度》，增加应届高校毕业生、退役军人等就业信息和月报制度，按照统计制度申报程序完成向国家统计局的报批工作。二是2023年6月27日，印发《住房和城乡建设部办公厅关于开展2022年工程勘察设计、建设工程监理统计调查制度的通知》（建办市函〔2023〕163号），部署和指导各地开展2022年度全国建设工程监理统计调查，持续做好统计调查制度政策解释和数据审核工作，并根据统计情况，开展工程监理企业和人员基础数据研究，分析监理企业注册人员、经营、工程业绩情况，为加强工程监理企业和人员管理，实施动态监管提供支撑。

做好监理工程师注册审批及信息共享工作。一是提高监理工程师注册审批效率、加快审批频次。2023年，累计发布24批公告，完成初始注册约9.2万，变更注册约13.9万，延续注册约5.5万，注销注册约1.7万，证书补办约0.4万。二是推进注册监理工程师信息共享。协商水利部、交通运输部，通过国家电子政务平台共享归集注册监理工程师信息。

指导监理工程师考试工作。指导中国建设监理协会做好2023年度全国监理工程师考试命审题工作，对命审题质量、保密等工作提出要求。同时，针对部分提高注册监理工程师报名条件的试点地区，会同人社部门做好相关工作。指导监理协会完成命审题及37.96万名考生的阅卷工作。

4. 推进全过程工程咨询服务发展，提升全生命周期全产业链高品质服务能力

推进全过程工程咨询服务发展。指导各地结合本地实际，借鉴试点地区经验，积极推进全过程工程咨询服务业务。一批全过程工程咨询项目逐步落地，起到了较好的引领作用。全过程工程咨询在减少招标投标次数，降低制度性交易成本，提高管理效能，提升项目整体性和系统性等方面的效用逐渐显现。

完善全过程工程咨询配套政策措施。研究编制《房屋建筑和市政基础设施项目工程建设全过程咨询服务合同（示范文本）》，在前期工作的基础上，征求有关部门和行业企业的意见建议，进一步修改完善。

5. 加强建筑市场信息信用和招标投标管理，推进全国统一建筑市场建设

深化"数字住建"建设工作。2023年12月29日，印发《住房城乡建设部办公厅关于进一步加强全国建筑市场监管公共服务平台项目信息管理的通知》（建办市函〔2023〕391号），聚焦项目信息上平台，要求各省（区、市）进一步提升平台的数据质量和公共服务功能。

加强建筑市场信用管理工作。研究起草《建筑市场信用管理规定》，并多次召开会议研究建筑市场信用评价、信用修复等重大问题，修改形成《建筑市场信用管理规定》初稿。

推进全国统一建筑市场建设工作。开展工程建设招标投标突出问题专项治理，配合国家发展改革委印发《关于开展工程建设招标投标突出问题专项治理的通知》，对地方各级政府强制要求设立分（子）公司等问题开展专项治理。

（二）质量安全

2023年，住房和城乡建设部坚持以党的政治建设为统领，以让人民群众住上更好的房子为出发点，着力在保障质量安全、为社会提供高品质建筑产品上作出新贡献。

1. 坚持不懈强化党的政治建设，深入学习贯彻落实习近平总书记重要指示批示精神和党中央重大决策部署

坚持以党的政治建设为统领。办理习近平总书记关于北京市丰台区长峰医院火灾事故的批示、关于山西吕梁市永聚煤矿一办公楼发生火灾事故的重要批示、关于低温雨雪冰冻灾害防范应对工作的批示、关于"12·18"甘肃积石山6.2级地震的批示、关于银川富洋烧烤店燃气爆炸事故的批示等。把办理中央领导批示件作为首要政治任务，在积极开展事故灾害应急处置工作的同时，就体制机制法制等问题深入调研，在此基础上提出厘清安全生产监管职责边界、开展房屋建筑更新改造加固、开展大跨度公共建筑设计回访和安全体检等落实举措和工作建议，真正将习近平总书记重要指示批示精神转化为推动住房和城乡建设事业高质量发展的实际成效。

大兴调查研究推动党的二十大战略部署落地见效。紧紧围绕全面贯彻落实党的二十大精神，围绕落实全国住房和城乡工作会议精神，聚焦人民群众安居这个基点，广泛开展大调研活动，深入基层、深入工地，牵头开展工程质量数字化监管、建筑施工特种作业人员安全管理、房屋建筑和市政设施调查数据成果更新应用等专题调研，并结合典型案例，分析问题、剖析原因，举一反三采取改进措施。

严格落实意识形态工作责任制。针对工程质量安全等群众关注的热点问题，加强政策解读和舆论引导。通过"央视频""学习强国"、《中国建设报》等媒体宣传住建系统安全月、质量月活动。做好"平急两用"公共基础设施建设宣传报道工作，组织中央电视台宣传报道北京平谷区"平急两用"项目建设。

2. 围绕强化质量保障、建设好房子，推动建筑工程品质提升

积极推进工程质量检测制度创新。在2022年修订出台《建设工程质量检测管理办法》（住房和城乡建设部令第57号）基础上，印发《住房和城乡建设部关于印发〈建设工程质量检测机构资质标准〉的通知》（建质规〔2023〕1号）、《住房和城乡建设部办公厅关于做好建设工程质量检测机构新旧资质标准过渡工作的通知》（建办质函〔2023〕100号），加强检测行业和检测活动管理，做好部令实施和资质就位等配套工作，依法严厉打击虚假检测等行为。

加强工程质量监督队伍建设。召开全国工程质量数字化监管现场会。专题调研工程质量监督队伍弱化、监管创新不足等问题，提出以工程质量监管数字化为抓手，创新工程质量监管机制，提升工程质量治理能力和水平的工作思路。

持续推动建筑工程质量评价试点。梳理浙江、安徽、湖北等试点地区建筑工程质量评价经验做法，完善建筑工程质量评价工作实施手册。委托第三方专业机构对黑龙江、山西开展质量评价，客观衡量区域工程质量发展水平。

举办全国住房和城乡建设系统"质量月"活动。 以"建设人民满意的好房子"为主题，通过推动建筑工程品质提升，满足人民群众对高品质建筑的需求，实现住有安居的目标。

研究建立房屋体检、养老、保险三项制度。 开展三项制度研究工作，起草"1+N"制度框架文件（"1"是制度框架方案，"N"是包括体检技术导则、质量保险实施细则、质量保险条款范例、信息系统数据标准等在内的相关配套政策文件）；在宁波召开三项制度框架培训暨试点工作现场会，正式启动三项制度试点工作。指导试点城市制定实施方案，根据培训会讨论意见，进一步修改完善技术导则、数据标准等配套技术文件。研究开展大跨度公共建筑专业安全检查，推动建立安全体检制度。联合国家发展改革委、教育部等部门起草《关于加强高校学生宿舍建设的指导意见》，要求对达到一定使用年限的学生宿舍建筑进行定期体检。

支持举办住宅设计全国大赛。 协调北京、江苏落实"昌平区中关村生命科学园三期、南京市雨花台区中船绿洲一期"等赛题地块，做到"真题真赛"。开展问卷调查，丰富完善"好房子"内涵，确定大赛评审标准，在设计行业营造研究和关注"好房子"的良好氛围。指导中国勘察设计协会等单位举办全国"好房子"设计大赛，鼓励设计全行业积极参赛。全国共有530支设计团队报名参赛，经专家评审，共有15个作品获一等奖，获奖作品将在赛题地块中落地实施。

3. 围绕强化风险防控能力，坚决稳控安全生产形势

扎实推进房屋市政工程安全生产治理行动工作。 指导各地"逐企业、逐项目、逐设备"，对在建房屋市政工程完成两轮全覆盖精准排查，做到重大事故隐患闭环整改。印发治理行动专班工作信息74期，通报各地工作进展，宣传地方典型工作经验；各级主管部门共检查企业73.05万家，检查工地项目90.68万个（次），排查整改事故隐患212.78万项。通过为期两年的房屋市政工程治理行动，生产安全形势明显好转，事故总量稳步下降，群死群伤事故有效遏制，事故隐患排查整改质量持续提升，发现问题解决问题的能力水平不断提高。

认真开展部级督导检查和约谈通报。开展部级督导检查工作，共检查28个省（区、市）248个项目（其中，203个房屋市政项目，45个轨道交通项目），下发执法建议书26份，发现隐患问题4351项，并逐省督促闭环整改到位。对2023年发生较大事故的山东、黑龙江、云南、广西、河北、江苏及时下发督办通知；针对较大事故死亡人数较多的山东菏泽"8·15"高空作业吊篮坠落事故、河北石家庄"10·27"土方坍塌事故、江苏无锡"12·10"中毒窒息事故和存在严重迟报情形的江西宜春"7·31"高处坠落事故、山西临汾"10·1"高处坠落事故，分别对山东省、河北省、江苏省、江西省、山西省住房和城乡建设厅进行约谈。全国房屋市政工程安全事故报送效率显著提升，谎报、瞒报事故案件进一步减少，事故调查处理"四不放过"理念落实落地。

大力推动施工安全监管数字化转型。聚焦企业和群众急难愁盼问题，以建筑施工安全领域电子证照制度为抓手，持续推动施工安全监管数字化转型。2023年，为81.77万家建筑施工企业、801.96万安全生产管理人员、323.45万建筑施工特种作业人员换发电子证照，基本实现建筑施工安全领域涉企涉人证照全量电子化，初步构建了覆盖建筑施工安全领域企业、项目、人员、设备的全量、全要素、跨地域、跨层级的新型数字化监管机制。杜绝施工安全领域证照造假乱象，规范各地行政审批行为，打通各地系统"孤岛"，实现数据互联互通、证照跨省互认、动态监管，助力构建全国统一大市场。

持续健全房屋市政工程安全生产双重预防工作机制。起草《危险性较大的分部分项工程专项施工方案专家论证管理办法》，进一步健全危大工程管理制度。修订《建筑施工企业、工程项目安全生产管理机构设置及安全生产管理人员配备办法》，对安全生产管理机构设置和人员配备提出适应高质量发展的新标准，切实提升建筑施工企业安全生产管理和本质安全水平。

创新开展安全生产教育培训。组织开展全国建筑施工安全监管人员和建筑企业安全生产管理人员培训，采用"线上+线下""政企同训"的方式，共计培训139万人。制作2023年度房屋市政工程安全生产警示教育片。发布《房屋市政工程生产安全重大事故隐患判定标准宣传画册》，指导施工现场一线作业人员提升安全技能。每季度汇总地方执法典型案例，在部网站和《中国建设报》公众号对社会公开发布。

推进城镇房屋安全管理立法工作。起草《城镇房屋安全管理条例》，开展前期立法研究，形成草案后依次征求中央和国家机关相关部门、地方主管部门等意见，组织召开专家论证会，开展立法调研，推进条例制定立法进程。

加强城市轨道交通工程质量安全管理。一是完善制度。2023年2月17日，与国务院安委会办公室等8部门联合印发《关于进一步加强隧道工程安全管理的指导意见》（安委办〔2023〕2号），强化重大风险管控，夯实安全生产基础，有效防范隧道施工安全事故发生。指导各地推广应用《城市轨道交通工程建设安全生产标准化管理技术指南》等文件，督促落实建设单位质量安全首要责任，提升风险防控能力和标准化管理水平。二是管控安全风险。落实2023年重大事故隐患专项排查整治年要求，组织专家开展对14个省（自治区、直辖市）15个城市的轨道交通工程安全生产监督检查，现场检查抽查工程项目27个。2023年，全国37个城市在建轨道交通工程超过4200公里，与2022年相比，事故起数、死亡人数分别下降50%、53%，杜绝了较大事故发生，安全生产形势稳定。围绕"人人讲安全、个个会应急"安全生产月主题，开展全国城市轨道交通工程质量安全管理培训，组织隧道坍塌、防汛等应急处置实战化演练，进一步提高从业人员安全意识和突发事件应急处置能力。三是促进高质量发展。加强精细化建设，不断打造精品工程，2023年，无锡地铁3号线一期工程等5个项目获詹天佑奖，上海轨道交通18号线一期工程等3个项目获鲁班奖，昆明市轨道交通4号线工程获国家优质工程金奖，济南市轨道交通R3线一期工程等11个项目获国家优质工程奖。四是强化技术服务。发挥专家智库作用，组织召开部科技委城市轨道交通建设专业委员会会议，围绕高质量发展，推动规划编制、政策研究、标准制定、科技攻关，夯实技术支撑。

4. 推动建筑工程抗震能力提升

强化房屋市政工程抗震管理。贯彻落实2021年9月1日实施的《建设工程抗震管理条例》（中华人民共和国国务院令第744号），持续推进配套规章和标准规范制修订工作。2023年8月1日，《基于保持建筑正常使用功能的抗震技术导则》RISN-TG046-2023由中国建筑工业出版社出版。完成《建筑消能减震装置通用技术要求》报批稿。政策标准体系更为完善。贯彻落实李强总理重要批示精神，着力规范和稳步推进隔震减震技术应用发展，依托灾普系统开发存量隔震减震工程排查和信息归集模块。

扎实做好地震应急处置相关工作。 落实24小时应急值班制度，密切跟踪关注各地震情，指导各地做好震后应急，全年共跟踪4级以上地震89次。2023年8月6日，山东德州平原5.5级地震发生后，派出专家指导当地震后房屋建筑安全应急评估等工作。2023年12月18日，甘肃积石山6.2级地震发生后，住房和城乡建设部党组第一时间传达学习习近平总书记重要指示精神和李强总理批示要求，派出专家组，指导支持灾区开展房屋建筑和市政设施受损情况摸排、房屋建筑应急评估、市政设施抢险抢修等工作。组织各地做好2023年全国防灾减灾日有关工作。

5. 协调统筹部安全生产相关工作

研究部署住房城乡建设领域安全生产工作。 组织召开部安委会全体会议，深入学习贯彻习近平总书记关于安全生产重要指示批示精神，传达学习中央领导同志关于安全生产的批示要求，研究部署住房和城乡建设系统安全生产重点工作。印发《住房和城乡建设部2023年安全生产工作要点》，着力防控房屋建筑、市政公用设施、建筑施工、城市管理等方面安全风险，以健全风险防控机制为关键，守牢住房和城乡建设领域安全底线。扎实开展重大事故隐患专项排查整治2023行动，印发《住房和城乡建设领域重大事故隐患专项排查整治2023行动方案》《关于深入推进重大事故隐患专项排查整治2023行动的通知》，加强协调、调度、督办，指导地方突出重点行业领域，聚焦关键环节，认真排查和整改重大事故隐患。2023年，住房城乡建设领域安全生产形势总体保持平稳。

推进建立住房城乡建设领域安全生产信息员制度。 完成全系统约3万名信息员的确定和采集工作，编印安全生产信息员名册和工作手册，确定信息员职责、突发事故应对工作流程和信息报送流程。建立覆盖部、省、市、县四级主管部门的信息员网络，对全体信息员开展线上培训。进一步优化完善信息报送程序机制，及时更新信息员信息，督促地方不断提高突发事故信息报送的及时性和准确性。

开展"安全生产月"宣传活动。 制定住房和城乡建设部安全生产月活动方案，召开"安全生产月"部署推进会。围绕"人人讲安全、个个会应急"主题，组织召开全国住房和城乡建设系统安全生产月现场咨询日活动。各级住房和城乡建设部门通过多种形式宣传安全生产红线意识、法律法规及安全常识。通过多种形式的宣传活动，安全生产理念更加深入人心，安全红线意识更加强化，消除重大事故隐患的积极性、主动性进一步增强。

协调做好监督检查工作。 按照国务院安委会统一安排部署，分别牵头对河北、湖北两省安全生产工作进行督导检查、明查暗访和考核巡查，发现问题隐患559项，其中重大事故隐患18项。协调组织工作组分赴30个省（市、区），对燃气、自建房、房屋市政工程施工安全专项整治工作进行督导检查，指导地方深入推进专项整治工作。

做好安全生产预警提醒和突发事故应急处置工作。 在重要节假日、极端天气和特殊敏感时段，印发通知提醒地方主管部门，督促企业提高防范化解安全风险的政治站位，做好安全风险防范工作和应急值班值守。接到事故信息后，部安委办配合责任司局快速反应，充分发挥省、市、县各级信息员作用，及时了解事故情况，掌握第一手信息，按照应急预案和部领导要求迅速采取应急措施，按要求报送事故信息。

6. 深化"数字住建"建设

全面完成调查，组织开展试点。 落实全国第一次自然灾害综合风险普查部署，完成全国房屋建筑和市政设施调查，2023年3月初完成全国数据汇总，提交国务院普查办，配合做好后续区划与评估等工作。调研四川、上海、福建等省市开展灾普数据更新应用工作。指导长春市开展房屋建筑和市政设施调查数据应用更新工作试点，推进省、市两级住房和城乡建设行业基础数据库和数据枢纽建设，拓展数据应用场景，形成数据回流、更新等技术路径，并复制推广到其他省区市。

加强数据应用。围绕深化"数字住建"建设，推动灾普数据更新应用并初见成效。复制推广灾普数据支撑自建房排查的成功模式，依托灾普系统开发危旧房摸底排查模块，结合三项制度、三大工程等重点工作，开发房屋体检、房屋保险、"平急两用"设施建设等信息管理功能模块，进一步发挥灾普数据的"底板"作用，并实现数据迭代更新。组织召开视频培训会，指导各地有序推进数据更新应用相关工作。

7. 推进超大特大城市"平急两用"公共基础设施建设

制定印发相关政策、技术文件。2023年7月14日，国务院会议通过《国务院办公厅关于积极稳步推进超大特大城市"平急两用"公共基础设施建设的指导意见》，随后，住房和城乡建设部印发贯彻落实《国务院办公厅关于积极稳步推进超大特大城市"平急两用"公共基础设施建设的指导意见》的实施方案。印发关于加强"平急两用"公共基础设施配套市政设施建设管理的意见、关于加强"平急两用"公共基础设施建设质量安全监督管理的通知、关于在"平急两用"公共基础设施建设中加强摸底调查用好存量房屋建筑资源的通知、超大特大城市"平急两用"公共基础设施建设专项规划编制技术指南（试行），与国家发展改革委联合印发关于加强超大特大城市"平急两用"公共基础设施项目清单管理的通知，住房和城乡建设部"1+6"文件全部出齐，配套政策和技术体系初步建立。

加强工作调度和部门间沟通协调。为贯彻落实《国务院办公厅关于积极稳步推进超大特大城市"平急两用"公共基础设施建设的指导意见》，积极稳步推进"平急两用"公共基础设施建设，2023年9月6日，住房和城乡建设部以线上线下结合的方式，召开超大特大城市"平急两用"公共基础设施建设工作视频调度会议，并开展实地调研督导，确保工作落实落地。与国家发展改革委加强工作对接，共同推进项目清单管理、信息系统建设、专项规划编制等工作，加强项目数据共享。

8. 加强建设工程消防设计审查验收管理

加强建章立制。2023年8月，公布《住房和城乡建设部关于修改〈建设工程消防设计审查验收管理暂行规定〉的决定》（住房和城乡建设部令第58号），进一步加强消防审验管理，优化特殊建设工程特殊消防设计专家评审管理，建立完善消防验收备案分类管理制度。

推进信息化建设。2023年5月，印发《住房和城乡建设部关于推进建设工程消防设计审查验收纳入工程建设项目审批管理系统有关工作的通知》（建科〔2023〕25号），推动全国县城及县级以上城市完成各类建设工程消防设计审查验收纳入工程建设项目审批管理系统，实现统一入口、全流程网上办理。

强化行业指导。2023年度，全国各级住房和城乡建设主管部门共计受理建设工程消防设计审查验收申请32万余件，按时办结率为97%。2023年6月、8月，回复四川、云南、山西、广东、黑龙江等地关于跨区域消防审验属地管理和特殊消防设计专家评审开展条件的请示。2023年9月，在合肥、贵阳、银川、哈尔滨开展4期建设工程消防设计审查验收政策宣传贯彻及能力建设培训，各级住房和城乡建设部门共800余人参加。

做好实施监督。2023年10月至11月，赴天津、江西等9个省（区、市）和新疆生产建设兵团参加国务院安全生产和消防安全工作考核。结合住房和城乡建设部重点工作督查检查总体部署，于2023年10月至11月，赴黑龙江、安徽等12省（区、市）开展建设工程消防设计审查验收工作检查，督促各地做好《建设工程消防设计审查验收管理暂行规定》及配套文件的实施工作，规范建设工程消防设计审查验收行为。

及时推广经验。总结北京、福建、重庆、山东、广西、江苏、甘肃、湖北、安徽等地关于优化完善既有建筑改造、加强消防审验事中事后监管、推进消防审验信息化建设、设立工程消防技术奖项、促进行业技术发展、提升消防审验工作质量、强化消防审验监督检查等工作经验。

（三）标准定额

2023年，积极推进住建领域科技创新，加强国际科技交流合作，加快推进工程建设标准化改革，推动工程建设标准国际化，推动建筑节能和城乡建设绿色低碳发展，大力发展装配式建筑、新型建材和绿色建筑，开展第一、二批国家级装配式建筑产业基地评估，推动建材行业质的有效提升和量的合理增长，局部修订《绿色建筑评价标准》GB/T

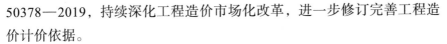

50378—2019，持续深化工程造价市场化改革，进一步修订完善工程造价计价依据。

1. 积极推进住建领域科技创新

认真抓好行业科技创新工作。一是开展完善住房和城乡建设领域科技创新体系调研，起草《关于加强科技创新推动住房城乡建设事业高质量发展的意见》。二是协调中央科技办，将住房和城乡建设部作为"十四五"国家重点研发计划"城镇可持续发展关键技术与装备"重点专项主责单位，会同科技部编制重点专项2023年度项目指南并部署实施39个项目。三是组织专家研究讨论2023年重点科技攻关"揭榜挂帅"项目。四是按照《国家城乡建设科技创新平台建设工作方案》，组织对科技创新平台建设方案开展评审论证，提出优先支持建设的15个科技创新平台。五是组织开展住房和城乡建设科普系列活动，举办住房城乡建设大讲堂，传播住建领域科学知识、宣传科技创新成果、展示科技成就。六是组织开展面向"好房子"建造技术科技专项研究，编制未来住宅科技专项项目建议书，聚焦未来住宅关键技术、重大装备应用和产业化发展开展科技攻关。

加快数字家庭建设。一是在深圳、北京和青岛组织召开数字家庭建设试点现场会和交流会，为各试点地区搭建学习交流平台，不断增进行业共识。二是组织开展数字家庭建设试点调研，总结19个试点地区的成效和经验。三是组织有关单位开展数字家庭标准体系研究，完成《数字家庭标准体系研究报告（初稿）》。四是支持组建住房和城乡建设部全屋智能重点实验室。五是利用《中国建设报》等平台广泛宣传苏州市相城区等地数字家庭建设经验，引导人民群众广泛参与数字家庭建设。

加强国际科技交流合作。多次组织专家为共建"一带一路"国家政府工作人员授课，推动住房和城乡建设领域科学技术"走出去"。与相关国家、国际组织在建筑节能、应对气候变化等领域开展交流。组织开展国际科技合作项目，学习借鉴国际先进科技成果。

2. 加快推进工程建设标准化改革

加强工程建设标准编制管理。一是统筹推进全行业工程建设国家标准、行业标准制修订工作，加强对国家标准的审核把关，全年共批准发布工程建设国家标准16项、行业标准20项。二是加快推进工业领域全文强制性国家规范研编，指导工信、能源等30余个部门、行业完成55项标准规范公开征求意见，37项行业标准备案。三是会同国家发展改革委，指导公安部、国家卫生健康委、国家体育总局等部门，开展强制医疗所、托育机构、体育场馆等相关建设标准编制工作，完成2项建设标准公开征求意见。四是加强住建领域产品标准管理，会同市场监管总局开展5项燃气具强制性国家标准制修订，审核、报送61项产品国家标准立项建议。

提高住房建设标准。一是开展"好住宅"标准调研，为编制住宅项目规范提供基础数据支撑，推动构建好住宅标准体系。二是组织开展住宅日照标准问题研究，梳理相关标准提升情况，进一步修改完善《住宅项目规范》。三是组织梳理住宅相关推荐性标准条文，结合《住宅项目规范》修改完善情况，提出初步修订意见。

加快构建新型工程建设标准体系。一是开展智慧居住社区、施工作业集成平台（造楼机）重大工程装备的标准体系研究，完成智慧居住社区标准体系初稿和造楼机标准体系征求意见稿。二是推动建筑结构和防火相关标准体系建设、城市数字公共基础设施标准体系建设、城市运行管理服务标准体系建设和数字家庭标准体系建设。三是指导国家林业和草原局开展林草工程建设标准体系研究。

认真做好工程建设标准化相关工作。一是加强工程建设标准化法治建设，组织开展工程建设标准"树状图"调研，推动《工程建设标准化管理条例》立法研究，研究梳理了相关管理要求、法律责任等条文内容。二是会同市场监管总局、农业农村部等部门，联合印发《碳达峰碳中和标准体系建设指南》《城市标准化行动方案》《乡村振兴标准化行动方案》等标准化管理文件。

做好住建领域相关标准的实施监督。一是开展《建筑防火通用规范》GB 55037—2022、《消防设施通用规范》GB 55036—2022等全文强制性规范的宣贯培训，通过线上线下相结合，累计培训约8.6万人。二是全面开展推荐性标准复审，制定推荐性标准2023年制修订计划和远期制修订安排。三是召开地方标准工作会议，研究交流地方标准化管理工作经验，探讨加强国家强制性标准实施监督的有效措施。

推动工程建设标准国际化。一是指导相关国际标准编制，全年提出4项国际标准新项目申请，牵头编制16项国际标准，ISO批准发布由住房和城乡建设部主导的国际标准7项。二是会同水利部加强水利工程建设国家标准、行业标准的中译英工作，发布工程建设标准英文版13项。三是做好住房和城乡建设部归口的40余个ISO技术委员会国内技术对口单位管理工作，指导ISO供热管网技术委员会秘书处开展标准体系研究，推动召开第一次全体会议。四是赴广西开展标准国际化调研，梳理总结地方面向东盟的区域标准化相关工作情况。

3. 推动建筑节能和城乡建设绿色低碳发展

推动建筑领域节能降碳。一是会同国家发展改革委向国务院报送《关于建筑领域节能降碳有关情况的报告》，起草《关于加快推动建筑领域节能降碳的工作方案》。二是开展建筑光伏调研，起草《关于推进建筑光伏高质量发展的通知》，强化加装光伏管理。三是认真落实《"十四五"建筑节能与绿色建筑发展规划》，指导25个省（区、市）印发本地发展规划。四是推进北方地区冬季清洁取暖，联合财政部等部门向国务院上报《关于完善中央财政支持北方地区冬季清洁取暖政策的报告》，共同对第四批、第五批冬季清洁取暖城市开展核查。五是开展《零碳建筑技术标准》编制，推进《居住建筑节能改造技术标准》等标准修订工作。六是研究修订《民用建筑能效测评标识管理暂行办法》《建筑能效标识技术标准》，开展建筑能效测评标识试点，修订《民用建筑能源资源消耗统计制度》。

推动城乡建设绿色发展。一是印发《住房和城乡建设部关于支持山东加快推动城乡建设绿色低碳高质量发展的实施意见》，确定工作要点和重点任务。二是指导海南省落实《深化工程建设项目审批制度改革和推进城乡建设绿色发展合作框架协议》，共建海南博鳌近零碳示范区。三是推动青岛绿色城市试点建设，形成8方面可复制可推广经验。四是研究绿色低碳城市、城区、社区评价标准，形成"绿色低碳城市（城区）建设参考指标体系"。五是组织举办城乡建设绿色低碳发展专题研究班。

推进城乡建设领域碳达峰碳中和。一是指导各地落实《城乡建设领域碳达峰实施方案》，29个省（区、市）印发细化方案。二是推进国家标准《城乡建设领域碳计量核算标准》编制，形成初稿。三是与国家发展改革委等部门共同印发《关于加快建立产品碳足迹管理体系的意见》，研究建筑领域重点产品碳足迹工作方案。四是研究修订《城乡建设统计年鉴》，增加市政基础设施能耗统计指标。五是在建筑节能与绿色建筑监管平台上开发城乡建设领域碳排放监测管理功能，完成四项主要模块建设。

4. 大力发展装配式建筑、新型建材和绿色建筑

稳步发展装配式建筑。一是印发《关于开展第一、二批国家级装配式建筑产业基地评估工作的通知》，组织各地对328个已获得认定的装配式建筑产业基地的发展情况进行总结分析，开展实地调研抽查，分类研究提出处理意见。二是印发《关于征集装配式建筑可复制可推广技术体系和产品的通知》，组织征集具有示范引领作用、有效提升建筑品质、降低成本的技术体系和产品。三是深入开展调研，了解装配式建筑的发展现状，深入剖析存在的问题，研究起草《关于加快推动装配式装修发展的意见》并征求各省级主管部门意见。四是组织开展2022年度绿色建筑、装配式建筑和绿色建材发展情况分析工作。

推广应用新型建材。一是会同财政部、工业和信息化部组织召开政府采购支持绿色建材促进建筑品质提升工作推进会，对相关工作进行动员部署，推动政策落地实施。二是会同财政部、工业和信息化部联合印发《政府采购支持绿色建材促进建筑品质提升政策项目实施指南》，对纳入政策实施范围项目的设计、政府采购、施工等全流程活动进行规定，引导各方主体规范行为，提升政策实施效果。三是持续推进绿色建材评价认证和推广应用，目前已有7900余个建材产品获得绿色建材评价认证标识。四是会同工业和信息化部、国家发展改革委等部门联合印发《绿色建材产业高质量发展实施方案》，进一步加快绿色建材行业高质量发展。五是会同工业和信息化部、国家发展改革委等部门联合印发《建材行业稳增长工作方案》，推动建材行业质的有效提升和量的合理增长。

加快绿色建筑发展。一是按照《绿色生活创建行动总体方案》要求，总结绿色建筑创建行动目标完成情况、工作成效，分析存在的问题。二是发布2023年度第一、二批三星级绿色建筑标识项目公告，认定一批三

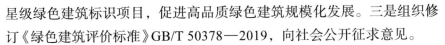

星级绿色建筑标识项目，促进高品质绿色建筑规模化发展。三是组织修订《绿色建筑评价标准》GB/T 50378—2019，向社会公开征求意见。

5. 持续深化工程造价市场化改革

进一步推进工程造价市场化改革。一是通过在《中国建设报》设立工程造价改革专栏、在《建设工作简报》上刊发各地工作经验，积极宣传工程造价市场化改革，为各地提供参考。二是废止《房屋建筑与装饰工程消耗量定额》《通用安装工程消耗量定额》《市政工程消耗量定额》等24册消耗量定额，进一步减少定额对最高投标限价编制的影响。三是印发《关于征集工程造价改革试点的通知》，在总结试点地区改革经验的基础上，组织征集全过程工程造价管理项目试点和国有资金投资工程造价数据库试点。四是组织召开全国工程造价行业发展工作会，梳理总结行业现状、交流分享改革经验，持续深化拓展改革成效。五是研究探索工程造价数据库相关标准，组织编制《房屋建筑与装饰工程项目划分标准》。

推进工程造价制度建设。一是启动《建筑工程施工发包与承包计价管理办法》修订工作，向社会公开征求意见。二是起草《建设工程总投资费用组成（征求意见稿）》征求发改、财政、交通、水利等部门意见，并根据反馈意见进一步修改完善。三是按照工程建设项目审批制度改革要求，梳理《建筑工程建筑面积计算规范》GB/T 50353—2013和《房产测量规范 第1单元：房产测量规定》GB/T 17986.1—2000关于建筑面积不一致的内容，修订《建筑工程建筑面积计算规范》GB/T 50353—2013。四是为适应行业发展新形势，调整工程造价咨询统计调查制度。调整统计口径，贯彻落实《国务院关于深化"证照分离"改革进一步激发市场主体发展活力的通知》要求，取消工程造价咨询企业资质，统计范围由原具有工程造价咨询资质的企业变为开展工程造价咨询业务的企业；为及时了解行业从业者有关情况，增加工程造价咨询人员、新吸纳就业人员数量等统计指标。

进一步修订完善工程造价计价依据。贯彻落实《工程造价改革工作方案》要求，一是改进工程计量和计价规则，完成《市政工程工程量计算标准》GB/T 50857—2024、《房屋建筑与装饰工程工程量计算标准》

GB/T 50854—2024、《建设工程工程量清单计价规范》GB/T 50500—2024三册工程量计算标准专家审查。二是印发《关于房屋建筑与装饰工程工程量计算标准（征求意见稿）》，向社会公开征求意见。三是完善工程计价依据发布机制，印发《装配式建筑工程投资估算指标》TY 01-02-2023，自2023年11月1日起实施。

（四）地方政府举措

1. 优化营商环境

上海市推动工程建设领域营商环境一体化改革，探索重大工程、重点项目"分期竣工验收"。为持续优化营商环境，推动重大工程、重点项目早落地、早见效，促进经济社会稳定发展，2023年3月27日，上海市发布了《关于深化系统集成 推动上海市工程建设领域营商环境一体化改革的实施意见》（沪建审改〔2023〕1号）。

专栏1-1：《关于深化系统集成 推动上海市工程建设领域营商环境一体化改革的实施意见》（摘要）

- 着力提升工程建设领域监管质量和水平。

创新工程建设领域监管方式。充分利用物联网、5G、区块链、人工智能等技术，以试点推广智慧建造为基础，对接集成工程建设项目设计、施工的虚拟实体和图纸、视频和物联网等关键信息，利用大数据、智能算法分析，创新数字化监管新模式。

分类完善项目审批监管流程。优化政府投资项目前期策划生成机制，修订完善市重大工程管理实施意见，夯实项目储备库和实施库的运作机制，推动早开工、早竣工、早投产。研究涉及历史风貌保护、旧住房改造、结建新型停车设施等城市更新项目的审批监管流程。

优化工程招投标监管服务。拓展招标投标服务范围，将与工程紧密相关的管线搬迁、三通一平、市政养护、乡村改造等项目以及以暂估价形式包含在施工总承包范围内的重要材料和设备采购纳入

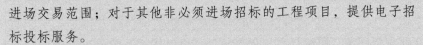

进场交易范围；对于其他非必须进场招标的工程项目，提供电子招标投标服务。

- 着力提升建筑业发展能级。

深入推进建筑师负责制。积极在乡村建设、城市更新、历史风貌保护、科教文卫等领域，以及"五个新城""南北转型"等区域内先行先试，发布试点项目清单，加强业务指导和协调推进。

推动绿色建筑、生态环境领域改革。推进新建建筑绿色低碳转型。

支持重点区域深化改革。大力推进建筑师负责制在浦东新区地方立法工作，为实施建筑师负责制提供法治保障。鼓励临港新片区积极开展工程建设项目全过程咨询服务试点，修订临港新片区环评改革支持政策，进一步扩大承诺制改革举措。

重庆市优化房屋市政工程竣工联合验收，纵深推进营商环境创新试点改革工作。重庆市以营商环境创新试点为契机，以制度创新为核心，聚焦市场主体关切，持续优化房屋市政工程竣工联合验收，《重庆市房屋建筑和市政基础设施工程竣工联合验收管理办法》修订实施以来取得显著成效，企业对联合验收的服务满意度和认可度大幅提升，改革红利惠及面更广，企业获得感更强。联合验收全覆盖，联合事项更合理，"一口受理"再强化。申报材料从改革前的37项精简为最多12项，压减68%。各窗口受理后4个工作日内，主办部门牵头组织现场联合验收，受理后出具验收意见的时限由原12个工作日压缩为7个工作日，再次压缩时限42%；与各验收事项的累计法定时限（89天）相比压缩了92%。放管结合，守法诚信再强化，"单独验收"放管兼顾。重庆市全市范围内的房屋建筑和市政基础设施工程均已按创新试点新政策实行了联合验收。

山东省开展工程建设项目审批领域营商环境创新提升行动。2023年6月1日，《山东省工程建设项目审批制度改革专项小组办公室关于印发〈山东省工程建设项目审批领域深化营商环境创新提升行动若干措施〉的通知》(鲁建审改字〔2023〕1号)发布。山东省住房和城乡建设厅扎实开展工程建设项目审批领域营商环境创新提升行动,组织实施重点改革任务"揭榜挂帅"创新攻坚,各"揭榜"单位对标国内一流标准,勇于攻坚、善于创新,形成了一批实践证明行之有效、市场主体普遍欢迎的创新成果。如2023年11月16日,济南市工程建设项目审批制度改革领导小组办公室印发《关于进一步做好建筑工程质量竣工验收监督、人防工程竣工验收监督纳入联合验收流程同步开展的通知》(济工改办字〔2023〕2号),推行建筑工程、人防工程质量验收监督纳入联合验收。印发《关于进一步做好建筑工程质量竣工验收监督、人防工程竣工验收监督纳入联合验收流程同步开展的通知》,明确了涉及部门的职责分工、申报流程、材料清单等,采用"迁移""对接"两种方式,实现工程审批系统与质量安全监督系统互联互通,实现全流程线上办理,推动业务实质融合,确保联合验收应纳尽纳,提升了审批效率和质量。

河北省开展房屋建筑和市政基础设施项目招标投标领域突出问题专项治理。2023年9月15日,《关于印发〈河北省房屋建筑和市政基础设施项目招标投标领域突出问题专项治理工作实施方案〉的通知》(冀建建市函〔2023〕214号)印发,优化招标投标营商环境,持续提振企业信心。此次专项治理范围为2023年1月1日以来启动实施的依法必须进行招标的工程建设项目,重点治理在招标投标活动中存在的所有制歧视或者地方保护等不合理限制、严重扰乱市场秩序的招标投标违法行为、招标投标交易服务供给不足、监管执法机制存在明显短板等方面问题。2023年10月9日,《关于促进我省勘察设计企业跨地区经营发展三项举措的通知》(冀建质安函〔2023〕427号)印发,明确促进河北省勘察设计企业跨地区经营发展的三项举措,即支持企业跨省吸纳人才、支持省外业绩核实认定、支持省外项目评优报奖,助力行业高质量发展。

辽宁省完善建设工程质量检测机构信用评价体系。2023年12月14日,《关于印发〈辽宁省建设工程质量检测机构信用评价管理办法(试行)〉的通知》(辽住建发〔2023〕4号)发布,加快推进建设工程质量检测机构信用体系建设,构建以信用为基础的新型监督机制,进一步优化营商环境。办法明确,建设工程质量检测机构信用信息由基本信用信息、良好信用信息和不良信用信息构成。依据采集和记录到的信用信息，将检测机构信用等级从高到低划分为AAA、AA、A、B、C五个等级并公开信用评价结果。对信用评价为AAA级的检测机构实行守信激励机制。依据检测机构失信记录，辽宁省住房和城乡建设厅将违法性质恶劣、情节严重、社会危害较大的检测机构纳入失信名单，实施与其失信程度相对应的严格监管措施。

福建省推进全流程无纸化改革试点。福建省坚持问题导向，聚焦企业群众反映工程建设项目审批数据共享不充分、档案存储调用不方便等问题，选取莆田市为试点，积极探索工程建设项目从立项到竣工验收全流程"无纸化"审批。围绕工程建设项目审批制度改革"全流程、全覆盖"目标，以"横向到边、纵向到底""一网集成、全程监管"为目标，升级完善工程审批系统，强化数据互联互通，提高服务便利度。融合线上线下，推行"无纸化"审批流转。围绕项目审批部门端、企业端和监管端，加强全过程服务和全流程监管，进一步强化工程建设项目全生命周期管理。试点开展以来在节约企业成本和减少企业群众跑腿次数方面取得积极成效。

湖南省开展建筑业、建设工程监理企业资质动态核查。湖南省组织开展了全省建筑业企业、建设工程监理企业、建设工程质量检测机构资质动态核查工作，并于2023年7月31日发布了《关于建筑业企业、建设工程监理企业资质动态核查情况的公告》，公布了不符合相应资质标准的58家建筑业企业、26家建设工程监理企业情况，并明确各市州住房和城乡建设局已按规定给予相关企业3个月整改期限，且整改期限均已过期，对于核查情况公告发布之日起一个月内未复核或复核仍不合格的建筑业企业和建设工程监理企业，将依法撤回资质。2023年10月18日，湖南省住房和城乡建设厅发布公告，决定依法撤回36家建筑业企业、18家建设工程监理企业相关资质。

2. 提高建筑发展质量和效益

江苏省出台意见促进建筑业高质量发展，提升"江苏建造"品牌含金量。2023年11月3日，江苏省人民政府发布《关于促进全省建筑业高质量发展的意见》，提出持续深化建筑业改革，推动建筑业工业化、数字化、绿色化发展，优化建筑业产业结构，做优做强建筑业企业，全面加强工程质量安全管理，不断提升"江苏建造"品牌含金量。根据意见，到2025年，培育30家智能建造骨干企业，150家具备工程总承包和全过程工程咨询能力的骨干企业；转型升级取得新突破，科技赋能成效明显，新型建造方式和建设组织方式加快应用，建筑业企业综合实力不断增强，初步建成建筑强省。再过5年左右时间，江苏建筑业经济实力、科技实力、综合竞争力显著提升。培育2~3家产值过千亿元的建筑业企业以及一批具有核心竞争力的示范企业和专精特新企业；建成智能建造与新型建筑工业化协同发展的产业体系、标准体系和政策体系；进一步丰富"江苏建造"品牌内涵，基本实现建筑产业现代化，更高水平建成建筑强省。意见提出，要推动建筑业企业向基础设施领域拓展，建立健全智能建造全产业链标准体系，以智能建造为突破口，推进传统建造方式向新型建造方式转变。聚焦"双碳"目标，强化绿色建造理念，推动发展各专业协同的绿色策划、设计、施工、交付和运维模式，逐步建立覆盖全生命周期的绿色建造管理制度体系和技术标准体系，促进绿色建造关键核心技术攻关和产业化应用。支持建设行业中小企业专精特新发展。支持建筑业企业创建国家级、省级工程研究中心和企业技术中心，推动建筑业企业申报发明专利、工法，参与编制国家、行业和地方标准，提升科技创新能力。此外，《江苏省政府投资工程集中建设管理办法》明确使用预算安排的资金进行的各类新建、扩建、改建等非经营性房屋建筑和市政基础设施建设项目适用集中建设，严格控制概算。

山东省持续巩固建筑业支柱产业地位，擦亮"齐鲁建造"品牌。山东省以工业化、数字化、绿色化为方向，不断提升建筑品质、擦亮"齐鲁建造"品牌，持续推动建筑业高质量发展走在前、开新局。省人民政府先后与中国建筑集团等9家建筑央企签署合作协议，聚力打造建筑业强市、强县、强企，对新晋升特级企业财政奖励2000万元，2023年新增特级企业数量15家，总数达到69家。全省百强民营企业占到11家，8家企业进入ENR"全球最大250家国际承包商"榜单。6个设区市进入千亿级方阵，百亿级建筑强县达到10个。全省建筑业总产值和增加值位居全国前列，产业规模实力不断壮大。此外，科技创新能力持续增强，发布建设科技示范项目69个、科技计划150项，14项成果获全省技术发明奖、科技进步奖，数量创历史新高。转型升级步伐持续加快，建筑市场环境持续优化，质量安全基础持续夯实，全年创建中国建设工程鲁班奖8项、国家优质工程奖20项、中国土木工程詹天佑奖4项。

福建省发布十条措施，促进建筑业民营经济发展壮大。 2023年10月18日，《福建省住房和城乡建设厅关于印发〈福建省促进建筑业民营经济发展壮大十条措施〉的通知》（闽建筑〔2023〕22号）发布，推动建筑业民营经济提质增效、转型升级、再创优势。措施包括构建统一开放的建筑市场、优化资质审批管理、搭建帮扶互助平台、支持民企申优创优、激发企业创新驱动力、支持中小企业做专做精、推动劳务企业实体化经营、加强企业人才培育储备、减轻施工企业负担、完善服务机制十个方面。

专栏1-2：《福建省促进建筑业民营经济发展壮大十条措施》（摘要）

一、构建统一开放的建筑市场。开展房屋市政工程建设领域妨碍统一市场和公平竞争措施清理工作，清理废除妨碍统一市场和公平竞争的各种规定和做法，破除各种形式的地方保护和市场分割，营造公平公正的市场环境。

二、优化资质审批管理。落实建筑业高质量发展十条措施，支持民营建筑龙头企业的子公司使用母公司建造师业绩申请本省审批权限内的施工总承包资质。

三、搭建帮扶互助平台。联合工商联、工信、商务等部门搭建企业帮扶互助平台，促成一批龙头企业、央企、国企与民营企业、中小企业建立战略联盟，开展点对点帮扶，在工程承揽、人才培养、技术创新、工程总承包项目管理等方面交流扶持，助力民营建筑业企业发展壮大，积极培育中国民营企业500强。

四、支持民企申优创优。支持民营建筑业企业创建省级优质工程"闽江杯"。

五、激发企业创新驱动力。支持民营企业创建省级企业技术中心，申报科技示范工程、科技开发项目，鼓励试点应用新技术、新产品、新材料，促进科技成果转化。

六、支持中小企业做专做精。以装饰装修、机电安装、智能化、钢结构、隧道和消防为重点领域，以建筑之乡为实施载体，开展建筑业企业"专精特新"创建行动。

七、推动劳务企业实体化经营。开展劳务用工制度改革试点工作，引导小微型劳务企业转型发展，鼓励现有劳务班组成立专业作业企业，建立相对稳定的核心技术工人队伍，培育专业作业企业1000家。

八、加强企业人才培育储备。建立完善住房城乡科技专家库，大力培养民营企业青年科技人才，吸纳青年专家进入科技智库。

九、减轻施工企业负担。深化推进欠薪欠款"点题整治"，坚持现场排查和投诉处理相结合，推动欠薪欠款线索化解。

十、完善服务机制。加强亲清政商关系建设，推动各地成立由有关部门、行业协会、行业专家、专业律师多方共建的服务小组，定期开展走访调研，协调解决相关行业发展、企业经营等方面的共性问题。

广西壮族自治区统筹资金支持建筑企业发展。 广西壮族自治区出台若干措施，明确将统筹资金支持建筑企业增信心稳增长促转型。措施提出，2025年12月31日前，广西建筑企业每获得1项施工总承包特级资质，自治区给予奖励800万元；对将总部迁入广西的区外施工总承包特级资质建筑企业，自治区在下一年度给予一次性奖励800万元。建筑企业所在市也可给予奖励。根据措施，对首次晋升综合类资质的广西勘察设计企业、监理企业，自治区将给予一次性奖励50万元。对首次认定、重新认定为高新技术企业的广西建筑企业，自治区分别给予一次性奖励10万元、5万元。鼓励各地自行制定政策，对首次获得施工总承包一级资质的广西建筑企业、专业甲级工程勘察设计企业、甲级工程监理企业给予适当奖励。除加大资金奖励政策支持力度外,自治区还从加快构建全区统一开放建筑市场、推动全区建筑企业资质结构优化、推动建筑业绿色转型发展等方面提出十条具体措施,鼓励建筑企业做大做强做优,进一步提升广西建筑企业市场竞争力,着力打造"广西建设"品牌。

3. 加强建筑使用安全管理

山东省加强房屋使用安全管理。2023年12月31日,山东省人民政府公布《山东省房屋使用安全管理办法》,于2024年3月1日起施行。办法规定,房屋所有权人和房屋使用人是房屋使用安全责任人,房屋权属不清的,由房屋使用人承担房屋使用安全责任。县级以上人民政府应当组织有关部门加强房屋安全隐患治理监督工作,实行建账销号管理制度,落实房屋安全监督管理属地责任,健全房屋安全管理长效机制。此外,山东省还将建立完善全省房屋安全管理信息系统,对房屋进行全生命周期信息化管理,"一房一档"为房屋使用安全动态监管提供信息化保障。如山东省滨州市无棣县多措并举全面推进风险普查成果运用,充分运用第一次全国自然灾害综合风险普查(以下简称"风险普查")数据成果,探索建立"1+5+N"工作机制(以"房长制"为"1"个牵引,把房屋划分为"5"级进行分类管理,汇聚县、镇、村和相关部门"N"个力量),运用信息化技术提高安全管理水平。

专栏1-3:《山东省房屋使用安全管理办法》(摘要)

• 房屋使用安全管理应当遵循合理使用、预防为主、防治结合、属地管理、确保安全的原则。

• 房屋所有权人和房屋使用人是房屋使用安全责任人。房屋所有权人承担房屋使用安全主体责任。

• 房屋使用安全责任人在房屋使用过程中,不得擅自改变房屋使用性质、搭建建筑物或者构筑物、挖掘地下空间、改变住宅外立面。

• 房屋使用安全责任人应当对房屋进行日常检查和维护,发现存在房屋使用安全隐患的,应当及时采取措施消除安全隐患。

- 房屋装修活动应当保证房屋的整体结构安全，不得影响房屋共有部分和相邻房屋安全。

- 禁止擅自在房屋顶部、室内安装设施设备或者在室内加层等超过原设计标准增加房屋荷载的行为。

- 装修施工人应当严格按照工程建设强制性标准施工，并采取必要的安全防护措施保证房屋安全。

- 有下列情形之一的，房屋使用安全责任人应当按照规定委托房屋安全鉴定机构进行房屋安全鉴定：

（一）房屋达到设计使用年限，需要继续使用的；

（二）拟改变房屋结构或者改变房屋用途，可能对房屋使用安全有影响的；

（三）房屋地基基础、主体结构有明显下沉、裂缝、变形、腐蚀等损伤现象，存在安全隐患的；

（四）未按照规定变动建筑主体或者承重结构，以及增加使用荷载，可能影响房屋结构安全的；

（五）依法应当进行房屋安全鉴定的其他情形。

四川省加强城市房屋室内装饰装修安全管理，严禁拆改建筑主体结构。2023年9月6日，《四川省住房和城乡建设厅关于加强城市房屋室内装饰装修安全管理的通知》（川建房函〔2023〕2724号）下发，从依法依规开展装饰装修活动、明确质量安全责任、加强质量安全监督管理等方面，对加强城市房屋室内装饰装修安全管理提出了明确要求。在装饰装修活动中，禁止"未经原设计单位或者具有相应资质等级的设计单位提出设计方案，变动建筑主体和承重结构；未经原设计单位或者具有相应资质等级的设计单位提出设计方案，超过设计标准或规范增加楼面荷载；扩大承重墙上原有的门窗尺寸；拆除连接阳台的砖、混凝土墙体"等影响建筑主体和承重结构的行为。

黑龙江省组织开展建筑安全体检。黑龙江省住房和城乡建设厅要求，要牢牢把握"一个遵循、双向推动、三项任务、五方责任"的总体要求，坚持"政府统筹、明晰责任、科学组织、专业标准"的工作原则，从工程建设审批手续、建筑结构安全缺陷损伤、建筑结构安全风险隐患三个方面，对全省国有土地上所有民用和工业建筑、集体土地上所有2层及以上各类建筑进行全面、科学、细致、高效的体检，及时发现隐患，消除危险于萌芽状态，坚决防范遏制重特大事故发生。其中，牡丹江市住房和城乡建设局建筑安全体检工作按照轻重缓急，分类实施体检，组织发动建设、勘察、设计、监理、施工五方责任主体，回访原参建建筑，依据质量责任终身制原则，一步步开展缺陷研判、隐患评估和安全鉴定工作。逐栋查清并动态消除房屋隐患，切实保障人民群众生命财产安全。

安徽省合肥市启动桥梁体检。安徽省合肥市市政管理部门发布通知，对城市重点道路桥梁开展全面体检，及时处置风险隐患。合肥市市政管理部门针对冬季低温冰雪天气可能给桥梁带来的冻胀、腐蚀等病害问题，加大巡查养护力度，强化设施病害及故障维修。按照通知，主要对桥梁的上部结构、下部结构、桥面系及附属设施进行体检并借助仪器对混凝土强度、钢筋保护层厚度、桥体裂缝进行检测和计算分析。体检完成后，合肥市市政管理部门对每一座桥梁出具报告，对检查中发现的问题进行梳理，提出相应的处置建议，为后续养护维修工作提供保障，切实做到严密检查、不留死角，确保桥梁处于良好的运行状态。合肥市市政管理部门将及时高效处置桥梁病害，对于发现的较大安全隐患，第一时间设置临时围挡并组织专业养护维修队伍对照巡查问题逐一销号，对沥青路面坑洞等病害，利用沥青冷补料快速维修，保障市民通行安全。

4. 高质量推进自建房屋安全整治与管理

湖北省高质量推进自建房安全专项整治。2023年3月17日，湖北省自建房安全专项整治工作领导小组办公室在孝感市召开全省推进自建房安全隐患整治销号工作座谈会，总结各地因地制宜典型做法，形成落实危房处置"八个一批"分类整治经验，为各地提供了科学整治的路径指引，即户主自主整治一批、行业督促整改一批、政策支持解危一批、城市更新改造一批、政府收购置换一批、综合施策拆除一批、保障性住房安置一批、严格执法整治一批。2023年6月初，省纪委监委、驻省住房和城乡建设厅纪检监察组、部分市县纪委监委实施"室组地"三级联动督查，采用"四不两直"方式，对自建房D级危房安全隐患整治销号情况随机抽样、现场核实、暗访督查。2023年7月组织了专项行动，集中时间、集中力量、集中攻坚，督促各地实行限时销号管理，整治一栋、销号一栋，实行"乡级月巡查、县级月检查、市级季抽查、省级半年督查"制度，做到安全隐患及时发现、及时整治。截至2024年1月，湖北省共排查自建房1840.35万栋（其中经营性自建房56.05万栋），鉴定为C、D级的危房20.19万栋（其中经营性自建房4209栋）。鉴定为C、D级的危房已经全部整治销号，全省自建房安全专项整治工作取得了显著成效。

内蒙古自治区开展房屋动态监测项目先行先试。自治区自建房安全专项整治工作领导小组办公室联合中国人民财产保险股份有限公司内蒙古分公司围绕自建房屋和城市老城区老旧建筑安全，开展了危险房屋动态监测项目试点工作研究，选取赤峰市红山区老城区，筛选D级危险房屋，开展动态监测项目先行先试。2023年8月选定赤峰市红山区6栋危险房屋（其中，自建房屋2栋、其他房屋4栋）安装动态监测设备，进行房屋安全动态监测。动态监测期间，根据房屋的危险类别，有针对性地选取相对应的监测设备，部署房屋安全监测系统，实现对房屋的侧倾、裂缝、沉降等指标的精准监测预警，为属地政府和主管部门持续加强房屋安全管理、保障人民群众生命安全提供精准数据支撑。

湖南省提出三步走思路，保障农房质量安全。2023年10月26日，湖南省召开全省农村住房建设管理工作现场会，提出了农房建设监管怎么管、管什么的"三步走"思路。第一步是建立统一监管模式，以县区为单位，统一审批受理、统一政府采购的技术服务、统一管理名录的自建房施工企业和监理单位、统一标准的竣工验收；第二步是加大绿色农房推广，鼓励采用装配式建筑技术建设绿色低碳农房，探索农村装配式建筑建设管理模式；第三步是做好风貌管控、塑形铸魂，重点抓好信息化管理、过程管理、监管执法、培训机制等关键环节，实现全覆盖、无死角管理机制，有效控制隐患、确保房屋质量安全。

广西壮族自治区自建房安全专项整治"百日攻坚"行动取得成效。

2023年7月，广西部署开展经营性自建房安全专项整治"百日攻坚"行动。自治区住房和城乡建设厅等19个部门作为自建房安全专项整治工作领导小组成员单位合力推进专项整治。自治区本级财政资金安排1.97亿元，采用"以奖代补"的方式对专业安全鉴定进行补助；市县积极配套安排补助资金，积极推行"分片包干"模式，引导鉴定机构"肥瘦搭配"与群众签订协议，加快鉴定工作。各地自建房安全隐患整治完成情况纳入年度绩效并实施考核。以政府购买服务的方式委托第三方专业机构开展两轮全覆盖现场核实。各地市不断创新方式宣传引导，利用当地山歌传唱广泛的传统，有效提升了宣传效果。

5. 推动消防设计审查验收向高质量发展

福建省强化消防审验事中事后监管。 2023年11月7日，《关于印发〈福建省建设工程消防设计审查验收管理暂行规定〉的通知》（闽建〔2023〕14号）印发，进一步完善本省建设工程消防设计审查验收制度体系，加强建设工程消防设计审查验收管理。规定内容包含正文6章及附则，共计41条，明确省住房和城乡建设厅与设区市（含平潭综合实验区）、县（市、区）住建主管部门依各自职责承担建设工程消防设计审查验收管理及违法行为的查处工作。同时根据《福建省消防条例》，要求各级住建主管部门参与火灾事故原因调查及事故处理，规范审验管理；在工作中运用信息化方式开展消防审验办理，建立健全信用管理制度，并纳入工程建设项目审批管理系统。同时做好协同联动，与消防救援机构共享相关的消防审验资料，并对接完善专业建设工程消防审验制度。

重庆市利用数字化手段，提升消防设计审查工作效能。 重庆市坚持"可看、可用、可感知"的建设原则，围绕建设工程项目消防设计文件的项目行政审批、前期技术服务、消防行业管理三个板块，搭建"消防设计审查管理系统""提前技术服务系统"和"重庆建设防火技术平台"，构建建设工程消防设计审查信息化支撑体系，规范建设项目消防设计审批，实现工改数据同步、在线质量抽查、在线分类标注、数据研判支撑等功能。

山东省设立省级奖项，推动消防事业高质量发展。 2023年6月26日，《山东省住房和城乡建设厅关于印发山东省工程建设泰山杯奖管理办法的通知》(鲁建办字〔2023〕6号)发布,在"山东省工程建设泰山杯奖"中增设"消防技术"方向共20个奖项,激发工程项目责任主体提升消防设计、施工质量的责任感、主动性。按照"优中选优、宁缺毋滥"的要求严格把关,对于符合工程建设法定建设程序和国家工程建设强制性标准,工程设计先进合理,达到安全、适用、经济、美观、绿色要求,且积极采用BIM等新技术、新工艺、新材料、新设备,并在关键技术和工艺上有所创新的消防工程项目,通过形式审查、现场复查、专家评审、信用核查,择优选择,最大化发挥其对本省建设工程消防事业高质量发展的引导激励作用。

湖北省高位推动,筑牢消防审验责任闭环。湖北省及时整理各地已经公布的建设工程火灾调查报告,聚焦住房和城乡建设部门在火灾调查中权责失位的痛点,积极向省委、省政府、省安委会汇报,推动将住房和城乡建设部门纳入火灾调查。2023年7月,印发《关于印发湖北省火灾事故调查处理规定(试行)的通知》,明确住房和城乡建设部门参与火灾调查的职责。

安徽省清单式排查整治消防审验工作问题,压实各方主体责任。安徽省组织检查组历时4个多月,对全省16个设区市和16个县的消防审验工作情况进行"双随机、一公开"监督检查,及时形成"问题、执法建议、整改、处罚处理"等清单,督促整改落实,跟踪整改成效。期间,检查组共检查建设工程项目107个,共发现624个问题,下达执法检查建议书22份,责令撤销消防验收行政许可8项,召开集中反馈会16场。通过专项检查,及时处理一大批影响建设工程消防安全的问题隐患,压实消防审验主管部门和各方主体的消防安全责任。

6. 确保建筑工地安全生产

上海市建设工程安责险落地见效。上海市建设工程领域创新推出安全生产责任保险三年多以来,相关保险方案、运行机制、事故预防服务、理赔及增值服务等逐渐成熟,形成了独具特色的"上海模式"。一是创新机制,强化保险与服务。2023年,在深入开展行业调研的基础上,上海市住房和城乡建设管理委员会会同保险公司、上海市建设工程安责险管理信息平台一起,全面优化保险服务方案,扩大服务保障范围，简化理赔流程和材料，优化费用结算规则，开展行业统一培训，统一事故预防服务标准，全面优化提升建设工程安责险运行机制。二是突出预防，助力工地守安全。上海市形成了保险公司、专业技术机构、参保企业多方参与的事故预防服务体系。通过为参保企业提供风险评估、隐患排查等事故预防服务，为企业开展安全隐患整改提供参考依据。三是科技赋能，优化运营提效率。上海市住房和城乡建设管理委员会聚焦"数字化转型、全过程管理、透明化服务"三要点，提升优化建筑施工保险风控服务，迭代升级建筑工地数字化监管平台，率先实践建设工程安责险"小切口"，有效打造建设工程全链式管理以及全域化联动"大场景"。上海市建设工程安责险管理信息平台的上线启用，让安责险的管理更加便捷。未来，该平台将促进上海安责险的信息化服务从应用系统向综合数据应用分析系统和安全预警方向发展，成为政府"智慧监管"建设的好帮手。

广东省开展城市轨道交通工程及市政隧道起重机械安全专项整治行动。 广东省住房和城乡建设厅组织开展城市轨道交通工程及市政工程隧道、房屋市政工程建筑起重机械安全专项整治，加强安全防范，遏制重特大事故发生。排查广州、深圳、佛山、东莞城市轨道交通工程项目38个、整改安全隐患385条；排查起重设备2965台、整改实体隐患1164项。此次行动督促建设、施工、监理等参建方主要负责人落实"五带头"任务，围绕参建单位安全生产责任落实、城市轨道交通工程及市政工程隧道暗挖施工、城市轨道交通工程高架施工三个方面开展整治。在责任落实方面，重点整治建设单位不落实质量安全首要责任制度，施工单位不落实安全生产主体责任，尤其是不落实安全生产管理人员规范履职、施工安全晨会、安全员日志等制度措施及监理、勘察、设计、监测单位不按规定落实各自安全生产职责等问题。建筑起重机械安全专项整治行动聚焦设备进场把关、安装拆卸风险管控、起重吊装安全管理、隐患排查及维护保养、特种作业人员资格查验五个环节，突出整治人员违规操作、设备带病运行等问题。

浙江省"1+7+N"排查整治建设施工领域重大事故隐患。 自2023年4月下旬以来，浙江在全国率先开展建设施工领域重大事故隐患排查整治2023行动，切实推动隐患排查整改到位。省级层面，督导检查、指导服务、组团帮扶"三组联动"，推动11个设区市、90个县（市、区）排查建设工程8.57万个次，发现重大事故隐患1164项，全部整改闭环或落实管控，确保亚运会、岁末年初等重大节点和关键时期安全稳定。浙江省确定"1+7+N"攻坚重点，即在1个总体任务下，突出7大重点行业（房屋市政、交通、水利、能源、民航、矿山、通信）和N项整治重点（重点推进建设单位首要责任、隧道工程、有限空间作业、特种作业人员），明确攻坚任务清单，落实牵头部门、完成时限和验收评价标准，工作推进过程中如发现重大共性问题和重点领域，动态增设相应专题。建立"五个一"工作机制，即建立一个机构，迭代"4+5+4"建设施工安全专业委员会工作体系，浙江省人民政府分管领导担任专委会主任，浙江省住房和城乡建设厅主要负责人担任常务副主任，涉及综合监管、行业监管、专业监管的13个省级部门各司其职、齐抓共管；建立一套工作机制，实施"一会、一报、一督、一晒、一考"（例会制、报表制、督查制、通报制、考核制）；搭建一个督导平台，组建4个督导检查组、11个技术服务组；统一排查标准，制定建设施工领域重大事故隐患和重点问题判定标准；用好一项智慧监管，依托"工程建设数字化管理系统"重大应用，推动重大事故隐患闭环管控。

青海省发布指南规范高处作业安全措施。2023年10月24日，《青海省住房和城乡建设厅关于印发〈青海省房屋市政工程高处坠落事故预防指南（试行）〉的通知》（青建工〔2023〕301号）发布。指南以消除人的不安全行为、物的不安全状态、环境的不安全因素和管理上的缺陷为出发点，从总则、各方主体责任、基本要求、个体防护等8个方面明确了各方责任和防护措施，在教育培训、技术措施、人员作业等方面提出具体要求，不断细化预防高处坠落事故的各项管控措施，提升安全生产管理人员能力水平，全面化解高处坠落事故风险隐患，保障施工作业人员的安全。指南的出台进一步完善了青海省房屋建筑和市政基础设施工程安全生产管理措施，全面压实建设、施工和监理等参建单位主体责任，规范施工作业人员行为，保障建筑施工安全生产形势稳定，为建筑业高质量发展奠定安全基础。

7. 大力推进智能建造

江苏省大力推进智能建造发展，加快建筑业数字化转型步伐。 2023年1月3日，江苏省住房和城乡建设厅印发《关于推进江苏省智能建造发展的实施方案（试行）》，提出到2025年年末，智能建造适宜技术在重大工程建设项目中应用占比50%，培育30家以上智能建造骨干企业；到2030年年末，智能建造适宜技术在大中型工程建设项目中应用占比70%，培育100家智能建造骨干企业；到2035年年末，大中型企业在各类工程建设项目中普遍应用智能建造适用技术，培育一批在智能建造领域具有核心竞争力的龙头企业，成为全国建筑业智能建造强省。2023年11月3日，江苏《省政府关于促进全省建筑业高质量发展的意见》（苏政规〔2023〕14号）发布，以推动建筑业高质量发展为指引，以项目、企业、产业为重点，明确智能建造"三步走"发展目标，发布实施指南，建立评价体系，加快建筑业数字化转型步伐。

浙江省推进"三链融合"，构建智能建造新体系。 浙江省把发展智能建造作为全面贯彻新发展理念的重要内容和推进建筑产业现代化的重要抓手，扎实推进温州、嘉兴、台州3个智能建造试点城市建设，积极探索建立智能建造政策机制、技术体系、发展路径和监管模式，大力推动建筑业工业化、数字化、绿色化转型升级，取得了积极的成效。一是聚焦"三问"高站位统筹规划"机制链"，问计于需，科学谋划做好顶层设计；问效于政，精准施策健全制度机制，重点支持钢结构、装饰、智能化、古建筑等专业领域的中小建筑企业向智能建造转型，积极研发应用新工艺、新技术、新材料、新设备，提升企业竞争力；问才于校，强强联合引育专业人才。二是振兴"三力"多维度数字赋能"创新链"，激活创新力，注重"互联网+BIM"组团开发；提升竞争力，实现"智能+集成"整体优化；强化管控力，展开"数字+监管"管理模式。三是打造"三库"大纵深一体构建"协同链"。升级"装备库"，2023年12月25日，浙江省住房和城乡建设厅发布了《浙江省智能建造技术装备应用目录（第一版）》，分类建立智能建造装备库；建强"班组库"，狠抓产业工人培养，如温州积极探索"智能建造装备+产业工人"新模式；扩容"项目库"，狠抓试点项目引领。按照县级智能建造项目为试点、市级智能建造项目为示范的思路，开展不同应用深度的智能建造项目培育。

专栏1-4：《浙江省智能建造技术装备应用目录（第一版）》（摘要）

一、智能设计
（一）自主BIM协同设计系统
（二）自主装配式BIM设计软件
（三）工业化内装数字设计系统
（四）BIM施工图审查系统

二、智能生产
（一）装配式数字化工厂管理系统
（二）钢结构智能制造生产线
（三）装配式混凝土构件智能化生产线

三、智能施工
（一）智能施工管理系统
（二）BIM技术辅助深化设计系统
（三）BIM+AR技术辅助安装工程施工系统
（四）人机协同建筑机器人
（五）塔机安全监控管理系统
（六）高层智能造楼系统
（七）一体化施工人员管理系统
（八）危大工程物联网安全监测系统
（九）工程实体施工质量实测实量系统

四、智慧运维
（一）智慧运维管理系统
（二）BIM+AR技术协助安装工程运维系统
（三）工程结构健康监测系统
（四）未来社区智慧服务平台系统

（五）智能型高空升降灯

五、建筑产业互联网

（一）互联网集中采购金融平台系统

（二）互联网建筑业服务平台系统

六、智能建造设备装备

（一）智慧工地相关装备设备

（二）智能施工相关装备设备

（三）建筑机器人

山东省布局数字基础设施建设行动。2023年11月14日，山东数字强省建设领导小组办公室印发《山东省数字基础设施建设行动方案（2024—2025年）》，明确9个方面、25项重点任务，助推数字经济发展。方案提出，建设数字便民的市政基础设施。积极推广人工智能、建筑机器人等智能建造技术，打造一批"智慧工地"，推动智能建造与新型建筑工业化协同发展。深化城市信息模型（CIM）、建筑信息模型（BIM）、物联网、5G等新一代信息技术在城乡建设领域融合应用，推进城市公用设施智能化升级，提升城市供水、排水、照明、燃气、热力等设施动态感知和智慧化管理能力，加快构建数字孪生城市。到2025年，济南、青岛、烟台、济宁国家"新城建"试点建设取得显著成效。为保障方案落地落实，山东将优化财税支持政策，灵活运用各类财税支持政策，推动组建数字经济发展专项基金。同时，山东将对纳入"新基建"重点项目库的数字基础设施重点工程，在土地、用能、环境等要素资源安排上依规予以保障，探索开展"拿地即开工"等激励机制，为"新基建"及其配套产业打造良好的空间生态。山东省青岛推动数字化管理模式创新，智慧化工地再升级，高起点谋划，制定了"1233N"智慧化工地管理服务平台二期建设方案。"1"是一体化平台；"2"是聚焦质量、安全两大业务板块；第一个"3"是锚定"数字化""程序化""智慧化"三个发展方向；第二个"3"是打造市、区（县）、项目三级管理体系；"N"是多维度、多场景的联动应用，高标准建设，全面释放数据价值。

河北省深入推进智能建造试点工作。河北省住房和城乡建设厅在保定市组织召开全省智能建造技术交流暨现场观摩会，推动河北省智能建造试点工作开展，加快建造方式转变和技术创新，促进河北省建筑业高质量发展。近年来，河北省大力推动建筑业高质量发展，创建"河北建造"品牌，贡献"河北建造"智慧，为全社会提供高品质建筑产品。河北省以保定市、雄安新区入选全国首批智能建造试点城市为契机，大力推动建筑工业化、数字化、智能化转型，在完善新政策、培育新产业、打造新示范、推广新机制、建设新工厂、聚力新技术、推广新标准、培育新人才等方面推进智能建造试点城市建设。

广东省广州市和深圳市着力培育产业生态，推动落地示范项目。广州市人民政府于2023年3月23日印发了《广州市智能建造试点城市实施方案》，以政府引导激励、企业创新探索、项目试点应用为主要思路，涵盖培育智能建造产业生态，细化分解成29项重点任务和99项具体举措，逐步把"规划图"变成"施工图"。实施构建"链长制"推动建筑业高质量发展三年行动计划，引导上下游优势企业成立建设行业智慧化产业联盟，促进智能建造产业链联动发展，充分发挥企业的创新主体作用，支持和重点培育智能建造优势企业。积极宣传智能建造技术应用成效。布局搭建10个涵盖智能建造产业的复合型和专业化园区，促进产业集聚和融通发展。打造智能建造标杆项目。遴选培育53个智能建造试点项目，在不同建设环节融入智能建造技术。例如，中建四局科创大厦项目应用云端建造工厂和集成轨道式机器人施工，实施全过程BIM应用管理，运用自主研发的双碳管控平台，打造近零能耗施工全过程。深圳市积极建立智能建造技术、项目、产业、管理、人才、政策六大体系，研发应用建筑产业互联网平台，系统性集成数字设计、智慧商务、智能工厂、智慧工地和智慧运维5个子系统，在长圳保障性住房项目中采用BIM（建筑信息模型）技术打通建筑设计、计价、招采、生产、施工以及运维全过程，实现多方参与、协同联动的一体化管理。

8. 推进建筑业绿色低碳发展

北京市出台建筑绿色发展条例。2023年12月5日，《北京市建筑绿色发展条例》发布，条例共7章61条，分为总则、规划与建设、科技与产业支撑、引导与激励、法律责任等内容，旨在贯彻绿色发展理念，节约资源能源，减少污染和碳排放，提升建筑品质，改善人居环境，推动建筑领域绿色低碳高质量发展。条例明确了建筑运行、维护、改造的责任要求，建筑所有权人承担绿色运行、维护管理的责任，保障建筑安全稳定运行。建立健全民用建筑能源资源消耗统计制度、公共建筑能效分级管理制度；实行绿色建筑标识制度，政府性资金参与投资建设的新建大型公共建筑应当申请绿色建筑标识；有序推动既有建筑节能绿色化改造，与城市更新项目相衔接，在尊重建筑所有权人意愿的基础上，鼓励与建筑内水、电、气、热等专业管线改造同步实施；推进建筑绿色化拆除，落实建筑垃圾处置责任。条例提出北京市新建民用建筑执行绿色建筑一星级以上标准；新建的大型公共建筑、政府性资金参与投资建设的民用建筑、城市副中心居住建筑执行绿色建筑二星级以上标准；新建的超高层建筑、首都功能核心区建筑、城市副中心公共建筑执行绿色建筑三星级标准。

江苏省召开绿色建造试点观摩暨建筑品质提升研讨会。江苏省住房和城乡建设厅在常州召开全省绿色建造试点观摩暨建筑品质提升研讨会。常州市落实住房和城乡建设部工作部署、扎实推进绿色建造试点工作，会议要求江苏省各地认真学习常州的经验做法，结合本地实际，积极创新拓展工程建设领域绿色转型思路方法，坚持走生态优先、绿色低碳的城乡建设高质量发展之路，让绿色成为美丽江苏最亮丽的标识和最鲜明的底色。与会人员实地观摩了常州市部分绿色建造试点项目和企业，各设区市进行了经验交流。

安徽省发布民用建筑节能设计标准。2023年10月7日，安徽省市场监督管理局、安徽省住房和城乡建设厅联合发布了节能率75%的民用建筑节能设计标准：《居住建筑节能设计标准》DB34/T 1466—2023、《公共建筑节能设计标准》DB34/T 5076—2023。标准实施后安徽省民用建筑建筑节能标准再提升30%左右，新标准充分考虑了安徽省的经济水平与相关产业发展情况，对建筑屋面、外门窗传热系数指标做了大幅提升，重点强调了建筑节能设计措施的完成度，提高了热工性能进行权衡判断的门槛指标，对提高安徽省新建民用建筑节能标准、推动高星级绿色建筑发展、改善居住环境、提升建筑品质将起到积极作用。

河北省大力发展被动式超低能耗建筑。河北省大力推广被动式超低能耗建筑（即近零能耗建筑），经过多年探索和发展，积累了大量经验，取得了一定工作成效。建成我国第一座被动式超低能耗居住建筑和公共建筑；发布了我国第一本被动式超低能耗建筑设计标准；建设了国内第一个大规模被动式超低能耗建筑群高碑店列车新城。河北省被动式超低能耗建筑项目实现设区市全覆盖，并向县区延伸。截至2023年12月，全省累计建设被动式超低能耗建筑面积达988万平方米，建筑规模居全国前列。

黑龙江省推动严寒地区超低能耗建筑高质量发展。一是夯实标准体系支撑。2023年6月28日，编制完成《黑龙江省既有公共建筑超低能耗节能改造设计规程》（征求意见稿）并公开征求意见；2023年7月28日，发布《黑龙江省超低能耗建筑检测技术标准》DB23/T 3559—2023；2023年9月5日，发布《黑龙江省超低能耗建筑评价技术标准》DB23/T 3597—2023；2023年12月4日，黑龙江省推荐性地方标准《黑龙江省超低能耗建筑节能工程施工质量验收标准》DB23/T 3630—2023、《民用建筑换热站管理规程》DB23/T 3632—2023发布，初步建立起超低能耗建筑全生命标准体系。二是丰富创新应用场景。在政府和国有投资项目中优先推进机关办公用房超低能耗改造项目，已确定哈尔滨市松北区第一、第三办公区改造项目全面执行超低能耗建筑节能设计标准。三是搭建综合服务平台。黑龙江省组织成立省超低能耗建筑协会，形成推动超低能耗建筑产业发展的强劲合力。四是组织科技创新攻关。2023年8月，由中国国检测试集团股份有限公司打造的超低能耗建筑实证基地在漠河市落成并投入使用，用于全面检验超低能耗建筑在极寒地区应用的可靠性和耐久性。作为我国最北第一座超低能耗建筑，实证基地也是全方位应对极寒天气的重要实验场所，产生的监测和运行数据将成为在极端环境中维护运营超低能耗建筑的重要参考。黑龙江省推动超低能耗建筑技术在严寒地区有效应用和创新发展，超低能耗建筑项目储备不断扩大，超低能耗建筑呈现创新性、多元化、高质量的良好发展态势。

9. 高质量推进装配式建筑发展

江苏省装配式建筑实现"量质"双提升。江苏省不断健全政策体系、技术体系、标准体系和监管体系，大力推动装配式建筑发展，促进建筑产业转型升级，取得了阶段性成效。截至2023年年底，全省新开工装配式建筑面积累计约2.5亿平方米，装配式建筑占同期新开工建筑面积比从2015年的3%上升到2023年的41.0%；创建国家级装配式建筑示范城市5个、产业基地（园区）27个，占全国总数的10%；创建省级建筑产业现代化示范城市（园区）21个、示范基地252个、示范项目311个，示范基地覆盖全省13个设区市，示范项目种类齐全，布局合理。2023年开始，联合上海、浙江和安徽，组织开展长三角地区装配式建筑职业技能竞赛。

海南省打造适合热带岛屿特色的装配式建筑。《海南省绿色建筑发展条例》2023年1月1日起施行。2023年11月23日，海南省住房和城乡建设厅等部门联合印发《海南省装配式建筑（绿色建筑）发展提升三年行动方案（2023—2025年）》，明确到2025年，海南省建筑业绿色转型高质量发展迈上新台阶，建筑业工业化、数字化、绿色化全面发展，从建筑产业和产品供需两端进行全面提升，推动产业发展，打造适合海南热带气候、海洋岛屿特点的"好房子"。为提升产业发展支撑能力，行动方案提出强化技术标准引领，建立健全具有海南热带岛屿特色的装配式建筑、绿色建筑技术标准体系。编制《海南省装配式建筑部品部件质量标准体系》《海南省装配式建筑预制混凝土构件质量管理标准》DBJ 46—067—2024，研究探索适宜海南省的装配式市政基础设施相关标准、图集、定额等。此外，海南省要求充分发挥海南自由贸易港优势，鼓励龙头企业加强与国际产业、科技等领域的合作，鼓励有能力、有条件的建筑企业和构配件生产企业采取"联合舰队""借船出海"等多种方式"走出去"。

> **专栏1-5：《海南省装配式建筑（绿色建筑）发展提升三年行动方案（2023—2025年）》**
> **（摘要）**
>
> • 工作目标
>
> 到2025年，建筑业高质量绿色转型迈上新台阶，建筑业工业化、数字化、绿色化全面发展，从建筑产业和产品供需两端进行全面提升，推动产业发展，打造适合海南热带气候、海洋岛屿特点的"好房子"。
>
> 产业发展目标——争创不少于3个国家级装配式建筑生产基地，培育2个年产值5亿元的装配式建筑部品部件生产企业，打造1个10亿级产值装配式建筑产业集聚区。基本形成以临高金牌港为重点的装配式建筑产业园，涵盖研发设计、部品部件生产、施工安装、培训教育的装配式建筑产业链。
>
> 产品提升目标——到2025年，新开工的装配式建筑占比大于80%。城镇新建建筑全面执行绿色建筑标准，星级绿色建筑占比达到30%以上，超低、近零能耗建筑和低碳、零碳建筑逐步示范推广。
>
> • 重点任务
>
> （一）数智引领，促进生产方式提质增效。
>
> （二）齐头并进，创新行业监管与服务模式。
>
> （三）绿色低碳，全面助力建筑工程品质提升。
>
> （四）强基筑底，着力提升产业发展支撑能力。

四川省加强装配式建筑全过程工程质量管控。 2023年9月12日，《四川省住房和城乡建设厅关于加强装配式建筑全过程工程质量管控的通知》印发，以加强装配式建筑质量安全管理，提升装配式建筑发展效能，推动智能建造与建筑工业化协同发展。明确施工单位要建立健全质量安全保障体系，制定预制构件进场验收、节点连接质量控制、首层或首个代表性施工段试安装验收等内部质量管理制度。强化监理单位监督责任，应依据设计文件及相关标准，编制专项监理实施细则，明确关键环节、关键部位、见证取样具体要求，经建设单位审查同意后实施，所有关键节点和关键部位的隐蔽施工应实行举牌验收。此外，充分利用"互联网+智慧监管"等手段，建好用好"智慧工地"平台，归集装配式建筑项目基础信息、定期开展质量安全数据分析，提高工程项目建设监管水平。同时，创新监管方式方法，将机械运行状态、人员安全行为与培训、工程资料传输与归档、制度标准执行等纳入信息化监管范畴，提升装配式建筑全过程质量监管智能化、数字化水平。

青海省规范装配式建筑示范管理。2023年11月3日，青海省住房和城乡建设厅联合省财政厅出台了《青海省装配式建筑示范管理暂行办法》。根据办法，申报装配式建筑示范基地的，申报企业应具有独立法人资格，若为联合体须签订合作合同，明确合作内容、方式、实施路径、保障措施等；具有装配式建筑研发、设计、生产、施工能力；具有先进成熟的装配式建筑相关技术体系，BIM（建筑信息模型）应用水平高；部品部件生产类企业应具备智能自动化生产能力和部品部件数据库，施工类企业应具备成熟的工艺工法和相应的施工技术水平；近三年未发生较大及以上生产安全事故等。还明确了申报装配式建筑示范项目应满足的条件。在奖励方面，对评定为装配式建筑示范基地的一次性奖励20万元，装配式建筑示范项目按照楼栋给予奖补，示范项目最高奖励金额40万元。

10. 提升抗震防灾救灾能力

山东省公布全省住建系统地震应急预案。2023年10月8日，山东省住房和城乡建设厅召开全省抗震防灾规划和住建系统地震应急预案编制工作推进视频会议，加快推进全省抗震防灾规划和住建系统地震应急预案编制工作进度。会议强调，要明确目标任务，高效推进编制工作。严控时间节点，倒排工期、挂图作战，全力以赴推动抗震防灾规划和地震应急预案编制，确保按时完成任务。抗震防灾规划要完善抗震设施布局，构建以抗震防灾避难场所、生命通道为中心，应急供水、医疗、物资、环卫设施相配套的抗震设施体系。地震应急预案要建立地震应急组织指挥体系，明确职责分工，细化应急处置工作内容，体现"防、抗、救"一体化的防灾减灾救灾理念，确保应急工作迅速、高效开展。2023

年10月13日，《山东省住房和城乡建设系统地震应急预案》公布，分为总则、组织体系及职责、应急响应、应急处置、灾后重建、保障措施、附则、附录8部分，根据地震灾害特别重大、重大、较大、一般4个等级，分别对应响应级别Ⅰ、Ⅱ、Ⅲ和Ⅳ级。

甘肃省临夏回族自治州积石山县地震灾区得到及时救援。2023年12月18日，甘肃省临夏回族自治州积石山保安族东乡族撒拉族自治县柳沟乡发生6.2级地震，地震发生后，甘肃省住房和城乡建设厅组织力量对大河家镇、刘集乡、石塬镇、柳沟乡等5个重点受灾乡镇所有住户开展住房应急评估，甘肃省按照一户一间的标准，计划搭建15000间活动板房进行安置。由于受灾地区地形环境各异，大部分群众有养殖习惯，甘肃省采取集中和分散相结合的方式搭建活动板房，共规划20间以上的集中安置点177处。在集中安置点同步配建厕所，在板房内配备床铺、被褥、火炉、电暖器、一氧化碳报警器等物品。同时，在集中安置点还配备警务、医务等相关工作人员，服务受灾群众。

11. 提供有力的人才支撑与监管

河北省完成职业技能竞赛并推进实名制管理全覆盖。2023年，河北省住房和城乡建设厅联合省人力资源和社会保障厅、省总工会等多部门，高标准、高要求、高水平组织指导了多项赛事。如2023年河北省建设行业职业技能竞赛、2023年河北省职业数字化应用技术技能大赛决赛、装配式农房设计大赛等，涵盖建筑信息模型技术员、建筑幕墙设计师等工种。河北省已连续七年组织全省建设行业职业技能竞赛活动，积累了丰富的办赛经验，形成了标准化的竞赛管理机制。积极筹备2024年度河北省建设行业职业技能竞赛活动。此外，河北省住房和城乡建设厅发布推进建筑工人实名制管理全覆盖工作的通知，明确全省建设项目施工总承包单位应按规定全部纳入实名制管理，根据施工现场实际设置实名制管理识别设备，真实采集和上传实名制管理数据。

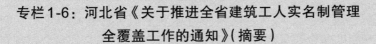

专栏1-6：河北省《关于推进全省建筑工人实名制管理全覆盖工作的通知》（摘要）

- 全面推进实名制管理"全覆盖"

全省建设项目施工总承包单位应按规定将在冀承建项目全部纳入实名制管理，在项目录入"河北省质量安全监管系统"后的30个自然日内，在"实名制管理系统平台"中完成项目实名制信息确认，根据施工现场实际设置实名制管理识别设备，真实采集和上传实名制管理数据。施工总承包单位对施工现场的实名制管理负总责，专业分包、劳务分包等进场分包单位应在进场后的10个自然日内，配合施工总承包单位在实名制系统中完成分包信息登记，不得以建设单位直接发包为由拒绝纳入实名制管理。

宁夏回族自治区首届"燕子墩杯"乡村建设工匠技能大赛成功举办。2023年10月22日，由自治区住房和城乡建设厅、自治区人力资源和社会保障厅、自治区总工会、自治区团委联合主办的2023年全区塞上建筑工匠技能大赛（乡村建设工匠技能大赛分赛）在石嘴山市惠农区燕子墩乡成功举办。来自银川市、石嘴山市、吴忠市、固原市及中卫市的"五市"代表队的100名参赛选手同台竞争。此次大赛是全区首届乡村建设技能大赛，分砌筑工和抹灰工2个比赛工种，是为提升农房建设质量的一次重要竞赛活动。大赛以"塞上建造，匠心有我"为主题，大力弘扬劳模精神、劳动精神、工匠精神。此外，宁夏回族自治区首个农民工素质和技能提升站正式成立。

12. 确保质量主体责任落到实处

江苏省编制指南领航住宅工程质量信息公示。2023年11月28日，江苏省住房和城乡建设厅出台《关于推进住宅工程质量信息公示工作的通知》，同时以附件形式印发《江苏省住宅工程质量信息公示工作指南（2023版）》，要求建设单位在开工阶段公开《住宅工程质量信息公示承诺书》，推进全省住宅工程质量信息公示制度走深走实。一是推动全面覆盖，执行情况与"扬子杯"挂钩。把住宅工程质量信息公示作为夯实建设单位工程质量首要责任和其他参建各方质量主体责任、完善住宅工程质量保障体系、提升工程品质的重要举措，及时总结试点经验，持续完善制度建设，采取务实有效的措施大力提高质量信息公示项目覆盖率，力争实现辖区内住宅工程质量信息公示制度全覆盖。二是丰富内容形式，尤其应关注百姓关心的痛点难点问题，维护业主关于住宅工程质量的合法权益。三是建立闭环机制，完善差别化监管，将住宅工程质量信息公示开展情况与工程质量差别化监管制度相衔接。四是编制工作指南，细化各类规定要求。住宅工程质量信息公示由建设单位负责实施，信息公示进度与工程建设进度同步。截至2023年12月，南京、南通、泰州等市已全域推行住宅工程质量信息公示制度，各地项目覆盖面和覆盖率持续提升，关于住宅质量方面的投诉明显减少，百姓满意度进一步提高。

安徽省开展"质量江淮行"活动。2023年9月20日，安徽省住房和城乡建设厅以"为老百姓造好房子"为主题，安排部署"质量月"——"质量江淮行"活动。通过组织开展质量大宣传、质量大讲堂、质量大交流、问题大治理、质量大阅卷等活动，进一步增强建设工程从业人员质量意识，提升质量管理水平，切实推动工程质量提升。印制《2023年度"黄山杯"奖精品项目选编》，鼓励企业提升工程质量管理标准化、精细化水平。召开全省工程质量监督站长座谈会，总结交流宣传各地工程质量监管典型做法和先进经验。各地积极开展宣传活动。省建设工程质量安全监督总站在六安市举办"质量大讲堂"活动，围绕经验交流、技术引领、问题处理、质量检测、质量保险等方面进行专题授课。各地也广泛宣传工程质量管理法律法规、工程建设强制性条文等内容。省建设工程质量安全监督总站组织开展工程质量管理标准化现场观摩，各地组织开展质量观摩活动。开展建设工程质量检测机构"双随机、一公开"监督抽查。省建设工程质量安全监督总站组织观摩六安市建发玖熙府项目"业主开放日"活动，同时组织各地打造业主开放日活动样板工程，让业主给房屋质量"阅卷"，通过问题"登记—整改—反馈"闭环管理，落实建设单位的首要质量责任，交付"好房子"，保障业主合法权益。

上海陆家嘴（集团）有限公司推行全过程工程造价管理模式。 上海陆家嘴（集团）有限公司借鉴国际惯例，积极推行以目标造价为核心的全过程工程造价管理体系，完善招标评标内部比选制度，引导投标人充分市场竞争，在保障质量安全前提下，实现投资效益最大化。该公司将工程项目的全过程、全生命周期工程造价管理工作（从前期决策到后期评估，包括估算、概算、招标、回标分析、询标、合同管理、变更管控、结算审核、成本后评估等）委托一家工程造价咨询企业全权负责，建立了单一责任主体的造价管控责任制度。受委托的工程造价咨询企业被赋予更大的自主权，在建设项目前期积极推行限额设计，采用市场化计价方式，通过多次方案优化比选、价值分析等，将与项目建造标准相匹配的估算确定为目标造价，实现更精准、更有效的建设项目投资管理。其建设的项目中标价对比最高投标限价（依据定额及政府信息价编制）平均下浮约20%，优于上海市同期一般国有投资项目下浮率（3%～10%）；工程结算价与合同价的偏离幅度一般小于5%。

第二章 中国建筑业发展状况

2023年，在党的二十大精神引领下，全国住房和城乡建设系统坚决贯彻落实党中央、国务院决策部署，坚定信心、保持定力，在稳中起好步、在进上下功夫，稳支柱、防风险、惠民生，努力为经济运行整体好转作贡献、为人民群众生活品质提升办实事。牢牢抓住让人民群众安居这个基点，以好房子为基础，推动好房子、好小区、好社区、好城区"四好"建设，着力稳定房地产业和建筑业"两根支柱"，推动建筑业转型，一大批发展工程、民生工程、安全工程落地见效，住房和城乡建设事业高质量发展打开新局面。

一、发展成就与特点

（一）支柱产业地位稳固

2023年，全国建筑业企业（指具有资质等级的总承包和专业承包建筑业企业，不含劳务分包建筑业企业，下同）完成建筑业总产值315911.85亿元，同比增长5.77%。截至2023年年底，全国有施工活动的建筑业企业157929个，同比增长10.51%；从业人数5253.79万人，同比增长2.18%（图2-1、表2-1）。

2023年，全年国内生产总值126.06万亿元，比上年增长5.20%（按不变价格计算），全年全社会建筑业实现增加值85691.1亿元（图2-2），比上年增长7.10%，比国内生产总值增速高1.9个百分点。自2014年以来，建筑业增加值占国内生产总值的比例始终保持在6.70%以上，2023年为6.80%（图2-3）。建筑业也是拉动就业的重要力量，从2015年开始，全国具有资质等级的总承包和专业承包建筑业企业从业人员每年都保持在5000万人以上（图2-4），2023年全国建筑业企业从业人员占全国就业人员总数的7.1%。建筑业国民经济支柱产业的地位稳固。

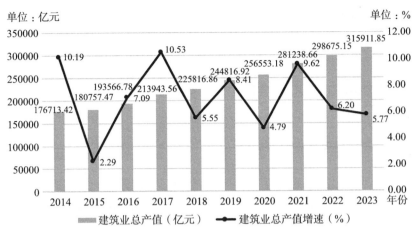

图 2-1　2014—2023 年建筑业总产值及增速

数据来源：国家统计局。

2014—2023 年建筑业主要经济指标比较　　表 2-1

类别/年份	2014	2015	2016	2017	2018	2019	2020	2021	2022	2023
建筑业总产值（万亿元）	17.67	18.08	19.36	21.39	22.58	24.48	25.66	28.12	29.87	31.59
建筑业总产值增速（%）	10.19	2.29	7.09	10.53	5.55	8.41	4.79	9.62	6.20	5.77
企业数量（万个）	8.11	8.09	8.30	8.81	9.65	10.38	11.67	12.87	14.36	15.79
建筑业增加值（万亿元）	4.54	4.78	5.15	5.79	6.55	7.06	7.24	8.01	8.34	8.57
利润总额（万亿元）	0.64	0.65	0.70	0.75	0.80	0.83	0.84	0.86	0.84	0.83
从业人员数（万人）	4536.97	5093.67	5184	5529.36	5305.23	5427.08	5366.98	5282.94	5184.02	5253.75
从业人员增长率（%）	0.19	12.27	1.77	6.67	-4.06	2.30	-1.11	-1.57	-1.87	1.35
劳动生产率（按总产值计算）（万元/人）	31.76	32.40	33.70	34.80	37.32	39.97	42.29	47.32	49.35	46.49
产值利润率（%）	3.63	3.57	3.61	3.50	3.53	3.33	3.20	2.92	2.68	2.64

数据来源：国家统计局，中国建筑业协会《2023 年建筑业发展统计分析》。

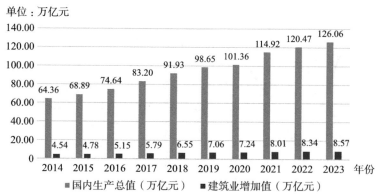

图 2-2　2014—2023 年建筑业总产值、建筑业增加值变化图

数据来源：国家统计局。

图 2-3　2014—2023 年建筑业增加值占国内生产总值比重

数据来源：国家统计局。

图 2-4　2014—2023 年建筑业企业从业人员变化图

数据来源：国家统计局。

(二)市场环境不断优化

第一,审批提速。2023年9月6日,印发《住房城乡建设部关于进一步加强建设工程企业资质审批管理工作的通知》(建市规〔2023〕3号),明确由住房和城乡建设部负责审批的企业资质申请事项,2个月内公示审查结果,企业可登录住房和城乡建设部政务服务门户网站查询审批进度和结果。企业资质审批时间缩短到2个月,同时增加审查频次,优化业绩核查方式,实现了审批提速。第二,为建筑企业纾困解难,积极参与国务院清理拖欠企业账款专项行动,努力帮企业清欠、为企业纾困。第三,质量检测市场秩序更加规范,印发《建设工程质量检测机构资质标准》,建设工程质量检测机构资质管理进一步加强,促进建设工程质量检测行业健康发展。第四,信息信用管理加强。全国建筑市场监管公共服务平台聚焦项目信息上平台,各省(区、市)进一步提升平台的数据质量和公共服务功能。第五,全国统一建筑市场不断推进,开展工程建设招标投标突出问题专项治理,并对地方各级政府强制要求设立分(子)公司等问题开展专项治理,推动破解民营经济发展中面临的突出问题,激发民营经济发展活力。

(三)地区发展各有特点

14个地区建筑业总产值均超万亿元,藏、辽、新增速较快。2023年,江苏省建筑业总产值达到43140.15亿元,在全国处于领先位置。广东、浙江、湖北三省的建筑业总产值也都超过了2万亿元,分列第二、三、四位。除此之外,总产值超过1万亿元的还有山东、四川、福建、湖南、北京、安徽、河南、江西、陕西、上海10个省市(表2-2)。从各地区建筑业总产值增长情况看,所有地区建筑业总产值均保持增长,西藏、辽宁、新疆分别以12.32%、9.90%、9.81%的增速位居前三位。

2023年各地建筑业总产值排序 表2-2

地区名称	建筑业总产值（亿元）	排序	占比（%）
江苏省	43140.15	1	13.66
广东省	25195.26	2	7.98
浙江省	24593.51	3	7.78
湖北省	21348.24	4	6.76
山东省	18686.57	5	5.91
四川省	17401.54	6	5.51
福建省	17383.36	7	5.50
湖南省	15176.07	8	4.80
北京市	14272.51	9	4.52
安徽省	12466.83	10	3.95
河南省	11476.84	11	3.63
江西省	10827.77	12	3.43
陕西省	10340.51	13	3.27
上海市	10045.79	14	3.18
重庆市	9709.72	15	3.07
云南省	7890.88	16	2.50
河北省	7261.26	17	2.30
山西省	6147.13	18	1.95
广西壮族自治区	5933.07	19	1.88
天津市	5072.26	20	1.61
辽宁省	4326.58	21	1.37
贵州省	3938.99	22	1.25
新疆维吾尔自治区	3405.87	23	1.08
甘肃省	2686.73	24	0.85
吉林省	2219.87	25	0.70
内蒙古自治区	1459.54	26	0.46
黑龙江省	1426.05	27	0.45
宁夏回族自治区	741.55	28	0.23
青海省	614.08	29	0.19

续表

地区名称	建筑业总产值（亿元）	排序	占比（%）
海南省	494.42	30	0.16
西藏自治区	228.89	31	0.07
全国	315911.85	—	100.00

数据来源：国家统计局。

部分地区建筑业竣工产值、新签合同额、企业数量等继续保持较好增长态势。2023年，江苏建筑业实现竣工产值28914.35亿元，比上年增长8.2%。浙江建筑业实现竣工产值14090.15亿元，比上年增长8.7%。竣工产值超过5000亿元的还有湖北、北京、广东、湖南、山东、福建、四川、上海。竣工产值增速超过15%的有西藏、内蒙古、新疆、海南、湖北、青海、上海7个地区。2023年，江苏建筑业企业新签合同额达到37800.49亿元，比上年增长12.1%。新签合同额超过2万亿元的还有广东、湖北、浙江、山东、四川。新签合同额增速超过10%的有青海、海南、西藏、江苏4个地区。2023年，江苏、山东、广东、浙江、河南五省建筑业企业数量均超过1万家，其中江苏、山东分别超过1.4万家、1.2万家（表2-3）。

2023年各地建筑业竣工产值、新签合同额、企业数量、从业人数排序　表2-3

地区名称	建筑业竣工产值（亿元）	排序	新签合同额（亿元）	排序	企业数量（个）	排序	从业人数（万人）	排序
江苏省	28914.35	1	37800.49	1	14761	1	912.16	1
浙江省	14090.15	2	23084.63	4	10854	4	505.57	2
湖北省	8955.05	3	29022.34	3	6888	9	237.52	9
北京市	7461.68	4	19758.68	7	2701	21	54.26	20
广东省	7274	5	29324.3	2	11192	3	376.96	4
湖南省	7251.65	6	16081.75	9	4207	14	250.3	7
山东省	6941.59	7	21901.45	5	12483	2	299.55	6
福建省	6939.48	8	16660.04	8	9269	7	494.17	3
四川省	6558.11	9	20957.29	6	9343	6	345.06	5

续表

地区名称	建筑业竣工产值（亿元）	排序	新签合同额（亿元）	排序	企业数量（个）	排序	从业人数（万人）	排序
上海市	5077.53	10	15299.11	10	2429	23	71.89	18
安徽省	4532.31	11	14567.27	12	8873	8	217.85	10
河南省	4202.72	12	13006.33	13	10049	5	244.92	8
江西省	3964.25	13	10656.87	14	6877	10	167.29	12
重庆市	3897.4	14	9564.35	15	3966	16	193.43	11
陕西省	3245.85	15	15021.45	11	4330	13	140.16	13
河北省	2617.55	16	8410.42	17	4126	15	79.64	17
云南省	2613.79	17	8080.86	18	4612	12	117.47	15
广西壮族自治区	2068.2	18	5208.18	20	2853	19	132.11	14
山西省	1918.74	19	7611.88	19	3800	17	82.47	16
新疆维吾尔自治区	1408.19	20	3484	23	1958	26	38.67	24
辽宁省	1391.39	21	4998.49	22	5880	11	46.28	22
吉林省	971.79	22	2338.66	25	2610	24	30.84	25
贵州省	857.93	23	5015.03	21	2354	24	58.48	19
甘肃省	828.51	24	3228.85	24	2725	20	43.13	23
内蒙古自治区	554.32	25	1946.88	26	1105	27	20.13	26
黑龙江省	483.21	26	1631.05	27	2056	25	15.14	27
天津市	385.26	27	8589.45	16	3351	18	52.66	21
宁夏回族自治区	300.58	28	783.12	29	768	28	9.93	28
海南省	243.98	29	686.65	30	392	31	5.87	30
青海省	243.49	30	1126.41	28	620	29	6.12	29
西藏自治区	98.14	31	193.9	31	497	30	3.75	31
全国	136291.19	—	356040.18	—	157929	—	5253.75	—

数据来源：国家统计局。

10个地区签订合同总额均超过3万亿元。2023年，广东建筑业企业签订合同总额继续排在首位，达到68991.22亿元，比上年增长1.3%；江苏建筑业企业以63351.14亿元，比上年增长4.1%。两省签订的合同总额占全国签订合同总额的18.26%。签订合同总额超过3万亿元的还有湖北、北京、浙江、四川、山东、上海、湖南、福建8个地区（表2-4）。22个地区签订合同总额比上年增长，增速超过10%的有青海、海南、安徽3个地区。

2023年各地建筑业签订合同总额排序　　　　表2-4

地区名称	签订合同总额（亿元）	排序	占比（%）
广东省	68991.22	1	9.52
江苏省	63351.14	2	8.74
湖北省	59638.98	3	8.23
北京市	50351.47	4	6.95
浙江省	48193.18	5	6.65
四川省	45826.41	6	6.32
山东省	40739.44	7	5.62
上海市	38496.78	8	5.31
湖南省	32050.87	9	4.42
福建省	31367.32	10	4.33
河南省	26880.46	11	3.71
安徽省	26774.96	12	3.69
陕西省	26498.63	13	3.66
江西省	18544.81	14	2.56
重庆市	17671.6	15	2.44
河北省	17512.3	16	2.42
天津市	17491.15	17	2.41
云南省	15288.67	18	2.11
山西省	13835.91	19	1.91
贵州省	13448.04	20	1.86
广西壮族自治区	12543.62	21	1.73
辽宁省	8604.68	22	1.19
新疆维吾尔自治区	7129.1	23	0.98
甘肃省	6032.89	24	0.83
吉林省	4534.86	25	0.63
内蒙古自治区	3936.49	26	0.54

续表

地区名称	签订合同总额（亿元）	排序	占比（%）
黑龙江省	3328.85	27	0.46
青海省	2294.41	28	0.32
海南省	1580.3	29	0.22
宁夏回族自治区	1338.7	30	0.18
西藏自治区	453.83	31	0.06
全国	724731.07	—	100.00

数据来源：国家统计局。

建筑业从业人数和劳动生产率地区差异大。2023年，全国建筑业从业人数超过百万的地区仍然是15个。江苏从业人数达到912.16万人，浙江、福建、广东、四川、山东、湖南、河南、湖北、安徽9个地区从业人数均超过200万人。与上年相比，16个地区的从业人数增加，其中，江苏、广东增加人数均超过30万人，山东、广西、福建增加人数均超过20万人；15个地区的从业人数减少，其中，河南减少23.05万人、宁夏减少14.72万人、湖南减少10.86万人。2023年，按建筑业总产值计算的劳动生产率排序前三位的地区是湖北、上海和天津，分别为：713013元/人、688888元/人、651770元/人（表2-5）。

2023年各地按建筑业总产值计算的劳动生产率排序　　　　表2-5

地区名称	劳动生产率（元/人）	排序
湖北省	713013	1
上海市	688888	2
天津市	651770	3
辽宁省	637236	4
北京市	622369	5
海南省	591615	6
青海省	558302	7
广东省	557487	8
河北省	532247	9

续表

地区名称	劳动生产率（元/人）	排序
山东省	530468	10
吉林省	514767	11
陕西省	503140	12
甘肃省	493772	13
安徽省	492507	14
湖南省	491169	15
内蒙古自治区	490057	16
贵州省	473746	17
广西壮族自治区	472488	18
云南省	460097	19
山西省	457106	20
新疆维吾尔自治区	452815	21
西藏自治区	450828	22
江西省	427345	23
重庆市	418542	24
河南省	408043	25
浙江省	407193	26
四川省	401988	27
江苏省	383245	28
黑龙江省	370529	29
宁夏回族自治区	362468	30
福建省	323728	31
全国	464899	—

数据来源：国家统计局。

（四）转型升级取得成效

第一，像造汽车一样建造好房子，以建造方式变革促进好房子建设。北京等24个智能建造试点城市积极探索建筑业转型发展的新路径，通过一年的试点，取得了一定的成效，并于2023年11月16日发布发展智能建造可复制经验做法清单（第二批）。第二，以"数字住建"为目标，持续推动全国工程质量数字化监管水平提升，加强工程质量数字赋能应用。进一步拓宽数字化监管应用面，统筹建筑市场和施工现场，激发政府数字化监管潜能。进一步建立健全数字化监管规章制度，统一数字化监管数据标准体系，探索建立"互联网+监管"模式和辅助决策机制，构建诚信守法、公平竞争、追求品质的市场环境，实现"智慧监管"。第三，促进建材绿色化，自北京市朝阳区等48个市（市辖区）实施政府采购支持绿色建材促进建筑品质提升政策（含此前6个试点城市）以来，2023年试点工作持续发力，依托前期试点工作奠定的坚实基础，继续发挥政府采购政策优势，在建设高品质绿色建筑上展现新作为，试点工作进入提速阶段。第四，加快推进房屋建筑和城市基础设施等工程建设项目审批标准化、规范化、便利化，进一步提升审批服务效能，更好满足企业和群众办事需求，加快项目落地。推动实现工程建设项目审批系统县级全覆盖，31个省份房屋市政等各类建设工程消防设计审查验收全部纳入工程审批系统。第五，全国各地积极推动行业技能人才培养，为促进行业高质量发展提供支撑保障。此外，我国建筑业"走出去"地域范围从中东、非洲、东南亚等地区为主发展到全球190余个国家和地区，以中国标准建设的基础设施项目在全球遍地开花，一大批建筑企业在共建"一带一路"中取得了实打实、沉甸甸的成就。

二、建筑施工

（一）规模分析

产业总体规模再创新高。2023年，全国具有资质等级的总承包和专业承包建筑业企业完成竣工产值136291.19亿元，同比增长3.77%；签订合同总额724731.07亿元，同比增长2.78%，其中新签合同额356040.18亿元，同比降低0.91%；房屋施工面积151.34亿平方米，同比减少1.48%；房屋竣工面积38.56亿平方米，同比下降2.72%；实现利润8326亿元，按可比口径计算同比增长0.2%。

（二）效益分析

建筑业企业总体利润微增。2023年，全国具有资质等级的总承包和专业承包建筑业企业利润8326亿元，按可比口径计算比上年微增0.2%；其中国有控股企业4019亿元，增长4.3%。全国建筑业产值利润率（利润总额与总产值之比）自2014年达到最高值3.63%后，总体呈下降趋势。2023年，建筑业产值利润率为2.64%，比上年降低了0.04个百分点，连续五年下降。按建筑业总产值计算的劳动生产率为464899元/人，同比下降3.90%。

（三）结构分析

1. 产品结构

房地产开发投资继续下降。2023年，房地产开发投资110913亿元，比上年下降9.6%。其中住宅投资83820亿元，下降9.3%；办公楼投资4531亿元，下降9.4%；商业营业用房投资8055亿元，下降16.9%。全年新建商品房销售面积111735万平方米。二手房交易网签面积70882万平方米。年末新建商品房待售面积67295万平方米，比上年末增加10929万平方米，其中商品住宅待售面积33119万平方米，比上年末增加6172万平方米。

房屋建筑施工面积、竣工面积继续减少。2023年，全国建筑业企业房屋建筑施工面积151.34亿平方米，比上年减少1.48%。房屋建筑竣工面积38.56亿平方米，比上年减少2.72%。从全国建筑业企业房屋竣工面积构成情况看，住宅房屋竣工面积占最大比重，为60.80%；厂房及建筑物竣工面积占18.08%；商业及服务用房竣工面积占6.67%；其他未列明的房屋建筑物竣工面积占比均在6%以下（表2-6、图2-5）。

2023年全国建筑业企业房屋竣工面积构成　　表2-6

房屋类型	竣工面积（亿平方米）	所占比例（%）
住宅房屋	23.44	60.80
厂房及建筑物	6.97	18.08

续表

房屋类型	竣工面积（亿平方米）	所占比例（%）
商业及服务用房	2.57	6.67
科研、教育和医疗用房	1.93	5.01
办公用房	1.36	3.52
文化、体育和娱乐用房	0.44	1.14
仓库	0.33	0.86
其他未列明的房屋建筑物	1.51	3.92

数据来源：中国建筑业协会《2023年建筑业发展统计分析》。

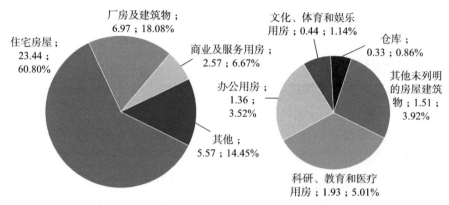

图2-5 2023年全国建筑业企业房屋竣工面积构成图

数据来源：中国建筑业协会《2023年建筑业发展统计分析》。

2. 所有制结构

国有企业骨干作用继续发挥。2023年，在具有资质等级的总承包和专业承包建筑业企业中，国有及国有控股建筑业企业10060个，比上年增加1146个，占建筑企业总数的6.37%，比上年增加0.16个百分点；国有控股企业从业人员为1358.06万人，占全部企业的25.85%。

2023年，国有及国有控股建筑业企业完成建筑业总产值134075.49亿元，占全部企业的42.44%，比上年提高了2.25个百分点；签订合同额424326.86亿元，占全部企业的58.55%；竣工产值46826.96亿元，占全部企业的34.05%（表2-7），充分显示了国有及国有控股企业在建筑业中的骨干作用。国有控股建筑业企业实现利润4019亿元，比上年增长4.3%。全国具有资质等级的总承包和专业承包建筑业企业按建筑业总产值计算的劳动生产率为464899元/人，国有及国有控股建筑业企业为681670元/人。

2023年国有及国有控股建筑业企业主要生产指标占全部企业的比重　表2-7

类别	全国建筑业企业	国有及国有控股建筑业企业	国有及国有控股建筑业企业占全部企业的比重
企业数量（个）	157929	10060	6.37%
从业人数（万人）	5253.75	1358.06	25.85%
建筑业总产值（亿元）	315911.85	134075.49	42.44%
签订合同额（亿元）	724731.07	424326.86	58.55%
竣工产值（亿元）	137511.82	46826.96	34.05%

数据来源：Wind数据库。

2023年，广东省、湖北省、北京市的国有及国有控股建筑业企业完成建筑业总产值均稳定在万亿元以上，其签订合同额都稳定在4万亿元以上，湖北省国有及国有控股建筑业企业签订合同额以47825.65亿元名列榜首。国有及国有控股建筑业企业完成建筑业总产值居前的省市依次是：广东省、湖北省、北京市、四川省、陕西省、上海市、山东省，签订合同额居前的省市依次是：湖北省、北京市、广东省、上海市、四川省、山东省、陕西省（表2-8）。与上年相比，广东省、陕西省、山东省的国有及国有控股建筑业企业完成建筑业总产值位次有所上升，山东省国有及国有控股建筑业企业签订合同额位次上升到第6位。

2023年国有及国有控股企业建筑业总产值、合同额地区份额　表2-8

建筑业总产值		签订合同额	
地区	数额（亿元）	地区	数额（亿元）
广东省	13578.29	湖北省	47825.65
湖北省	13153.59	北京市	44992.98
北京市	11756.95	广东省	42977.20
四川省	8683.48	上海市	33388.80
陕西省	7184.59	四川省	29247.74

续表

建筑业总产值		签订合同额	
地区	数额（亿元）	地区	数额（亿元）
上海市	7160.57	山东省	21961.15
山东省	7015.09	陕西省	21363.31

数据来源：Wind 数据库。

3. 地区结构

2023年，江苏、广东、浙江、湖北、山东、四川、福建、湖南、北京、安徽、河南、江西、陕西、上海14个地区完成的建筑业总产值占全国建筑业总产值的79.88%。

从跨省完成建筑业产值来看，23个地区在外省完成产值保持增长，2023年，各地区跨省完成的建筑业产值10.74万亿元，比上年增长1.32%，增速同比减少3.53个百分点。跨省完成建筑业产值占全国建筑业总产值的33.98%，比上年增加0.02个百分点。

2023年，在外省完成的产值排名前两位的仍然是江苏和北京，分别为18656.62亿元、10321.37亿元。两地区在外省完成产值之和占全部在外省完成产值的比重为26.99%。湖北、福建、上海、浙江、广东5个地区，在外省完成的产值均超过5000亿元。从增速上看，23个地区在外省完成产值保持增长，广西、山东增速超过15%。

从外向度（即本地区在外省完成的建筑业产值占本地区建筑业总产值的比例）来看，排在前三位的地区仍然是北京、天津、上海，分别为72.32%、68.24%和55.28%。外向度超过30%的还有福建、江苏、湖北、陕西、青海、贵州、山西、辽宁、河北、湖南、河南11个地区。

4. 上市公司

2023年，绝大部分建筑业上市公司的营业收入有所增长。营业收入前三名依次是中国建筑股份有限公司、中国中铁股份有限公司、中国铁建股份有限公司，营业收入分别为22655亿元、12635亿元、11380亿元。大部分建筑业上市公司的每股收益有所提升，每股收益排前三名的分别是中国铁建股份有限公司、中国交通建设股份有限公司、中国建筑股份有限公司，每股收益分别为1.73元、1.39元、1.31元（表2-9）。

建筑业上市公司2023年年报部分数据　　　　表2-9

股票代码	公司名称	每股收益（元）		净利润（万元）		净资产收益率（%）		营业利润率（%）
		2022年	2023年	2022年	2023年	2022年	2023年	
000065	北方国际合作股份有限公司	0.65	0.88	80335.11	95369.32	8.98	11.32	5.20
000090	深圳市天健（集团）股份有限公司	0.97	0.74	197066.54	150540.67	17.95	12.57	7.07
000498	山东高速路桥集团股份有限公司	1.51	1.08	344369.00	307202.73	20.40	14.49	5.11
000758	中国有色金属建设股份有限公司	0.07	0.18	38109.33	52405.93	3.13	7.13	6.66
000797	中国武夷实业股份有限公司	0.02	0.02	14793.78	44026.35	0.59	0.76	9.26
002051	中工国际工程股份有限公司	0.27	0.29	31968.47	34404.78	3.08	3.26	4.26
002060	广东省建筑工程集团股份有限公司	0.33	0.43	176439.39	161067.19	9.49	13.3	2.48
002062	宏润建设集团股份有限公司	0.33	0.31	48338.18	37990.88	9.15	8.02	7.02
002135	浙江东南网架股份有限公司	0.25	0.28	29397.11	32900.64	4.77	5.19	2.96
002140	东华工程科技股份有限公司	0.51	0.49	30145.99	36232.35	10.44	8.94	5.47
002542	中化岩土集团股份有限公司	−0.34	−0.35	−70346.99	−75150.74	−21.38	−28.46	−34.09
002586	浙江省围海建设集团股份有限公司	−0.63	−0.12	−55858.19	−15030.26	−18.74	−4.36	−5.31
002628	成都市路桥工程股份有限公司	0.01	0.01	1059.65	536.25	0.31	0.15	1.19

续表

股票代码	公司名称	每股收益（元）		净利润（万元）		净资产收益率（%）		营业利润率（%）
		2022年	2023年	2022年	2023年	2022年	2023年	
002941	新疆交通建设集团股份有限公司	0.51	0.47	34726.78	33468.98	12.60	10.87	6.18
600039	四川路桥建设集团股份有限公司	1.81	1.04	1136583.46	903737.90	26.78	20.72	9.60
600170	上海建工集团股份有限公司	0.10	0.12	168003.56	165801.70	2.86	3.5	1.01
600248	陕西建工集团股份有限公司	0.97	1.01	457038.08	474639.17	20.70	18.5	3.15
600284	上海浦东建设股份有限公司	0.58	0.59	57366.42	58777.73	8.13	7.68	3.40
600477	杭萧钢构股份有限公司	0.12	0.13	28915.97	32297.10	5.35	5.74	3.14
600491	龙元建设集团股份有限公司	0.25	−0.86	37622.09	−133144.11	3.13	−11.27	−15.73
600496	长江精工钢结构（集团）股份有限公司	0.33	0.25	71277.63	57141.26	9.03	6.64	3.59
600502	安徽建工集团股份有限公司	0.80	0.91	183248.67	205767.43	11.76	11.41	2.87
600512	腾达建设集团股份有限公司	0.01	0.03	9083.37	3539.87	0.27	0.77	0.96
600820	上海隧道工程股份有限公司	0.89	0.93	299336.00	317452.61	10.77	10.31	5.27
600853	龙建路桥股份有限公司	0.34	0.33	40017.32	41135.30	13.98	11.97	2.94
600970	中国中材国际工程股份有限公司	0.98	1.12	233287.49	318611.96	15.81	16.32	7.89
601117	中国化学工程股份有限公司	0.89	0.89	577795.28	597140.85	10.71	9.83	3.82

续表

股票代码	公司名称	每股收益（元）		净利润（万元）		净资产收益率（%）		营业利润率（%）
		2022年	2023年	2022年	2023年	2022年	2023年	
601186	中国铁建股份有限公司	1.76	1.73	3175277.80	3232872.9	11.05	9.8	3.39
601390	中国中铁股份有限公司	1.20	1.29	3497213.10	3763644.80	12.13	11.81	3.67
601618	中国冶金科工股份有限公司	0.45	0.33	1292747.20	1140610.90	10.47	7.23	2.16
601668	中国建筑股份有限公司	1.23	1.31	6921176.30	7353971.30	13.94	13.36	4.11
601669	中国电力建设股份有限公司	0.68	0.68	1568443.78	1718541.99	9.95	9.54	3.42
601789	宁波建工股份有限公司	0.30	0.28	36649.64	34585.17	8.27	7.27	1.70
601800	中国交通建设股份有限公司	1.09	1.39	2474530.46	3022411.48	7.54	8.87	4.80
601868	中国能源建设股份有限公司	0.18	0.18	1040655.60	1125550.70	8.46	7.88	3.46

三、勘察设计

（一）规模分析

2023年，全国共有29352个具有工程勘察设计资质的企业参加了统计，同比增长6.31%。其中，具有工程勘察资质的企业3081个，同比增长6.79%；具有工程设计资质的企业26271个，同比增长6.25%。由数据可知，近五年，工程勘察设计企业数量连续增长（图2-6），2023年比2019年增加5613个。

2023年，具有工程勘察设计资质的企业年末从业人员482.7万人，同比减少1.09%。近五年来，除2020年、2023年工程勘察设计企业从业人员下降外，其他年份勘察设计企业从业人员均在增加（图2-7），2023年比2019年增加195999人。

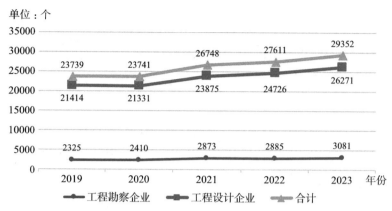

图 2-6　工程勘察设计行业近五年企业数量发展图示

数据来源：近五年全国工程勘察设计统计公报。

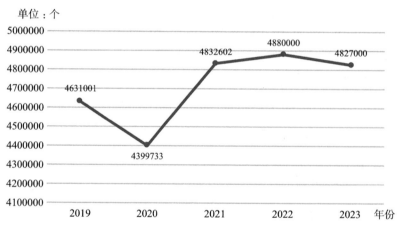

图 2-7　工程勘察设计行业近五年人员数量发展图示

数据来源：近五年全国工程勘察设计统计公报。

  2023年，具有工程勘察设计资质的企业工程勘察新签合同额合计1455.5亿元，同比减少2.32%，勘察设计企业工程勘察新签合同额连续五年保持在1200亿元以上，近四年连续保持在1400亿元以上。工程设计新签合同额合计7290.5亿元，同比增长0.17%，工程设计新签合同额连续五年保持在6800亿元以上，近四年保持7000亿元以上。工程总承包新签合同额合计71380.3亿元，同比增长8.51%。其他工程咨询业务新签合同额合计1412.2亿元，同比增长4.26%。近五年来，工程总承包新签合同额增长较快，从2019年不到5万亿元，连续突破6万亿元和7万亿元（图2-8）。

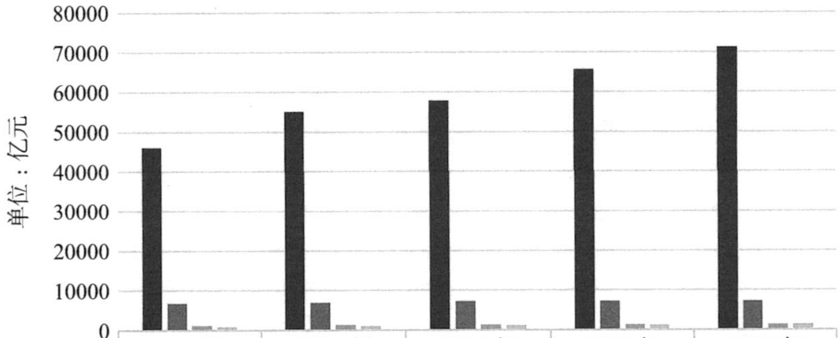

	2019年	2020年	2021年	2022年	2023年
■工程总承包	46071	55068	57886	65781	71380.3
■工程设计	6803	7045	7347	7278	7290.5
■工程勘察	1271	1495	1410	1490	1455.5
■其他工程咨询	1048	1109	1289	1355	1412.2

图 2-8 工程勘察设计行业近五年新签合同额发展图示

数据来源：近五年全国工程勘察设计统计公报。

2023年，具有工程勘察设计资质的企业工程勘察收入1086亿元，同比增长0.76%；工程设计收入5641亿元，同比增长0.20%；工程总承包收入45345亿元，同比增长0.59%；其他工程咨询业务收入1071亿元（图2-9），同比增长5.52%。

2023年，具有工程勘察设计资质的企业科技活动费用支出总额为2952.5亿元，同比增长13.81%；企业累计拥有专利54.2万项，同比增长14.59%；企业累计拥有专有技术9.4万项，同比增长9.30%。由数据可知，连续四年工程勘察设计企业科技活动费用支出总额、拥有专利、专有技术同比保持增长（图2-10）。

（二）结构分析

1. 业务结构

2023年，全国具有勘察设计资质的企业营业收入中，工程勘察收入占营业收入的2.04%，工程设计收入占营业收入的10.61%；工程总

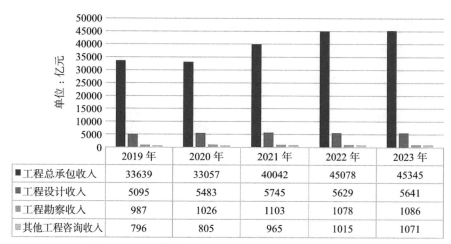

图 2-9　工程勘察设计行业近五年营业收入发展图示

数据来源：近五年全国工程勘察设计统计公报。

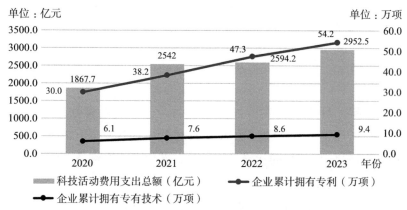

图 2-10　工程勘察设计企业近四年科技发展图示

数据来源：近四年全国工程勘察设计统计公报。

承包收入占营业收入的85.33%；工程咨询等其他业务收入占营业收入的2.02%（图2-11）。

2023年，具有勘察设计资质的企业工程勘察新签合同额中，工程总承包新签合同额占企业工程勘察新签合同额87.54%；工程勘察新签合同额占企业工程勘察新签合同额1.79%；工程设计新签合同额占企业工程勘察新签合同额8.94%；其他工程咨询新签合同额占企业工程勘察新签合同额1.73%（图2-12）。

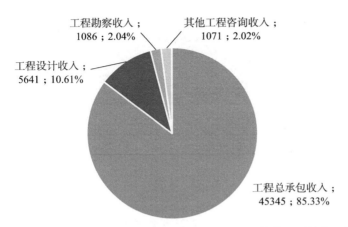

图 2-11 2023 年全国具有资质的工程勘察设计企业收入结构图（单位：亿元）

数据来源：2023 年全国工程勘察设计统计公报。

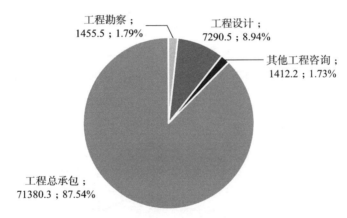

图 2-12 2023 年全国具有资质的工程勘察设计企业新签合同额结构图（单位:亿元）

数据来源：2023 年全国工程勘察设计统计公报。

2. 企业结构

2023 年，全国工程勘察设计企业中，工程勘察企业 3081 个，占 10.50%；工程设计企业 26271 个，占 89.50%（图 2-13）。

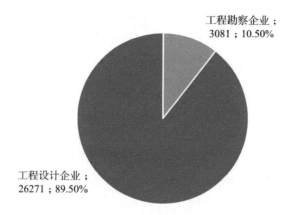

图 2-13　工程勘察设计行业 2023 年企业类型构成图示（单位：个）

数据来源：2023 年全国工程勘察设计统计公报。

3. 人员结构

2023年，具有工程勘察设计资质的企业年末从业人员482.70万人，同比减少1.09%。其中，从事勘察的人员16.40万人，同比增长1.23%；从事设计的人员107.70万人（图2-14），同比减少0.83%。

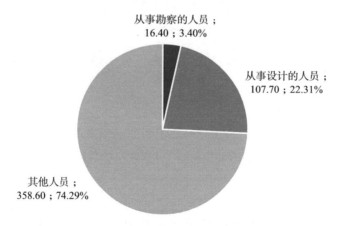

图 2-14　工程勘察设计行业 2023 年从业人员专业构成图示（单位：万人）

数据来源：2023 年全国工程勘察设计统计公报。

2023年年末，专业技术人员240.70万人，同比增长2.21%。其中，具有高级职称人员57.60万人，同比增长7.87%；具有中级职称人员87.40万人，同比增长3.43%；具有初级职称人员62.40万人，同比减少

0.20%；其他专业技术人员33.30万人，同比减少5.20%。由数据可知，专业技术人员中，超半数的人员具有中高级职称（图2-15）。

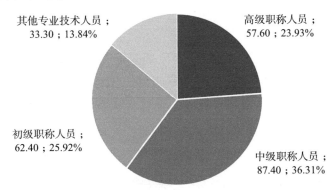

图2-15　工程勘察设计行业2023年专业技术人员职称构成图示（单位：万人）

数据来源：2023年全国工程勘察设计统计公报。

四、工程监理

（一）规模分析

2023年6月，国家统计局批准《建设工程监理统计调查制度》。2023年，全国共有19717个具有建设工程监理资质的企业参加了统计，同比增长21.18%。其中，综合资质企业349个，同比增长19.11%；甲级资质企业5833个，同比增长13.28%；乙级资质企业12623个，同比增长30.65%。

2023年，具有建设工程监理资质的企业全年监理收入1676.40亿元，与上年基本持平；工程勘察设计、工程招标代理、工程造价咨询、工程项目管理与咨询服务、全过程工程咨询及其他业务收入5007.80亿元，同比增长19.70%。其中，45个企业监理收入超过3亿元，101个企业监理收入超过2亿元，287个企业监理收入超过1亿元，监理收入超过1亿元的企业个数与上年基本持平。

2023年，具有建设工程监理资质的企业承揽监理合同额2024.20亿元，同比减少1.58%；工程勘察设计、工程招标代理、工程造价咨询、工程项目管理与咨询服务、全过程工程咨询及其他业务合同额8198.50

亿元，同比增长21.00%。

（二）结构分析

1. 业务结构

2023年，具有建设工程监理资质的企业全年监理收入1676.40亿元，占营业收入的约1/4；工程勘察设计、工程招标代理、工程造价咨询、工程项目管理与咨询服务、全过程工程咨询及其他业务收入5007.80亿元，约占营业收入的3/4（图2-16）。

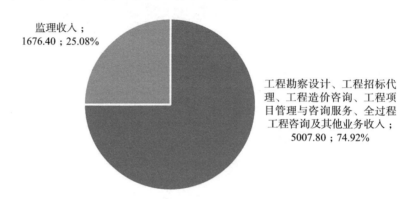

图2-16　2023年工程监理企业营业收入业务结构图（单位：亿元）

数据来源：2023年全国建设工程监理统计公报。

2023年，具有建设工程监理资质的企业承揽监理合同额2024.20亿元，约占合同额的1/5；工程勘察设计、工程招标代理、工程造价咨询、工程项目管理与咨询服务、全过程工程咨询及其他业务合同额8198.50亿元，占合同额的八成（图2-17）。

2. 企业结构

2023年，全国共有19717个具有建设工程监理资质的企业参加了统计。其中，综合资质企业349个，占企业总数的1.77%；甲级资质企业5833个，占企业总数的29.58%；乙级资质企业12623个，占企业总数的64.02%；其他企业占4.63%。由数据可知，参加统计的建设工程监理企业数量近2万个，其中乙级资质企业数量最多，超过总数六成（图2-18）。

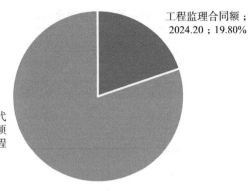

图 2-17　2023 年工程监理企业承揽合同额结构（单位：亿元）

数据来源：2023 年全国建设工程监理统计公报。

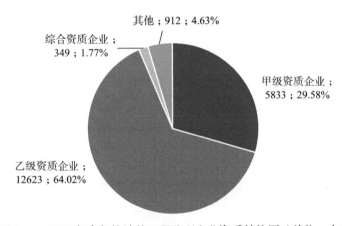

图 2-18　2023 年参加统计的工程监理企业资质结构图（单位：个）

数据来源：2023 年全国建设工程监理统计公报。

从企业地区来源分析，2023 年参加统计的 19717 家建设工程监理企业中，浙江省参加统计的建设工程监理企业数量最多（表 2-10），为 1901 家，占建设工程监理企业总数量的 9.64%，福建省、安徽省、江苏省、广东省、山东省、陕西省的建设工程监理企业数量占比也在 5% 以上，以上 7 个省建设工程监理企业数量占比超过总数的一半，为 52.70%。

全国建设工程监理企业按地区分布情况　　　　　表2-10

地区名称	企业个数（个）	占比（%）
北京市	430	2.18
天津市	160	0.81
河北省	662	3.36
山西省	340	1.73
内蒙古自治区	154	0.78
辽宁省	354	1.80
吉林省	292	1.48
黑龙江省	278	1.41
上海市	283	1.44
江苏省	1568	7.95
浙江省	1901	9.64
安徽省	1685	8.55
福建省	1777	9.01
江西省	616	3.12
山东省	1088	5.52
河南省	624	3.17
湖北省	758	3.84
湖南省	454	2.30
广东省	1355	6.87
广西壮族自治区	586	2.97
海南省	154	0.78
重庆市	518	2.63
四川省	978	4.96
贵州省	322	1.63
云南省	464	2.35
西藏自治区	92	0.47
陕西省	1018	5.16
甘肃省	195	0.99
青海省	278	1.41

续表

地区名称	企业个数（个）	占比（%）
宁夏回族自治区	165	0.84
新疆维吾尔自治区及兵团	168	0.85
合计	19717	100

数据来源：2023年全国建设工程监理统计公报。

从工商登记类型分析，2023年参加统计的建设工程监理企业中，近半数是私营企业，占到建设工程监理企业的48.24%（图2-19），其次是有限责任类型企业，两者数量合计达到86.64%。

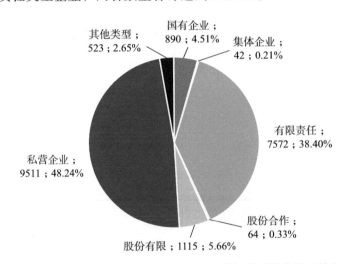

图2-19 2023年参加统计的工程监理企业工商登记类型结构图（单位：个）

数据来源：2023年全国建设工程监理统计公报。

按专业工程类别分析，2023年参加统计的建设工程监理企业中，房屋建筑工程企业数量占比最多，约四分之三，达到73.75%，次之为市政公用工程企业数量占比，为17.50%（表2-11），两者企业数量占到参加统计的建设工程监理企业总数的九成以上，达到91.25%。

3. 人员结构

2023年，具有建设工程监理资质的企业年末从业人员210.8万人，同比增长9.17%。其中，正式聘用人员124.8万人、占59.20%，临时聘

全国建设工程监理企业按专业工程类别分布情况　　表2-11

资质类别	企业个数（个）	占比（%）
综合资质	349	1.77
房屋建筑工程	14542	73.75
冶炼工程	25	0.13
矿山工程	84	0.43
化工石油工程	183	0.93
水利水电工程	125	0.63
电力工程	666	3.38
农林工程	9	0.04
铁路工程	60	0.30
公路工程	60	0.30
港口与航道工程	14	0.07
航天航空工程	10	0.05
通信工程	92	0.47
市政公用工程	3450	17.50
机电安装工程	47	0.24
事务所资质	1	0.01
合计	19717	100

数据来源：2023年全国建设工程监理统计公报。

用人员86万人、占40.80%（图2-20）；工程监理从业人员为86.3万人、占40.94%，其他人员124.5万、占59.06%（图2-21）。

2023年年末，工程监理企业专业技术人员123.8万人，占年末从业人员总数的58.73%，同比增长5.18%。其中，高级职称人员23.9万人，中级职称人员50.8万人，初级职称人员26.3万人，其他人员22.8万人。由数据可知，工程监理企业从业人员总数中，近六成为专业技术人员，人数超过120万，其中超四成的专业技术人员为中级职称人员，占41.03%（图2-22）。

2023年年末，工程监理企业注册执业人员为71.4万人，同比增长19.00%。其中，注册监理工程师为33.9万人，占47.48%，同比增长

第二章 中国建筑业发展状况

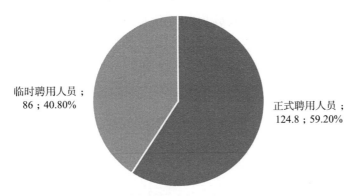

图 2-20　2023 年工程监理企业从业人员聘用结构图（单位：万人）

数据来源：2023 年全国建设工程监理统计公报。

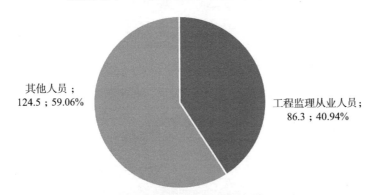

图 2-21　2023 年工程监理企业从业人员业务结构图（单位：万人）

数据来源：2023 年全国建设工程监理统计公报。

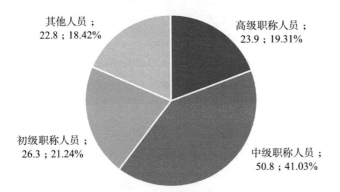

图 2-22　2023 年工程监理企业专业技术人员职称结构图（单位：万人）

数据来源：2023 年全国建设工程监理统计公报。

081

17.71%；其他注册执业人员为37.5万人，占52.52%（图2-23），同比增长20.19%。工程监理企业执业人员中，注册执业人员总量增长迅速，占工程监理企业年末从业人员的三成以上，为33.87%（图2-24）；注册执业人员中，近半数为注册监理工程师。

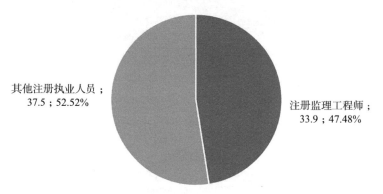

图2-23　2023年工程监理企业注册人员专业结构图（单位：万人）

数据来源：2023年全国建设工程监理统计公报。

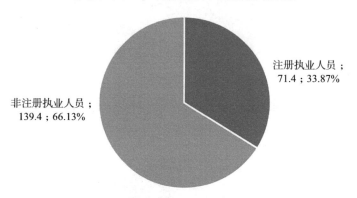

图2-24　2023年工程监理企业人员注册结构图（单位：万人）

数据来源：2023年全国建设工程监理统计公报。

五、工程造价咨询

（一）规模分析

2023年年末，全国共有15284家登记工程造价咨询业务的企业参加了统计，比上年增长8.6%。2023年参加统计的企业实现营业利润

2266.68亿元，应交所得税131.25亿元，企业营业收入合计14450.00亿元，比上年减少5.54%。其中，工程造价咨询业务收入1121.92亿元，比上年减少2.01%，占比7.8%；招标代理业务收入275.97亿元，比上年减少15.37%，占比1.9%；项目管理业务收入676.93亿元，比上年增长8.62%，占比4.7%；工程咨询业务收入258.45亿元，比上年增长9.28%，占比1.8%；工程监理业务收入777.26亿元，比上年减少9.42%，占比5.4%；勘察设计业务收入2330.18亿元，比上年减少1.84%，占比16.1%；全过程工程咨询业务收入230.79亿元，比上年增长15.14%，占比1.6%；会计审计业务收入10.04亿元，比上年增长19.10%，占比0.1%；银行金融业务收入2760.87亿元，比上年减少27.65%，占比19.1%；其他类型业务收入6007.59亿元，比上年增长5.21%，占比41.6%（表2-12）。

2023年工程造价咨询企业营业收入分业务增减变化　　表2-12

业务	2023年（亿元）	2022年（亿元）	2023年比2022年增减（%）
工程造价咨询	1121.92	1144.98	-2.01
招标代理	275.97	326.1	-15.37
项目管理	676.93	623.23	8.62
工程咨询	258.45	236.51	9.28
工程监理	777.26	858.12	-9.42
勘察设计	2330.18	2373.89	-1.84
全过程工程咨询业务	230.79	200.45	15.14
会计审计	10.04	8.43	19.10
银行金融	2760.87	3816.18	-27.65
其他类型	6007.59	5710.28	5.21
合计	14450	15298.17	-5.54

数据来源：2022年工程造价咨询统计公报、2023年工程造价咨询统计公报。

（二）结构分析

1. 业务结构

2023年，参加统计的开展工程造价咨询业务的企业营业收入合计

14450亿元。其中，工程造价咨询业务收入占全部营业收入的7.76%；招标代理业务收入占全部营业收入的1.91%；项目管理业务收入占全部营业收入的4.68%；工程咨询业务收入占全部营业收入的1.79%；工程监理业务收入占全部营业收入的5.38%；勘察设计业务收入占全部营业收入的16.13%；全过程工程咨询业务收入占全部营业收入的1.60%；会计审计业务收入占全部营业收入的0.07%；银行金融业务收入占全部营业收入的19.11%；其他类型业务收入占全部营业收入的41.57%（图2-25）。

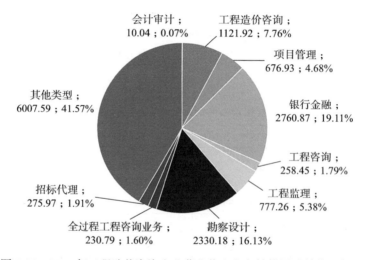

图2-25　2023年工程造价咨询企业营业收入业务结构图（单位：亿元）

数据来源：2023年工程造价咨询统计公报。

上述工程造价咨询业务收入1121.92亿元，按专业分类：房屋建筑工程专业收入647.34亿元，占比57.70%；市政工程专业收入189.64亿元，占比16.90%；公路工程专业收入53.18亿元，占比4.74%；城市轨道交通工程专业收入19.45亿元，占比1.73%；火电工程专业收入27.66亿元，占比2.47%；水电工程专业收入17.02亿元，占比1.52%；新能源工程专业收入13.76亿元，占比1.23%；水利工程专业收入31.47亿元，占比2.81%；其他工程专业收入122.40亿元，占比10.90%（图2-26）。

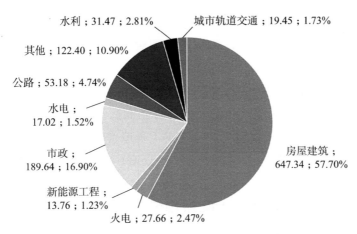

图 2-26　2023 年工程造价咨询业务收入专业分布结构图（单位：亿元）

数据来源：2023 年工程造价咨询统计公报。

上述工程造价咨询业务收入 1121.92 亿元，按业务范围分类：前期决策阶段咨询业务收入 94.50 亿元，占比 8.42%；实施阶段咨询业务收入 224.02 亿元，占比 19.97%；竣工结（决）算阶段咨询业务收入 371.66 亿元，占比 33.13%；全过程工程造价咨询业务收入 359 亿元，占比 32.00%；工程造价经济纠纷的鉴定和仲裁的咨询业务收入 44.27 亿元，占比 3.95%；其他业务范围业务收入 28.47 亿元，占比 2.53%（图 2-27）。

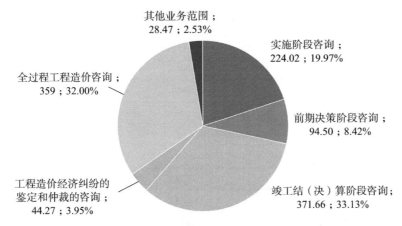

图 2-27　2023 年工程造价咨询业务收入按业务范围分布结构图（单位：亿元）

数据来源：2023 年工程造价咨询统计公报。

2. 企业结构

从企业地区分布分析，2023年参加统计的建设工程造价企业中，江苏省参加统计的建设工程造价企业数量继续名列榜首，占到建设工程造价企业总数的8.72%，较上年有所增加，另外，山东、江西、安徽、浙江、四川省参加统计的建设工程造价企业数量占到建设工程造价企业总数比例超过5%。参加统计的建设工程造价企业数量占到建设工程造价企业总数的比例超过3%的省（市）还有广东、河南、河北、山西、辽宁、重庆、湖北（表2-13）。上述13个省（市）合计参加统计的建设工程造价企业数量占到建设工程造价企业总数的比例近七成。

2023年工程造价企业统计情况分布　　　　表2-13

地区名称	企业个数（单位：个）	占比
北京市	314	2.05%
天津市	162	1.06%
河北省	563	3.68%
山西省	557	3.64%
内蒙古自治区	422	2.76%
辽宁省	523	3.42%
吉林省	205	1.34%
黑龙江省	337	2.20%
上海市	287	1.88%
江苏省	1333	8.72%
浙江省	901	5.90%
安徽省	1005	6.58%
福建省	336	2.20%
江西省	1132	7.41%
山东省	1136	7.43%
河南省	578	3.78%
湖北省	463	3.03%
湖南省	432	2.83%
广东省	690	4.51%

续表

地区名称	企业个数（单位：个）	占比
广西壮族自治区	211	1.38%
海南省	329	2.15%
重庆市	500	3.27%
四川省	874	5.72%
贵州省	262	1.71%
云南省	192	1.26%
西藏自治区	0	0.00%
陕西省	435	2.85%
甘肃省	240	1.57%
青海省	90	0.59%
宁夏回族自治区	206	1.35%
新疆维吾尔自治区	352	2.30%
新疆生产建设兵团	10	0.07%
行业归口	207	1.35%
合计	15284	100.00%

数据来源：2023年工程造价咨询统计公报。

3. 人员结构

2023年年末，参加工程造价咨询业务统计的企业共有从业人员1207491人，比上年增长5.47%。其中，工程造价咨询人员303530人，占全部从业人员的25.14%（图2-28）。

共有注册造价工程师161939人，占全部从业人员的13.41%。其中，一级注册造价工程师124450人，占比76.85%；二级注册造价工程师37489人，占比23.15%（图2-29）。

共有专业技术人员733915人，占全部从业人员的60.78%。其中，高级职称人员218096人，占比29.72%；中级职称人员329382人，占比44.88%；初级职称人员186437人，占比25.40%（图2-30）。

新吸纳就业人员69112人，占全部从业人员的5.72%。其中，应届高校毕业生29650人，占比42.90%；退役军人953人，占比1.38%；进

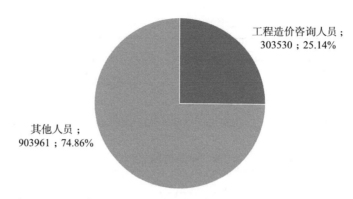

图 2-28　2023 年开展工程造价咨询业务企业中工程造价咨询人员占比结构图（单位：人）

数据来源：2023 年工程造价咨询统计公报。

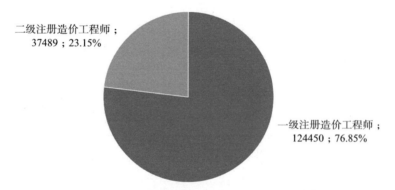

图 2-29　2023 年开展工程造价咨询业务企业中注册造价工程师结构图（单位：人）

数据来源：2023 年工程造价咨询统计公报。

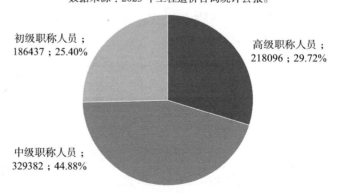

图 2-30　2023 年开展工程造价咨询业务企业中专业技术人员职称结构图（单位：人）

数据来源：2023 年工程造价咨询统计公报。

城务工人员2555人，占比3.70%；脱贫人口390人，占比0.56%；其他35564人，占比51.46%（图2-31）。

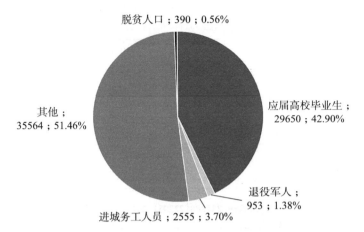

图2-31　2023年开展工程造价咨询业务企业中新吸纳就业人员结构图（单位：人）
数据来源：2023年工程造价咨询统计公报。

六、建筑材料

（一）钢材

2023年，钢材产量136268万吨，保持世界第一，比上年增长1.67%，有力支撑了经济社会高质量发展。钢材出口量为9026万吨（表2-14），比上年增长34.08%，钢材进口量765万吨，比上年下降27.63%。2023年，受房地产市场持续调整等因素影响，钢材、水泥等工业品有效需求不足，产能相对过剩，进入11月、12月，随着宏观调控政策继续发力，钢材、水泥价格环比均连续2个月上涨。

2013—2014年，全国钢材表观消费量呈上升趋势，到2014年超过10亿吨。2015年回落至93507万吨，2016—2020年继续呈上升趋势，2018年再次超过10亿吨，2020年高达129145万吨，同比增长12.05%，2021年受国外需求恢复较快、国际钢材价格大幅上涨等因素影响，我国钢材出口量在连续5年下降的情况下大幅反弹，同比增长24.6%，钢材进口量下降明显，钢材表观消费量为128409万吨，同比稍有回落，

2014—2023年全国建筑行业主要材料产量、进出口量和表观消费量（单位：万吨） 表2-14

类别/年份	2014	2015	2016	2017	2018	2019	2020	2021	2022	2023
钢材产量	112513	103468	104813	104642	113287	120457	132489	133667	134034	136268
钢材进口量	1443	1278	1322	1330	1317	1230	2023	1427	1057	765
钢材出口量	9378	11240	10853	7541	6933	6429	5367	6690	6732	9026
钢材表观消费量	104579	93507	95282	98431	107671	115258	129145	128409	128359	128007
水泥产量	249207	235919	241031	233084	223610	234431	237691	236281	211795	202293
水泥进口量	23.81	10.50	3.00	90.83	96.14	200.62	360.77	358.53	240.23	85.29
水泥出口量	1017.38	919.38	814.63	1286.40	754.65	508.56	304	203.32	186.47	361.48
水泥表观消费量	248214	235010	240219	231888	222951	234123	237748	236436	211849	202017

数据来源：Wind数据库。

注：因实际消耗量难以统计，采用表观消费量作为钢材和水泥的消耗指标。计算方法：表观消费量=当年产量＋当年进口量－当年出口量。

2022年钢材出口量增长快于产量增长，进口量下降，钢材表观消费量同比略有下降，为128359万吨，仍维持在12.8亿吨以上。2023年，钢材表观消费量仍保持在12.8亿吨以上（图2-32）。

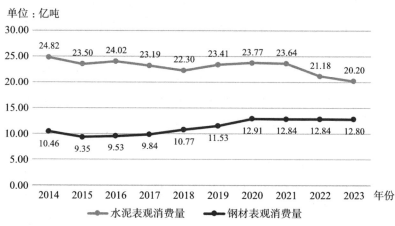

图2-32 2014—2023年全国钢材、水泥表观消费量变化图

数据来源：国家统计局。

（二）水泥

2013—2014年，全国水泥表观消费量（不含熟料）呈较快增长趋势，2013年突破24亿吨，随后基本维持在每年23亿吨左右高位水平。2017年、2018年连续两年全国水泥产量和表观消费量增速为负，行业供给侧结构性改革初见成效。2019—2021年，全国水泥表观消费量基本保持平稳，2021年为236436万吨，同比下降0.55%。据《中国混凝土与水泥制品工业年鉴2022》的信息，国内产业结构调整成果在"十三五"期间已充分显现，第三产业的主导地位得到稳固，而疫情导致产业结构发生短暂变化，2021—2022年，第二产业重回主导地位。受疫情多点散发、房地产投资大幅下降影响，下游需求转弱，同时多地加大错峰力度，2022年，水泥产量大幅下降，创下近11年的最低值，全年累计水泥产量211795万吨，同比减产10.8%。2023年，受国内建材市场需求减弱等因素影响，作为传统建材的水泥产业需求放缓，水泥产量202293万吨（表2-14），比上年下降4.49%，水泥表观消费量也略有下降。

（三）其他建筑材料

根据中国建筑材料联合会《2023年建材行业经济运行报告》，2023年，建筑材料市场需求不足，供大于求的矛盾依然突出，全行业生产增速回落，产品出厂价格持续低位运行，行业经济效益下滑，企业生产经营面临较大压力。同时，绿色建材等新型建材产业保持良好发展势头，行业增长引擎作用不断凸显，在促进产业结构优化升级方面发挥了重要作用。2023年，全国规模以上非金属矿物制品业增加值比上年下降0.5%；平板玻璃产量9.7亿重量箱，下降3.9%，钢化玻璃产量5.2亿平方米，下降4.2%。

七、对外承包工程

（一）规模分析

2023年，我国对外承包工程业务完成营业额1609.1亿美元，较上年增长3.83%，新签合同额2645.1亿美元，增长4.52%（图2-33）。

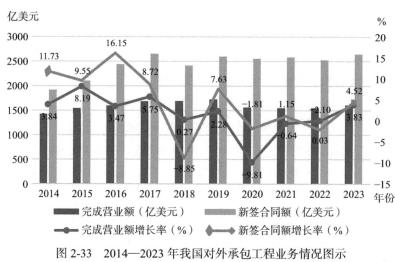

图2-33 2014—2023年我国对外承包工程业务情况图示
数据来源：中国建筑业协会。

2023年，我国企业共向境外派出各类劳务人员34.7万人，比上年增加8.8万人；其中承包工程项下派出11.1万人，劳务合作项下派出23.6万人。年末在外各类劳务人员54.1万人，较上年同期减少0.2万人。

（二）企业表现

美国《工程新闻记录》（简称"ENR"）公布的2023年度全球最大250家国际承包商共实现海外市场营业收入4285.0亿美元，较上年度增长7.7%，是近10年来罕见的增长速度。

我国内地共有81家企业入选2023年度全球最大250家国际承包商榜单，数量较上年增加2家，占250家上榜企业的32.4%，入选企业数量继续蝉联各国榜首。81家入选企业在2022年共实现海外市场营业收入1179.3亿美元，同比增长4.4%，收入合计占国际承包商250强海外营收总额的27.5%。

从进入榜单企业的排名分布来看，在2023年度国际承包商10强中，我国内地仍保持4家企业的纪录，分别是保持季军的中国交通建设集团有限公司，排名前进到第6位的中国建筑股份有限公司，排名第8

位的中国电力建设集团有限公司，以及排名前进1位到第9位的中国铁建股份有限公司。进入2023年度国际承包商百强榜中的内地企业有27家，数量较上一年增加2家；新入榜内地企业有7家，排名上升的有35家，其中升幅最大的是中钢设备有限公司，排名前进74位排在了第78位（表2-15）。

2023年度ENR全球最大250家国际承包商中的我国内地企业　　表2-15

序号	公司名称	排名 2023年	排名 2022年	国际营业收入（亿美元）
1	中国交通建设集团有限公司	3	3	235.3
2	中国建筑股份有限公司	6	7	143.0
3	中国电力建设集团有限公司	8	6	113.5
4	中国铁建股份有限公司	9	10	97.6
5	中国中铁股份有限公司	13	11	65.3
6	中国化学工程集团有限公司	16	20	59.3
7	中国能源建设股份有限公司	17	17	53.1
8	中国石油集团工程股份有限公司	31	30	34.5
9	中国机械工业集团有限公司	33	28	33.8
10	中国冶金科工集团有限公司	39	47	27.6
11	中国中材国际工程股份有限公司	43	44	24.7
12	上海电气集团股份有限公司	62	40	12.4
13	山东高速集团有限公司	64	75	11.7
14	海洋石油工程股份有限公司	68	*	10.2
15	中国江西国际经济技术合作有限公司	71	67	10.1
16	江西中煤建设集团有限公司	72	68	9.8
17	浙江省建设投资集团股份有限公司	73	69	9.7
18	中国东方电气集团有限公司	74	101	9.5
19	北方国际合作股份有限公司	75	72	9.4
20	中钢设备有限公司	78	152	8.7
21	特变电工股份有限公司	79	109	8.4

续表

序号	公司名称	排名 2023年	排名 2022年	国际营业收入（亿美元）
22	中信建设有限责任公司	84	80	7.9
23	北京城建集团有限责任公司	86	98	7.6
24	青建集团股份公司	87	87	7.6
25	中国电力技术装备有限公司	94	74	7.3
26	中国地质工程集团有限公司	97	97	6.7
27	中石化炼化工程（集团）股份有限公司	100	90	6.2
28	哈尔滨电气国际工程有限责任公司	101	85	6.2
29	中国航空技术国际工程有限公司	104	143	6.0
30	中石化中原石油工程有限公司	105	106	5.9
31	新疆生产建设兵团建设工程（集团）有限责任公司	108	104	5.7
32	中国河南国际合作集团有限公司	109	119	5.7
33	中地海外集团有限公司	111	123	5.5
34	烟建集团有限公司	116	112	5.2
35	威海国际经济技术合作股份有限公司	122	*	5.0
36	上海建工集团股份有限公司	124	92	4.8
37	中国通用技术（集团）控股有限责任公司	125	105	4.8
38	中鼎国际工程有限责任公司	126	121	4.6
39	上海城建（集团）公司	128	139	4.5
40	山西建设投资集团有限公司	129	134	4.4
41	北京建工集团有限责任公司	131	116	4.3
42	江苏省建筑工程集团有限公司	132	107	4.3
43	中国核工业建设股份有限公司	134	*	4.1
44	江西省水利水电建设集团有限公司	135	131	4.0
45	中国江苏国际经济技术合作集团有限公司	143	137	3.5
46	中国武夷实业股份有限公司	146	142	3.3
47	云南省建设投资控股集团有限公司	149	122	3.1
48	龙信建设集团有限公司	150	166	3.0

续表

序号	公司名称	排名 2023年	排名 2022年	国际营业收入（亿美元）
49	中国水利电力对外有限公司	156	128	2.5
50	江西省建工集团有限责任公司	157	180	2.5
51	西安西电国际工程有限责任公司	158	189	2.5
52	湖南建工集团有限公司	162	182	2.4
53	湖南路桥建设集团有限责任公司	165	184	2.3
54	沈阳远大铝业工程有限公司	167	176	2.3
55	中国有色金属建设股份有限公司	168	173	2.3
56	山东淄建集团有限公司	169	170	2.3
57	陕西建工控股集团有限公司	172	179	2.1
58	山东高速德建集团有限公司	173	181	2.1
59	四川公路桥梁建设集团有限公司	174	212	2.1
60	山东电力工程咨询院有限公司	176	164	2.0
61	安徽建工集团股份有限公司	181	172	2.0
62	中国甘肃国际经济技术合作有限公司	184	199	1.9
63	中国建材国际工程集团有限公司	189	222	1.7
64	江苏通州四建集团有限公司	191	*	1.7
65	江苏中南建筑产业集团有限责任公司	195	211	1.5
66	重庆对外建设（集团）有限公司	197	197	1.4
67	南通建工集团股份有限公司	199	198	1.4
68	浙江交工集团股份有限公司	200	195	1.4
69	正太集团有限公司	202	193	1.3
70	中铝国际工程股份有限公司	203	*	1.3
71	中国瑞林工程技术股份有限公司	207	*	1.2
72	江苏南通二建集团有限公司	211	227	1.0
73	中亿丰建设集团股份有限公司	222	238	0.8
74	龙建路桥股份有限公司	224	229	0.8
75	浙江省东阳第三建筑工程有限公司	227	206	0.7

续表

序号	公司名称	排名 2023年	排名 2022年	国际营业收入（亿美元）
76	江联重工集团股份有限公司	228	237	0.7
77	天元建设集团有限公司	229	191	0.7
78	中天建设集团有限公司	230	217	0.7
79	蚌埠市国际经济技术合作有限公司	237	*	0.5
80	河北建工集团有限责任公司	241	249	0.5
81	绿地大基建集团有限公司	246	183	0.3

注：*表示未进入2022年度250强排行榜。

数据来源：中国建筑业协会。

八、安全形势

（一）总体情况

2023年，全国共发生房屋市政工程施工生产安全事故583起；死亡人数633人，同比下降1.09%。其中较大事故8起，同比下降33.33%；死亡人数28人，同比下降46.15%。

（二）分类情况

2023年，全国房屋市政工程生产安全事故按照类型划分：高处坠落事故发生322起，占总数的55.23%；物体打击事故发生94起，占总数的16.12%；土方、基坑坍塌事故发生49起，占总数的8.40%；起重机械伤害事故发生30起，占总数的5.15%；施工机具伤害事故发生28起，占总数的4.80%；触电事故、车辆伤害事故各发生14起，占总数的2.40%；中毒和窒息发生10起，占总数的1.72%；脚手架事故发生4起，共占总数的0.69%；模板支架、结构坍塌事故各发生2起，占总数的0.34%；火灾和爆炸事故发生1起，占总数的0.18%；其他事故发生13起，占总数的2.23%（图2-34）。

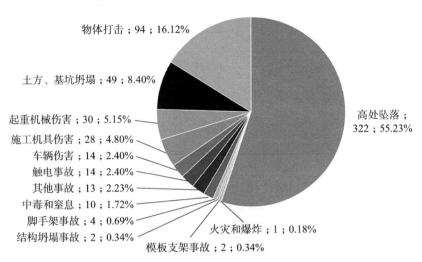

图 2-34 2023 年我国房屋市政工程施工生产安全事故类型结构图（单位：起）

数据来源：住房和城乡建设部工程质量安全监管司。

第三章　优化市场环境

2023年，建筑行业着力推动资质审批提速、规范市场秩序；加强市场信用管理，建设全国统一市场，激发市场主体活力；强化安全生产风险防范与监管，加强抗震与消防设计审查，健全工程质量保障体系；加强全国房屋建筑和市政设施调查及数据成果应用更新，推进平台和项目数字化管理；推行实名制管理、权益保障和提升技能，加快培育新时代建筑产业工人；推行工程监理、全过程工程咨询和建筑师负责制试点优化工程项目组织模式，努力营造诚信守法、公平竞争、追求品质的市场环境。

一、规范建筑市场秩序

企业资质审批管理持续加强，审批权限下放试点地区不再受理试点资质申请事项，统一由住房和城乡建设部实施，建设工程企业资质审批"2个月内"完成评审、公示结果，工程业绩认定方式更加完善，工作人员履职用权更加规范，"严管""重处"力度进一步加大。

（一）加强企业资质审批管理

发布通知，进一步加强建设工程企业资质审批管理，要求积极完善企业资质审批机制，提高企业资质审查信息化水平，提升审批效率，确保按时作出审批决定。自2023年9月15日起，企业资质审批权限下放试点地区不再受理试点资质申请事项，统一由住房和城乡建设部实施。企业因发生重组分立申请资质核定的，需对原企业和资质承继企业按资质标准进行考核。通知明确，申请由住房和城乡建设部负责审批的企业资质，其企业业绩应当是在全国建筑市场监管公共服务平台（以下简称

"全国建筑市场平台")上满足资质标准要求的A级工程项目，专业技术人员个人业绩应当是在全国建筑市场平台上满足资质标准要求的A级或B级工程项目。业绩未录入全国建筑市场平台的，申请企业需在提交资质申请前由业绩项目所在地省级住房城乡建设主管部门确认业绩指标真实性。各地住房和城乡建设主管部门要完善信息化手段，对企业注册人员等开展动态核查，及时公开核查信息。申请施工总承包一级资质、专业承包一级资质的企业，应满足《建筑业企业资质标准》（建市〔2014〕159号）要求的注册建造师人数等指标要求。对存在资质申请弄虚作假行为、发生工程质量安全责任事故、拖欠农民工工资等违反法律法规和工程建设强制性标准的企业和从业人员，要加大惩戒力度，依法依规限制或禁止从业，并列入信用记录。要加强对全国建筑市场平台数据的监管，落实平台数据录入审核人员责任，加强对项目和人员业绩信息的核实。全国建筑市场平台项目信息数据不得擅自变更、删除，数据变化记录永久保存。

企业资质审查2个月内完成。 针对企业资质审批时间过长的问题，住房和城乡建设部推出的一项改革措施——建设工程企业资质审查"2个月内"完成评审、公示结果。开发资质延续受理申报系统，企业办理资质延续事项可在线申请。系统自动将企业填报的注册人员信息与全国建筑市场监管公共服务平台注册人员信息进行比对，审核效率极大提升。增加专家评审频次，及时审核企业提交的材料。2023年，住房和城乡建设部共组织21次专家审查会，发布了13批次专家审查意见公示、13批企业资质核准公告，做到月月有公示，月月有公告。

完善工程业绩认定方式。 申请资质的企业及其专业技术人员的代表工程业绩，要求录入全国建筑市场监管公共服务平台并公示，接受行业和社会监督。对于暂时无法录入平台的项目业绩，由项目所在地省级住房和城乡建设主管部门核实。此外，采取实地核查、遥感卫星监测等方式抽查复核项目信息，对于虚假申报业绩的按有关规定严肃追究责任，资质审批中业绩造假等违规行为明显变少。

规范工作人员履职用权。 进一步完善制度、建立机制，明确资质审批的红线、底线，让不同岗位、不同环节之间相互监督，强化审批程序上的制约关系。划清权力边界，控制压缩自由裁量权，把权力关进制度的"笼子"。进一步提高资质审查的智能化水平，对审批工作全程留痕。加大对审查专家管理教育力度，强化评审会现场管理，严格落实审查材料随机分配和回避制度，审查意见留痕，并且终身追责。加大信息公开力度，将审批结果及时告知企业，此外，工程业绩、注册人员等在全国建筑市场监管公共服务平台全部公开，接受社会监督。2023年，该平台点击率大幅提升，互相监督有利于净化市场。

（二）积极参与清欠账款专项行动

积极配合开展清理拖欠企业账款专项行动。2023年国务院政府工作报告指出，加大清理拖欠中小企业账款力度。2023年4月28日，中共中央政治局召开会议指出，要下决心从根本上解决企业账款拖欠问题。2023年7月14日，《中共中央 国务院关于促进民营经济发展壮大的意见》发布，要求完善拖欠账款常态化预防和清理机制。2023年7月24日，中共中央政治局会议强调，要坚决解决政府拖欠企业账款问题；2023年7月31日，国务院常务会议要求加快解决拖欠企业账款问题。2023年9月20日，国务院常务会议审议通过《清理拖欠企业账款专项行动方案》，会议指出，解决好企业账款拖欠问题，事关企业生产经营和投资预期，事关经济持续回升向好，必须高度重视。省级政府要对本地区清欠工作负总责，抓紧解决政府拖欠企业账款问题，解开企业之间相互拖欠的"连环套"，央企国企要带头偿还。要突出实质性清偿，加强政策支持、统筹调度和监督考核，努力做到应清尽清，着力构建长效机制。住房和城乡建设部积极配合开展清理拖欠企业账款专项行动。

专栏3-1：《中共中央 国务院关于促进民营经济发展壮大的意见》(摘要)

- 持续优化民营经济发展环境。

完善社会信用激励约束机制。完善政府诚信履约机制，建立健

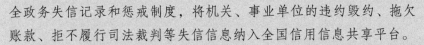

全政务失信记录和惩戒制度，将机关、事业单位的违约毁约、拖欠账款、拒不履行司法裁判等失信信息纳入全国信用信息共享平台。

• 加大对民营经济政策支持力度。

完善拖欠账款常态化预防和清理机制。严格执行《保障中小企业款项支付条例》，健全防范化解拖欠中小企业账款长效机制，依法依规加大对责任人的问责处罚力度。机关、事业单位和大型企业不得以内部人员变更、履行内部付款流程，或在合同未作约定情况下以等待竣工验收批复、决算审计等为由，拒绝或延迟支付中小企业和个体工商户款项。建立拖欠账款定期披露、劝告指导、主动执法制度。强化商业汇票信息披露，完善票据市场信用约束机制。完善拖欠账款投诉处理和信用监督机制，加强对恶意拖欠账款案例的曝光。完善拖欠账款清理与审计、督查、巡视等制度的常态化对接机制。

各地持续推进清理拖欠企业账款工作。2023年3月13日，陕西省住房和城乡建设厅在西安召开全省建筑业高质量发展推进会，提出将配合相关部门持续推进清理拖欠中小企业账款工作列为2023年重点工作内容之一。2023年4月4日，《河北省人民政府办公厅关于印发河北省2023年政务公开工作要点的通知》要求各级机关、事业单位要把拖欠中小企业账款信息列入政府信息主动公开范围，依法及时将逾期尚未支付中小企业款项的合同数量、金额等信息通过网站、报刊等便于公众知晓的方式公开。2023年6月9日，《山东省人民政府办公厅关于印发2023年山东省政务公开工作要点的通知》公布，要求深入落实逾期未支付中小企业账款强制披露制度，严格按照规定时限公开上年度逾期尚未支付中小企业款项的合同数量、金额等信息。新疆维吾尔自治区从严厉打击影响建筑市场健康有序发展的各类突出问题等方面着手，切实维护建筑市场营商环境，清理一批拖欠企业账款。

大力推进施工过程结算。广东省将扎实推进施工过程结算纳入《广东省促进建筑业高质量发展的若干措施》，印发《关于房屋建筑和市政基础设施工程施工过程结算的若干指导意见》，促进政府职能部门、各类市场主体达成共识。加快推动财政资金转换为实物工程量，优化建筑业市场营商环境，破解拖欠工程款和工人工资问题。同时，在全省选取39个试点项目稳步推进，并取得良好效果。以深圳市盐田区建筑工务署为例，以往项目完成竣工结算平均时长为3.93年，推行施工过程结算后，已竣工的两个项目结算时长压缩为6个月，有效提升财政资金使用效率，避免拖欠工程款和工人工资，优化了营商环境。

（三）加大"严管""重处"力度

查处建筑工程施工转包违法分包等违法违规行为。 为进一步规范建筑市场秩序，2023年，各地住房和城乡建设主管部门对建筑工程施工转包违法分包等违法违规行为进行查处，共排查项目314619个次，涉及建设单位244128家次、施工企业275049家次。共排查出建筑工程施工违法违规行为8159项次。其中，违法发包行为583项次，占比7.1%；转包行为464项次，占比5.7%；违法分包行为816项次，占比10.0%；资质挂靠行为170项次，占比2.1%；未领施工许可证先行开工等其他违法违规行为6126项次，占比75.1%。各地住房城乡建设主管部门共查处存在违法违规行为的建设单位2585家次、施工企业5993家次。其中，建设单位存在违法发包行为的572家次，存在未领施工许可证先行开工等其他违法行为的2013家次；施工企业存在转包行为的492家次，存在违法分包行为的847家次，存在挂靠行为的133家次，存在出借资质行为的112家次，存在其他违法违规行为的4409家次。各地住房和城乡建设主管部门对存在违法违规行为的企业和人员，分别采取停业整顿、吊销资质、限制投标资格等行政处罚或行政管理措施。其中，责令停业整顿的企业201家，吊销资质的企业7家，限制投标资格的企业108家，给予通报批评、信用惩戒等处理的企业1930家；责令停止执业21人，给予通报批评等处理1670人；没收违法所得总额1161.6万元（含个人违法所得20.52万元），罚款总额61141.89万元（含个人罚款3804.08万元）。

细化消防设计审查验收类行政处罚规则标准。 自建设工程消防设计审查、验收及备案职能划转住房和城乡建设部门以来,相关管理制度不断完善,违规处罚逐步规范严格。如陕西省住房和城乡建设厅守牢消防设计、施工质量安全底线,对未审、未验、降低消防技术标准等违法行为依法处罚,共办理消防审验类行政处罚案件764件。2023年1月1日,陕西省住房和城乡建设厅正式发布《陕西省住房城乡建设行政处罚自由裁量基准适用规则(消防设计审查验收类)》(以下简称《适用规则》)和《陕西省住房城乡建设行政处罚自由裁量基准(消防设计审查验收类)》(以下简称《裁量基准》)。其中,《适用规则》将裁量档次细化为从轻、一般、从重三个阶次,罚款幅度按照法定罚款最高额度的30%以下、30%~70%、70%~100%划分为三个区间,确保处罚与违法行为的事实、性质、情节、社会危害程度相当。对降低消防设计、施工质量等违法行为的行政处罚,《裁量基准》在法定的处罚种类、处罚幅度内,综合考虑了国家工程建设消防技术标准强制性条文及带有"严禁""必须""应""不应""不得"要求的非强制性条文执行情况。

严惩违规乱倒建筑垃圾。 规范建筑垃圾治理和资源化利用,有利于维护良好生态环境。海南省住房和城乡建设厅公布《海南省建筑垃圾管理条例(征求意见稿)》(以下简称"意见稿"),已向社会各界征求意见。意见稿提出,海南省建筑垃圾管理遵循减量化、资源化、无害化和"谁产生、谁负责、谁付费"的原则,构建统筹规划、属地负责,政府主导、社会主责,分类处置、全程监管的管理体系。根据意见稿,海南省将严惩违规乱倒建筑垃圾等行为。对于建设工程施工现场未按照规定分类处理建筑垃圾的,责令逾期未改可处罚施工单位1万元以上10万元以下罚款。建筑垃圾消纳设施和场所运营单位未按照要求对施工场地、场区等出入口道路进行硬化或安装视频监控登记车辆出入,保持出入口道路、运输车辆清洁的,处罚1万元以上10万元以下的罚款。

二、激发市场主体活力

加强全国建筑市场监管公共服务平台项目信息管理,聚集项目信息上平台,通过电子化手段精简审批材料等方式大力将企业审批提速落到实处，加强建筑市场信用体系建设，深化招标投标制度改革，推进工程造价市场化改革。

（一）建设全国统一建筑市场

加强全国建筑市场监管公共服务平台项目信息管理。 2023年12月29日，《住房城乡建设部办公厅关于进一步加强全国建筑市场监管公共服务平台项目信息管理的通知》（建办市函〔2023〕391号）印发，从完善工程项目数据标准、加快工程项目信息归集、加强工程项目信息审核管理、强化资质申请业绩审核等方面提出了具体要求。聚焦项目信息上平台，要求各省（区、市）进一步提升平台的数据质量和公共服务功能，做好平台改造升级工作，于2024年3月31日前完成与全国平台对接。

开展工程建设招标投标领域突出问题专项治理。 为进一步破除招标投标领域影响各类所有制企业公平竞争的规则障碍和隐性壁垒，优化招标投标营商环境，国家发展改革委、工业和信息化部、住房和城乡建设部等11部门联合印发《关于开展工程建设招标投标领域突出问题专项治理的通知》，部署开展工程建设招标投标领域突出问题专项治理。通知要求各地方、各相关部门从2023年以来启动实施的依法必须招标的项目中按照原则上不低于10%的比例进行项目抽查，核查这些项目在招标投标全过程中是否存在违法违规情形，重点是针对企业反映强烈的情形：是否存在所有制歧视、地方保护等不合理限制；是否存在严重扰乱市场秩序的违法招标投标活动；是否存在招标投标交易服务供给不足；是否存在监管执法机制有明显短板等问题。如对地方各级政府强制要求设立分（子）公司等问题开展专项治理。以此次专项治理为契机，推动解决一批经营主体反映强烈的突出问题，加快形成一批务实管用的常态化机制，让经营主体切实感受到招标投标市场环境的优化和改善。

（二）大力将审批提速落到实处

建筑业企业注册人员审批提速增效。 通过电子化线上办理，提高注册人员的审批效率。如江西省创新审批手段，精减申报材料，开启智慧审批，强化证书监管，建筑业企业注册人员审批实现提速增效。江西省通过统一开发运用"江西住建云平台行政审批管理系统"，实现注册事项全程网上办，从法定的初始注册要求20个工作日审查完成，缩短到了9个工作日，变更注册由法定的5个工作日缩短到1个工作日。注册人员需提供的身份证等7项申报材料全部通过"共享数据"自行抓取，实现"零材料"申报办理。充分利用大数据库，实现"智慧审批"自助办。个人注册单位基本信息发生变更时，在"省管证书注册管理"中发起企业名称变更业务，系统将智慧审批并生成新的电子证书，实现"秒办结"。审查方便快捷，真正实现让信息多跑路、让群众少跑腿。

审批提速为企业减负。精简审批材料，提高审批效率。如为着力打造住房和城乡建设领域"信速办"营商环境品牌，江西省赣州市信丰县住房和城乡建设局着力推动施工图审查、联合验收、消防审验等改革工作。打出"组合拳"，先行先试，全面打造工程建设领域审批全流程新样板。结合本地实际提出将住宅配套用房认定低风险工程的面积由3000平方米扩大到5000平方米，把老旧小区改造和既有建筑加装电梯纳入免审事项。同时，开展联合验收"六减两提"行动，共精简了22项申请材料，实现"容缺候补+办理"，压缩至少一半的审批时限，为企业加快投产投用跑出"加速度"。此外，借鉴全国首批消防改革城市做法，提出扩大豁免范围、群体工程分期分批验收备案单体建筑、大型建设工程允许局部先行验收备案、开辟"绿色通道"和探索赋权试点等十四条新举措，解决企业项目建设周期长、单体工程多导致无法先行使用等一批消防验收备案审批难题，从流程上最大限度减少企业的时间和成本。本着"应减尽减、应缩尽缩"的原则，对施工图审查、竣工验收、消防审验等审批时限进行极限压缩，在法定时限内，能压减的尽量压减，能当场办理的当场办理，让企业和群众感受到"信速办"所释放的激情速度和热情温度。

（三）加强建筑市场信用体系建设

加强建筑市场信用评价应用管理。2023年10月29日，国家发展改革委办公厅印发的《关于规范招标投标领域信用评价应用的通知》明确提出，各地不得以信用评价、信用评分等方式变相设立招标投标交易壁垒，国家发展改革委将会同有关部门推动建立统一的招标投标信用评价体系。通知指出，各省级社会信用体系建设牵头部门、招标投标指导协调部门要推动本地区相关部门规范实施招标投标领域信用评价应用工作，深入开展招标投标领域突出问题专项治理，科学设置信用评价指标，客观公正评价企业信用状况。各地方不得以信用评价、信用评分等方式变相设立招标投标交易壁垒，不得对各类经营主体区别对待，不得将特定行政区域业绩、设立本地分支机构、本地缴纳税收社保等作为信用评价加分事项。同时，将加强动态监测，对涉及招标投标信用评价应用中的违规问题发现一起、查处一起、通报一起。住房和城乡建设部加强建筑市场信用管理工作，修改完善《建筑市场信用管理规定》。

（四）深化招标投标制度改革

完善招标投标交易担保制度。 国家发展改革委、住房和城乡建设部等部门于2023年1月6日印发《国家发展改革委等部门关于完善招标投标交易担保制度进一步降低招标投标交易成本的通知》。通知明确，一是严格规范招标投标交易担保行为。严禁招标人、招标代理机构、其他受委托提供保证金代收代管服务的平台和服务机构巧立名目变相收取没有法律法规依据的保证金或其他费用。明确招标人应当同时接受现金保证金和银行保函等非现金交易担保方式，在招标文件中规范约定担保形式、金额或比例、收退时间等。二是全面推广保函（保险）。鼓励招标人接受担保机构的保函、保险机构的保单等其他非现金交易担保方式缴纳各类保证金。鼓励使用电子保函，降低电子保函费用。要求不得为投标人、中标人指定出具保函、保单的银行、担保机构或保险机构。三是规范保证金收取和退还。要求招标人、招标代理机构、平台和服务机构按照规定及约定的收退方式和期限，及时退还保证金，不得非法扣押、拖欠、侵占、挪用保证金。四是清理历史沉淀保证金。部署各地开展清理历史沉淀保证金专项行动，督促各类历史沉淀保证金应退尽退。要求每年定期开展历史沉淀保证金清理工作。五是鼓励减免政府投资项目投标保证金。六是鼓励实行差异化缴纳投标保证金。鼓励招标人根据项目特点和投标人诚信状况，在招标文件中明确减免投标保证金的措施。鼓励招标人对无失信记录的中小微企业或信用记录良好的投标人，给予减免投标保证金的优惠待遇。七是加快完善招标投标交易担保服务体系。要求依法依规公开市场主体交易资质资格、业绩、行为信用信息和担保信用信息等，推动建立银行、担保机构和保险机构间的招标投标市场主体履约信用信息共享机制，优化担保服务，降低服务费用。

（五）推进工程造价改革

召开全国工程造价改革业务交流会。2023年9月21日，全国工程造价改革业务交流会在济南举办。29个省（自治区、直辖市）造价管理机构负责人及相关技术人员90余人参会。会上，住房和城乡建设部标准定额司相关负责人对前期工程造价改革工作进行阶段总结，分析了当前面临的形势，对加强全过程工程造价管理、造价数据库建设等重点改革工作提出了明确要求；江苏、湖北、山东和深圳市交流了工程造价改革经验做法；上海陆家嘴集团、利比建设咨询、广联达、中建八局一公司等单位围绕造价控制、国际工程合同计价模式、工程造价数据库、成本数据库建设进行主题分享；与会人员围绕推进全过程造价管控、提高造价管理权威性等主题，共同研讨工作思路和具体措施。交流会展示了各地推进造价改革的新进展、新成效，分享了经验、凝聚了智慧，为全力破解工程造价改革难点问题、加快推进工作举措带来新方向、新思考。

召开全国工程造价行业发展工作会暨清单计价规范实施二十周年座谈会。2023年12月8日，住房和城乡建设部标准定额司在广州召开全国工程造价行业发展工作会暨清单计价规范实施二十周年座谈会。31个省（自治区、直辖市）以及铁路、电力、煤炭行业造价管理机构，国家审计署固定资产投资审计司、住房和城乡建设部标准定额研究所、中国建设工程造价管理协会参加会议。会上，广东省、山东省、湖北省工程造价管理机构和上海陆家嘴（集团）有限公司作改革经验交流。会议指出，工程造价改革三年多来，基本实现了定额计价向市场化计价的思想转变，但仍存在部门协同机制尚未建立、市场主体改革积极性不高等问题。工程造价改革目标应包含五个方面：一是以完备的法律法规为准绳，适应市场经济体制的工程造价法律法规基本健全，基本实现有法可依。二是以科学的标准规范为核心，市场化工程计量计价规则得到普遍应用，工程交易行为更加规范。三是以精准的信息服务为支撑，工程造价数据服务体系逐步完善。四是以先进的管控模式为助力，各部门工程造价协同监管机制初步建立，建设单位造价管控首要责任得到落实。五是以有效的监督管理为保障，加强造价管理工作的权威性。会议强调，下一步将开展六项工作：一是加强工程造价立法，开展《建设工程造价管理条例》立法研究，抓紧修订《建筑工程施工发包与承包计价管理办法》等3个部令。二是修订出台工程量清单计量和计价标准，建立健全市场化工程交易规则。三是加强部门沟通协调，推动建设工程管理组织模式的深层次、全方位改革，形成改革合力。四是探索建立全国统一的国有投资项目造价数据库，打造中国特色的市场化造价指标指数样板。五是引导工程造价咨询企业提升综合性、跨阶段、一体化的咨询服务能力。六是切实增强工程造价管理机构能力本领，努力成为宏观决策的支撑者、交易规则的制定者和经济秩序的维护者。会议要求，突出重点，积极推进国有资金投资项目工程造价数据库建设和以工程造价管控为核心的全过程工程咨询管理模式；总结试点经验，形成行之有效的政策措施，稳步推动改革进展。

优化营商环境，激发市场主体活力。为进一步优化营商环境，落实国务院《关于取消和调整一批罚款事项的决定》，取消《工程造价咨询企业管理办法》第三十五条以欺骗、贿赂等不正当手段取得工程造价咨询企业资质行为的罚款，第三十六条未取得资质从事工程造价咨询活动等行为的罚款，第三十七条工程造价咨询企业资质名称等事项发生变更、逾期不办理变更手续行为的罚款，第二十五条和第三十九条对工程造价咨询涂改、倒卖、出租、出借资质证书，或者以其他形式非法转让资质证书，以及超越资质等级业务范围承接工程造价咨询业务行为的罚款。替代监管措施为：对工程造价咨询相关活动，通过"双随机、一公开"等方式进行监管。

深化便民服务，推行电子化政务服务。一是积极组织开发造价工程师注册申请"掌上办",于2023年7月17日正式上线运营。"全国工程造价咨询管理"微信小程序实现造价工程师注册申请、进度查询"掌上办",缩短群众办理业务时间,造价师初始注册、延续注册、转注册等业务办理更加方便。截至2023年年底,已有7941人次通过"造价工程师管理"微信小程序办理业务,进一步提升政务服务水平,方便企业和群众。二是持续推进注册造价工程师证书电子化工作,优化注册造价师管理系统,按照已发布的造价工程师注册证书电子证照标准,做好与国家政务服务平台和住房和城乡建设部政务服务平台的衔接。

三、健全施工安全保障体系

强化安全生产风险防控能力,加强城市轨道交通工程和城镇房屋质量安全管理,推动施工安全监管数字化转型,构建电子证照全覆盖的监管机制,加强房屋市政工程抗震管理,做好震后应急和恢复重建,做好工程消防设计审查验收工作。

(一)强化安全生产风险防控能力

持续推进房屋市政工程安全生产治理与预防。2023年指导各地"逐企业、逐项目、逐设备",对在建房屋市政工程完成两轮全覆盖精准排查,做到重大事故隐患闭环整改。为期两年的房屋市政工程治理行动结束,生产安全形势明显好转,事故总量稳步下降,群死群伤事故有效遏制。此外,2023年进一步健全安全预防机制,《危险性较大的分部分项工程专项施工方案专家论证管理办法(征求意见稿)》《建筑施工企业、工程项目安全生产管理机构设置及安全生产管理人员配备办法(征求意见稿)》均已向社会公开征求完意见,健全危大工程管理制度,并对安全生产管理机构设置和人员配备提出适应高质量发展的新标准。

加强城市轨道交通工程和城镇房屋质量安全管理。2023年2月17日,《国务院安委会办公室 住房和城乡建设部 交通运输部 水利部 国务院国有资产监督管理委员会 国家铁路局 中国民用航空局 中国国家铁路集团有限公司关于进一步加强隧道工程安全管理的指导意见》印发,进一步健全制度体系，强化重大风险管控，夯实安全生产基础。2023年，全国37个城市在建的城市轨道交通工程共约4236公里，未发生较大及以上生产安全事故。2023年6月7日，《住房和城乡建设部关于进一步加强城市房屋室内装饰装修安全管理的通知》印发，坚决遏制室内装饰装修违法违规行为，保障人民群众生命财产安全。此外，《城镇房屋安全管理条例》送审稿形成。

开展安全生产督导检查约谈和教育培训。部级督导检查28个省（区、市）248个项目，并逐省督促闭环整改到位。对2023年发生较大事故的山东、黑龙江、云南、广西、河北、江苏及时下发督办通知；针对较大事故死亡人数较多的山东省、河北省、江苏省、江西省、山西省住房和城乡建设厅进行约谈，事故调查处理"四不放过"理念落实落地。此外，组织开展全国建筑施工安全监管人员和建筑企业安全生产管理人员培训，制作2023年度房屋市政工程安全生产警示教育片，发布《房屋市政工程生产安全重大事故隐患判定标准宣传画册》，在住房和城乡建设部网站和中国建设报公众号对社会公开发布每季度地方执法典型案例，并开展全国城市轨道交通工程质量安全管理培训，组织隧道坍塌、防汛等应急处置实战化演练。

（二）推动施工安全监管数字化转型

构建电子证照全覆盖的监管机制。以建筑施工安全领域电子证照制度为抓手，基本实现建筑施工安全领域涉企涉人证照全量电子化，初步构建了覆盖建筑施工安全领域企业、项目、人员、设备的全量、全要素、跨地域、跨层级的新型数字化监管机制。多地积极推行建设工程企业资质电子证照，如四川省建设工程企业资质证书（建筑业、工程勘察、工程设计、工程监理）实行"电子证照"，效力等同"纸质证书"，企业申报资质审批业务，获得批准后，换为"电子证照"，其原"纸质证书"同时作废。建设工程企业既有资质"纸质证书"未换为"电子证照"前继续有效，企业可继续使用"纸质证书"参与各类建筑市场活动。既有专业作业企业备案证书，统一换为"电子证照"，其原"纸质证书"同时作废。企业可通过登录省厅资质申报系统下载本企业的"电子证照"。

2023年12月1日起,在北京、天津、黑龙江、浙江、安徽、福建、山东、湖北、海南、重庆、贵州、云南、新疆13个省(自治区、直辖市)开展建筑起重机械使用登记证书电子证照(以下简称"电子证照")试运行工作。北京市住房和城乡建设委员会施行建筑起重机械使用登记证书电子证照,实现建筑起重机械备案、检测、验收、使用登记、安装拆卸告知全流程数字化监管,建筑起重机械政务服务事项"一网通办",有效加速了首都住房和城乡建设领域施工安全监管数字化进程。

实现数据互联互通互认和动态监管。杜绝施工安全领域证照造假乱象,规范各地行政审批行为。打通各地系统"孤岛",实现数据互联互通、证照跨省互认、动态监管。如其他单位(个人)可登录四川省建筑市场监管公共服务平台或扫描"电子证照"上的二维码查验"电子证照"的真实性及有关信息,云南、山东等地也加快探索扩大电子证照应用范围,山东省将加快推进项目全生命周期数字化管理改革力度,对高频事项全面推行电子证照,针对施工许可、竣工验收备案等高频事项,推行电子证照与实体证照同步制发、实时归集;加强电子签章、电子材料等应用,在环评、能评、联合验收等环节,探索推行无纸化报建。

(三)加强房屋市政工程抗震管理

完善房屋市政工程抗震管理体系。2023年是汶川地震15周年,我国已基本形成覆盖可行性研究、初步设计、施工图审查、竣工验收、工程质量安全检查等环节的建设工程抗震管理体系。《建设工程抗震管理条例》于2021年9月1日实施以来,配套规章和标准规范制订修订工作不断推进,政策体系更加完善,完成国家标准《建筑抗震设计规范》GB/T 50011—2010局部修订报批稿、《建筑消能减震装置通用技术要求》报批稿,制定并发布《基于保持建筑正常使用功能的抗震技术导则》。此外,研究起草关于全面提升城乡房屋建筑抗震安全性能的指导意见和城镇房屋建筑更新改造和加固工程实施方案。

做好震后应急和恢复重建。落实24小时应急值班制度,密切跟踪关注各地震情,指导各地做好震后应急重建,2023年共跟踪4级以上地震89次,如2023年1月30日,新疆阿克苏地区沙雅县发生6.1级地震等。2023年8月6日山东德州平原5.5级地震发生后，住房和城乡建设部第一时间按程序启动地震应急Ⅳ级响应，派出专家指导当地震后房屋建筑安全应急评估等工作，平原县城区一天之内恢复正常供气，随后，山东省对全省各地开展市政基础设施巡查维护工作。2023年12月18日，甘肃积石山6.2级地震发生后，中共中央总书记、国家主席、中央军委主席习近平高度重视并作出重要指示，中共中央政治局常委、国务院总理李强作出批示，国务院派出工作组赶赴灾区指导救援处置等工作，住房和城乡建设部立即作出部署，启动二级（Ⅱ级）响应，并派出专家组，指导支持灾区开展房屋建筑和市政设施受损情况摸排、房屋建筑应急评估、市政设施抢险抢修等工作，2024年1月2日，住房和城乡建设部决定终止地震二级应急响应，并继续指导支持灾区做好抗震救灾后续相关工作。此外，云南省大理白族自治州漾濞彝族自治县于2021年5月21日发生6.4级地震后，在不到一年内，全面完成民房恢复重建任务的基础上，不到两年，绝大多数恢复重建项目进入收尾阶段。

宣传抗震防灾应急知识和技能。2023年5月12日是第15个全国防灾减灾日，主题是"防范灾害风险 护航高质量发展"，5月6日至12日为防灾减灾宣传周。按照《国家减灾委员会办公室关于做好2023年全国防灾减灾日有关工作的通知》（国减办发〔2023〕5号）要求，2023年4月13日，《住房和城乡建设部办公厅关于做好2023年全国防灾减灾日有关工作的通知》（建办质函〔2023〕98号）下发，组织各地做好住房和城乡建设系统2023年全国防灾减灾日有关工作。如新疆维吾尔自治区住房和城乡建设厅在乌鲁木齐市组织召开"防震减灾暨建筑隔震减灾技术交流会"，大力普及推广全民防震、减灾知识和避灾自救技能，推广房屋建筑隔震减震技术应用，增强全民防震减灾意识。2023年12月1日，《住房城乡建设部办公厅关于开展隔震减震技术在线学习的通知》（建办质函〔2023〕340号）下发，组织学习隔震减震技术应用视频教育系列课程，面向全行业开放，学员可通过全国住房和城乡建设系统专业技术人员在线学习平台免费学习。课程围绕隔震减震技术要点、法规政策、标准规范、设计施工、质量管理等主题，邀请院士、全国工程勘察设计大师等有关专家录制了系列专题讲座。针对全国房屋市政工程质量安全检查中发现的隔震减震工程突出问题，进行了典型案例剖析，安排了相应的教学内容。要求省（区、市）住房和城乡建设主管部门要组织抗震设防烈度8度及以上地区、地震重点监视防御区相关人员认真学习，并于2023年12月30日前将在线学习情况上报住房和城乡建设部工程质量安全监管司。

四、深化"数字住建"建设

配合全国第一次自然灾害综合风险普查，完成全国房屋建筑和市政设施调查，推动灾普数据更新应用。加强全国建筑市场监管公共服务平台建设，在天津等27个地区开展工程建设项目全生命周期数字化管理改革试点。

（一）开展全国房屋建筑和市政设施调查及数据成果应用更新

完成调查并开展调查数据成果应用更新试点。在2023年3月初完成全国数据汇总基础上，配合国务院普查办做好后续区划与评估等。指导长春市开展房屋建筑和市政设施调查数据应用更新工作试点。2023年4月28日，《住房和城乡建设部办公厅关于同意在长春市开展第一次全国自然灾害综合风险普查房屋建筑和市政设施调查数据成果应用更新工作试点的函》（建办质函〔2023〕111号）印发，同意在长春市开展第一次全国自然灾害综合风险普查房屋建筑和市政设施调查数据成果应用更新工作试点，试点期至2024年年底。要求吉林省住房和城乡建设厅认真贯彻落实全国住房和城乡建设工作会议部署，以房屋建筑和市政设施调查数据为底层核心数据和基础底图，加快推进省、市两级住房和城乡建设行业基础数据库（以下简称"基础数据库"）及数据枢纽建设，实现与部级基础数据库和数据枢纽互联互通。指导长春市住房保障和房屋管理局结合工作实际，积极探索房屋全生命周期安全管理的数字化应用场景，不断推进基础数据库应用和更新工作。要求试点过程中加强数据安全管理和质量控制。按照《中华人民共和国网络安全法》《中华人民共和国数据安全法》《中华人民共和国个人信息保护法》等法律法规和住房和城乡建设部关于全国房屋建筑和市政设施调查数据安全管理有关规定，强化省、市两级调查数据和信息系统安全保障，做好配套的硬件资源保障和运行维护工作。要求建立省、市两级数据质量审核机制，保证汇聚并更新至基础数据库的数据质量，避免不合格数据进入基础数据库。要求加强试点经验总结，每半年将试点工作进展情况报送住房和城乡建设部。

加强数据应用。复制推广灾普数据支撑自建房排查的成功模式，依托灾普系统开发危旧房摸底排查模块，结合三项制度、三大工程等重点工作，开发房屋体检、房屋保险、"平急两用"设施建设等信息管理功能模块，进一步发挥灾普数据的"底板"作用，并实现数据迭代更新。组织召开视频培训会，指导各地有序推进数据更新应用相关工作。如天津市以灾普数据为基础建设"智慧住建"平台，将灾普数据变更调查融入城市体检工作协同开展，实现房屋数据动态更新；上海市将灾普数据与物业管理相关数据进行融合处理，形成城镇房屋基础数据，对接房屋管理各业务条线，开展物业管理、公房管理、房屋修缮、房屋安全监测等应用；江苏省依托灾普数据库建设房屋安全数字化监管系统，支撑房屋建筑安全管理工作，推动房屋建筑更新数据动态回流，实现灾普数据更新；重庆市以灾普数据为基础建设了CIM（城市信息模型）组件，实现数据可视化展示、共享应用等功能，为城市更新、农村危房改造、老旧小区改造、棚户区改造等工作提供数据支撑。

（二）加强全国建筑市场监管公共服务平台建设

完善工程项目数据标准。按照建设工程企业资质标准要求，对全国建筑市场监管公共服务平台（以下简称"全国平台"）工程项目信息数据标准进行了修订。省级住房和城乡建设主管部门抓紧修订完善省级建筑市场监管一体化工作平台相关数据标准，做好平台改造升级工作，与全国平台对接。修订后的全国建筑市场监管公共服务平台工程项目信息数据标准分为四类，分别是：企业业绩技术指标信息表、个人业绩信息表、与其他系统项目关联信息表、合同类别字典表。

加快工程项目信息归集。地方各级住房和城乡建设主管部门将本级建筑市场监管一体化工作平台产生的工程项目信息,按规定逐级推送至全国平台。工程建设项目审批管理等系统的工程项目信息可共享至同级建筑市场监管一体化工作平台,并逐级推送至全国平台。勘察、设计、施工、监理企业可通过各级建筑市场监管一体化工作平台录入工程项目信息,并对信息的真实性和准确性负责。在2023年12月29日前已竣工验收的工程项目,企业需对项目信息进行补录的,应抓紧向项目所在地省级住房和城乡建设主管部门提出补录申请,补录截止时间为2024年12月31日。

加强工程项目信息审核管理。工程项目信息实行分级管理。A级数据由省级住房和城乡建设主管部门审核确认,B级数据由市级住房和城乡建设主管部门审核确认,C级数据由县级住房和城乡建设主管部门审核确认,D级数据由建筑市场主体填报、未经住房和城乡建设主管部门审核确认。企业向负责项目监管的住房和城乡建设主管部门提出工程项目信息确认申请后,地方各级住房和城乡建设主管部门要认真审核工程项目信息,确定数据等级并逐级推送至全国平台。审核确认时应当结合在项目监管过程中产生的工程档案信息,项目立项、招标投标、施工图审查、施工许可、竣工验收备案等项目监管信息,以及工程项目共享信息。对于下级住房和城乡建设主管部门推送的工程项目信息,上级住房和城乡建设主管部门可审核后确认相应的数据信息等级再行推送,也可直接按照原数据等级进行推送。

强化资质申请业绩审核。办理住房和城乡建设部资质审批事项所需企业业绩应由申请企业向项目在所在地省级住房和城乡建设主管部门提出确认申请,个人业绩应由专业技术人员所在企业向项目所在地市级及以上住房和城乡建设主管部门提出确认申请。住房和城乡建设主管部门收到确认申请后,要向申请企业明确审核确认的办理时限,并向负责项目监管的住房和城乡建设主管部门确认项目档案信息和项目监管信息。办理公路、水运、水利、通信、铁路、民航等专业工程资质的,由交通运输、水利、工业和信息化等专业部门确定业绩确认方式。

（三）推进工程建设项目全生命周期数字化管理

开展工程建设项目全生命周期数字化管理改革试点。 住房和城乡建设部办公厅于2023年10月24日印发通知，决定在天津等27个地区开展工程建设项目全生命周期数字化管理改革试点工作，加快建立工程建设项目全生命周期数据汇聚融合、业务协同的工作机制，打通工程建设项目设计、施工、验收、运维全生命周期审批监管数据链条，推动管理流程再造、制度重塑，形成可复制推广的管理模式、实施路径和政策标准体系，为全面推进工程建设项目全生命周期数字化管理、促进工程建设领域高质量发展发挥示范引领作用。通知明确，试点自2023年11月开始，为期1年，将重点开展7项工作。其中，开展推进全流程数字化报建审批、建立建筑单体赋码和落图机制、建立全生命周期数据归集共享机制、完善层级数据共享机制这4项工作为必选任务；推进工程建设项目图纸全过程数字化管理、推进BIM（建筑信息模型）报建和智能辅助审查、推动数字化管理模式创新这3项工作，试点地区可自主选择，也可以根据试点目标拓展试点内容。2023年11月28日，住房和城乡建设部办公厅会同建筑市场监管司、工程质量安全监管司和信息中心，在京召开工程建设项目全生命周期数字化管理改革试点工作启动会，明确试点目标，提出试点要求，部署开展试点工作。

多地积极落实工程建设项目全生命周期数字化管理改革试点。 海南省铺开工程建设项目"码上工程"改革。只要扫一扫二维码，工程建设项目的施工许可证、企业资质电子证照一目了然，还可轻松查询工程建设项目的背景资料和建设进度等，海南省所有工程建设项目在取得项目赋码的同时获得"二维码名片"，该二维码自动关联项目三级工程、许可、办件、证照等相关信息，项目业主可通过扫码调取项目全生命周期所有证照、资料，实现工程项目的全生命周期集成管理。湖南省长沙市住房和城乡建设局推进"数智住建"建设，通过统一底图数据、搭建管理系统、促进省市融合等方式，为打造全生命周期审批服务平台提供基础条件。截至2023年11月底，长沙已实现审批要素链条式归集、审批服务全方位提质、审批监管信息化操作，全市工程审批管理系统全面升级改造。浙江省台州市发布通知，明确新建、改建、扩建的房屋建筑工程在建设工程全过程图纸数字化管理系统中执行建筑赋码落图，标志着房屋将拥有专属身份证——"房屋建筑码"。四川省成都市住房和城乡建设局上线建筑（项目）全生命周期管理服务平台，为相关部门全面掌握建筑信息提供便利。该平台建立全生命周期数据归集共享和"落图"机制，房建项目"一张图"管理、施工资料线上填报、建材信息在线监管、部分行政审批事项无纸化等一批新功能上线运行，实现全过程数字化闭环，图纸管理无死角。

五、培育新时代建筑产业工人

加强建筑产业工人权益保障，开展根治欠薪冬季专项行动，推动制度建设防范和化解拖欠，继续推行建筑工人实名制管理，拓展实名制管理系统功能，推动项目、企业、人员全覆盖，推动实名制与日常监管联动管理，建设新时代建筑产业工人培育基地建筑工人产业园，制定实施技能工人配备标准，提升建筑产业工人技能水平。

（一）加强建筑产业工人权益保障

开展根治欠薪冬季专项行动。 认真落实国务院就业促进和劳动保护工作领导小组办公室关于开展根治欠薪冬季专项行动的工作任务，2023年12月15日，住房和城乡建设部建筑市场监管司召开进一步做好住房和城乡建设系统根治拖欠农民工工资工作视频会议，对根治欠薪冬季专项行动工作进行再动员、再部署。要求畅通维权渠道，及时回应群众诉求，做到"接诉即办"，事事有着落，件件有回音，切实保障建筑工人合法权益。在冬季专项行动期间进行定期调度，第一时间介入处置突发性、群体性事件，督促指导广东、海南等部分省级住房和城乡建设主管部门对欠薪案件进行核实处置，及时解决欠薪问题，保证关键节点行业稳定。

推动制度建设防范拖欠。 多部门联动机制、工资专户管理、银行代发制度和预警机制、工程款支付担保管理等在福建、重庆和安徽等地实施，以防范拖欠。福建省多措并举健全拖欠农民工工资防范机制，将招标条件备案和招标文件备案纳入标准化目录管理，指导各级住房和城乡建设主管部门强化建设资金到位情况审查，防范无预算上项目、设置霸王条款、打白条等违法违规行为。出台工程款支付担保管理实施办法，在全省房建市政项目基本实现全覆盖。以厦门市为重点推进地区，组织开展施工过程结算试点工作。与省工业和信息化厅建立拖欠工程款联动处理机制，分类化解拖欠民营中小企业工程款问题。与省高级人民法院建立住房和城乡建设领域执法司法联动制度，对涉及转包等违法行为的案件，住房和城乡建设部门依法予以查处。建立造价纠纷调解和司法援助机制，发挥行业协会涉工程法律援助指导作用，积极调解工程款纠纷问题。重庆市全面推行农民工工资专户管理及银行代发制度，自2017年开始在建筑领域全面推行农民工工资专户管理制度及银行代发制度，并将"双制"的落实作为根治欠薪的重要抓手，通过季度通报、责任约谈、实地督导等方式，督促区县、银行及企业严格制度落实，工资专户开户率及代发率稳步提升，欠薪投诉总体呈逐年下降态势。2023年，全市在建项目通过专户共代发工资165.01亿元，涉及农民工178.32万人次，2024年初，工资专户开户率达97%、代发率达92%，基本实现全覆盖。安徽省芜湖市全面实行红黄蓝牌"三色"预警机制，通过智能化分析，对在建项目落实《保障农民工工资支付条例》中维权告示牌、工资专用账户、农民工实名制登记、劳动合同签订、工资保证金缴纳、工程款支付担保、专户资金管理、实名制考勤、工资发放等保障措施情况实行分级分类预警。

加强多部门联动合力化解欠薪。多部门联合成立的纠纷调解平台和诉源治理分别在江西省和广东省佛山市设立，有利于化解欠薪。江西省设立建筑业人民调解委员会，发挥建筑业协会在政府和企业、人民群众之间的桥梁纽带作用以及专业技术和行业人才优势，把拖欠工程款、工伤鉴定等矛盾纠纷纳入受理调解范围，与各级法院、仲裁机构建立"诉调对接""裁调对接"联动机制，为建筑工人劳务纠纷化解提供专业公正的调解平台。广东省佛山市开展房屋建筑工程领域农民工工资纠纷诉源治理，探索建立"法院+行政机关+行业协会"的分级解纷机制，由市中级人民法院、住房和城乡建设局、人力资源和社会保障局和市建筑业协会联合设立佛山市房屋建筑工程领域农民工工资纠纷诉源治理工作站，开展定期巡查、线索核查、联合处治，及时调解核实存在欠薪事实的纠纷，推动欠薪隐患化解在基层。

（二）持续推进建筑工人实名制管理

拓展实名制管理系统功能。以实名制管理系统为基础，多地拓展了全流程线上闭环监管、丰富应用场景、培训招工、自动预警、建筑工人生物数据库等功能。云南省推进实名制管理全流程线上闭环监管。开发"云建宝"平台，以"用工有实据、干活有数据、发薪有依据"为目标，推动实现实名制与工资联动监管，实现对在建工程建筑工人实名制管理、日常考勤、劳动合同签订、月度工资支付的全流程线上闭环监管，数据真实可回溯。增加平台施工现场专业人员考勤功能，强化施工现场专业人员到岗履职，全面落实建筑从业人员实名制管理。增加施工总承包单位开设的农民工工资专用账户管理功能，完善与银行平台数据对接，细化全省住房和城乡建设领域工资专用账户信息化监管要求。浙江省丰富实名制管理应用场景。聚焦建筑工人高频需求和行业治理需要，在实名制管理基础上开发"建筑工人保障在线"平台，构建"从业人员画像""职业技能培训""用工市场保障""浙江鲁班工匠"等数字应用场景，提供从实名认证、权益保障、行为管控、技能提升、就业服务、信用维护的职业闭环管理和服务，解决传统粗放式管理中数据缺失、效率低下、政策制度落地难等问题，实现数字赋能建筑工人精细化管理与服务。广西壮族自治区不断完善实名制管理平台功能。基于平台大数据与集成技术，开发"桂建通"平台，打造集建筑工人培训、招工找活等多功能于一体的综合性平台，着力完善从业人员的合同签订、技能培训、从业履历与招工找活等功能。截至2023年年底，"桂建通"平台累计发布用工岗位3.7万个，招工找活35.1万人次，建筑工人累计签订电子合同36.8万份。广东省广州市积极探索AI视频监控自动预警项目试点。利用人脸抓拍、工地实名制信息匹配、出入异常记录、实际在场人数监测等技术，与平台考勤数据进行实时比对和分析，提升监管效能。

创新开启"设备直联"新模式，建立全市建筑工人生物数据库，利用人脸识别技术与数据通信处理中心，对人员生物信息进行行政区域、工程项目、企业等标签化管理。

推动项目、企业、人员全覆盖。多地深入推进实名制管理信息的互联互享和项目企业人员的动态监测全覆盖。如福建省推动实名制管理信息互联共享。推动省实名制管理平台与省公共资源交易电子行政监督平台、工程建设项目审批管理系统实时对接，动态获取工程项目立项信息和施工许可信息，省实名制管理平台同步生成项目信息，实现在建项目实名制监管全覆盖；推动与工程建设注册人员管理系统、工程质量安全监管平台、省社保平台等对接，获取管理人员相关数据信息，实现管理人员实名制动态管理全覆盖。河南省平顶山市强化项目管理人员到岗履职监督。通过实名制系统数据筛查，分析项目管理人员考勤信息，对未能到岗履职的管理人员，在系统平台进行提示并发送短信提醒。对项目主要管理人员连续3天及以上未考勤、月到岗考勤率低于岗位最低考勤率要求的，组织集中约谈会，开具整改通知单，责令整改。广东省广州市建立实名制访客制度。建设单位、总包单位、监理单位等各方人员进入项目现场时均须进行实名登记，在穗好办APP的"穗建实名"服务完成人脸认证后方能进场，实现项目管理人员、建筑工人实名登记全覆盖，保障建设工程项目施工现场管理和安全。

推动实名制与日常监管联动管理。深化实名制管理系统信息，利用线上线下相结合及临时居住登记等进行联合动态监管，有利于分析违法违规行为，进行精细化管理。如江西省"线上预警+线下核查+重点督办"多向发力、闭环销号。通过深化建筑工人实名制管理平台信息系统，综合分析企业资质、人员资格、从业信息、到岗履职等信息，设定量化指标，用数字化手段辅助分析研判转包、挂靠等违法违规行为，对判定存在违法违规行为的，进行红灯、黄灯预警提示，有效规范建筑市场行为。云南省线上线下相结合开展动态监管。将云南省建设监管公共服务平台、质量安全管理平台的在建项目全部动态纳入实名制管理平台监管，并通过业绩认定、市场现场两场联动、动态核查、信用管理等方式严格落实施工单位责任。2023年，对11家拖欠农民工工资单位进行了联合惩戒。在开展标杆工地创建活动中，对开展实名制管理项目的52个优秀项目评优评奖。江苏省泰州市细化量化实名制管理。在省级实名制管理平台的基础上拓展功能，开发施工分包合同、建筑工人劳动合同管理模块，以分包单位为基础，分班组、按工种完善相关信息，提高分包合同、管理人员岗位证书和缴纳社保等数据质量，鼓励建筑工人签订电子劳动合同，及时在线上线下公示工人工作量、单价、工资等信息，通过精细化管理，有效减少劳资纠纷。浙江省杭州市开展持证上岗人员线上监管和流动人口临时居住登记管理试点。一是对持证上岗人员实行动态监管，以实名制人员信息为数据基础，对接省级建筑市场监管公共服务系统、省级建筑施工特种作业人员管理信息系统，对人员证书异常或证书即将逾期等信息进行预警提醒。二是加强建筑工人临时居住登记管理，将实名认证人员基本信息和考勤数据推送至公安部门，由公安部门对符合办理条件人员线上办理临时居住证，对未及时办理临时居住证的建筑工人设置预警提醒。浙江省宁波市推行实名制管理"一码通行"。构建以"甬建码"为数据基础和信息中枢的人员信息体系，对持码建筑工人的个人从业信息和生物识别信息一码集成，按需共享至全市各项目部和用工单位，让工人无须重复录入或频繁掏出手机亮码。同时将工作轨迹、技能培训、招工用工等各类业务系统数据统一集成到"甬建码"，对工程建设相关人员的监管实现了"有码可依"。

（三）提升建筑产业工人技能水平

推动建设新时代建筑产业工人培育基地。如河南省林州市不断推动建筑产业工人培育基地建设。通过采取校企合作方式，实施"百千万"人才培训计划，即培养100名具有实力的建筑企业家或职业经理人、培养1000名优秀项目经理、培养1万名施工现场管理人员和10万名专业技术产业工人，夯实林州市建筑产业人才建设基础。依托林州建筑职业技术学院等多个专业培训机构，整合资源、形成合力，为建筑企业提供各层次人才培训服务，提升建筑工人的技能水平和持证率。与高校合作举办适应新时代发展要求的红旗渠新型建筑人才培训，持续开展"红旗渠工匠"培育和评选活动，共有500余名建筑工人被评为"红旗渠工匠"。近年来，林州市通过建筑产业工人培育基地建设，已有2000余家建筑企业和20余万建筑工人从业，不断推动林州市建筑业做大做强。四川省自贡市形成"教、学、做"一体化的建筑产业工人培训基地。积极培育推广"富顺建工"特色劳务品牌，促进建筑农民工向技术人才转型并有序输出就业。依托"四川省省级劳务培训基地""自贡市高技能人才培训基地"，采取专题辅导、实际操作、专业技能讲授与案例分析等理论实践相结合的教学方式进行授课，培育知识型、技能型、创新型建筑产业工人队伍。近年来，为10万余名建筑产业工人进行培训，提供就业15万余人次。安徽省和县大力推动新工种建筑产业工人培养基地建设。以和县职业技术学校为平台，以绿色建材产业园为依托，通过夜校、现场实操、合作办学等方式搭建建筑人才培养基地，开展建筑信息模型（BIM）、装配式建筑等新工种专题培训。近年来，共培训2.65万名建筑工人，3200人次取得了建筑行业职业资格证书。

制定实施技能工人配备标准。如广东省实施施工现场技能工人配备动态管理，根据不同地市发展不平衡的工作实际，合理制定动态管理的配备标准要求，设置省级基准比例和地市调整系数，确定达标判断标准，利用实名制管理平台，实现施工现场技能工人配备情况自动计算、自动判断、主动预警、自动报送等功能。河南省漯河市双随机巡查技能工人配备情况，要求各建筑企业按照施工进度落实施工现场技能工人不同工种、技能等级配备比例要求，组织安监、质监、稽查、监理等单位对在建工地现场从业人员持证上岗情况进行巡查，发现建筑企业现场从业人员未达到持证上岗率要求或存在无证上岗情况的，责令限期组织相关从业人员参加培训，获得职业技能等级证书后方可上岗。

以赛代练推动提升产业工人技能水平。如陕西省以竞赛引领行业技能人才建设。举办"陕建杯"建筑行业职业技能竞赛，对获得各工种竞赛前5名的选手，经省人力资源和社会保障厅核准后，晋升技师职业资格或职业技能等级；对获得各工种竞赛第1名并符合推荐条件的选手，推荐授予"陕西省五一劳动奖章"；前5名的选手，经省竞赛组委会办公室核准后，授予"陕西省技术能手"称号，激励引导全省建筑工人热爱钻研技能，培养更多高技能人才。四川省成都市举办职业技能人才大赛。市住房和城乡建设局会同市人力资源和社会保障局、市总工会，依托建筑业协会、装饰装修协会等5个行业协会，举办首届"成都市建筑职业技能人才大赛"。本次大赛参照世界技能大赛的项目设置、技术标准和组织方式，编制各工种评分标准和赛事规程，共设7大类10个比赛项目，除传统的钢筋工、砌筑工等工种外，还包括建筑信息建模（BIM）技术人员、装配式建筑施工员等具备现代产业工人特色的新型专业工种。256名参赛选手获得星级产业工人评定，52名选手被推荐评选"成都市五一劳动奖章""成都工匠""成都市技术能手"等称号，营造争先创优的良好氛围。四川省内江市常态化举办职业技能大赛。市住房和城乡建设局联合市人力资源和社会保障局、市总工会、建筑业协会每两年举办一次全市"甜城工匠"职业技能大赛，为行业人才搭建展示技能、切磋技艺、提高水平的平台，形成政府支持、行业搭台、校企配合的四方联动模式，推动提升建筑产业工人技能水平。

推动建筑工人产业园建设。如浙江省杭州市推动建设建筑工人服务园。举办三期、2727人建筑施工特种作业培训和实操考核，引入"吴恒锦电气技能大师工作室"（省级）和"邹新华防水技能大师工作室"（区级）2个技能大师工作室，开发智慧工地平台、线上劳务交易平台、财税服务平台、线上培训中心等服务平台并试运行。截至2023年年底，已有17家公司入驻建筑工人服务园。浙江省宁波市以建筑服务产业园助推建筑劳务集聚发展。围绕"总部高地、生活培训基地、生产工地"的"三地"建设方针，构建"1+2+N"即"一个建筑服务产业园，建筑产业工人基地和宁波市技术工人培育基地、N个工地"的发展载体，搭建"党建引领、政策扶持、法律援助、工会服务、发展共享"五大平台。2022年5月，宁波建筑服务产业园被命名为"浙江省建筑产业工人培育基地"，为政府、企业、职工三方搭建桥梁、聚集资源，为建筑劳务企业转型提供保障。截至2023年年底，共有36家建筑劳务企业入驻，覆盖建筑工人8万余人，培训建筑工人超10万人次。江苏省苏州市整合市场优质资源打造建筑服务产业园。江苏建筑服务（苏州）产业园以建筑服务产业链为抓手，采用"政府主导、企业主体、市场运营"的模式，聚合建筑服务企业，着力培育装配式、智能机械、人机融合等新时代建筑产业工人队伍，打造将建筑工地+建筑服务产业园+建筑人力资源为一体的互联网平台，为建筑行业培育新时代高技能的产业工人队伍。

六、优化工程项目组织模式

着力推行工程总承包，发展全过程工程咨询服务，研究编制工程建设全过程咨询服务合同示范文本，推进建筑师负责制试点，发挥建筑师及其团队管理协调主导作用，不断优化工程项目组织模式。

（一）推行工程总承包

推动工程总承包市场健康发展。 为规范房屋建筑和市政基础设施项目工程总承包的实施和发展，推动工程总承包市场健康发展，2023年2月10日，四川省成都市住房和城乡建设局等6部门联合印发《成都市房屋建筑和市政基础设施工程总承包管理实施细则》，从总则、投资决策、发包和承包、组织实施、监督管理及附则六个部分进行了详细表述。细则增加了投资决策专章，细化完善了政府投资工程总承包项目投资决策管理要求及报审程序。根据细则，为规范招标阶段和招标条件，工程总承包项目发包前，应完成项目审批、核准或者备案程序，落实工程建设资金，明确建设范围、建设规模、建设标准、功能要求等条件，并具有成熟的技术方案。工程总承包单位应当设置项目经理，项目经理的任职执业资格包括：注册建筑师、勘察设计注册工程师、注册建造师或注册监理工程师等。在组织实施方面，细则提出，建设单位和工程总承包单位应当加强设计、施工等环节管理，确保建设地点、建设规模、建设内容等符合项目审批、核准、备案要求。细则还鼓励具备设计和施工"双资质"的单位独立承接项目。

支持总承包企业发展。 如江苏省人民政府于2023年11月3日发布《关于促进全省建筑业高质量发展的意见》，提出国有资金参与投资且占控股或主导地位的项目（以下简称"国有投资项目"）带头推行工程总承包和全过程工程咨询；建设内容明确、技术方案成熟的工程总承包项目宜采用总价合同；培育一批具有绿色建造系统解决方案能力的工程总承包企业。广西壮族自治区人民政府办公厅于2023年9月27日公布《关于支持建筑业企业增信心稳增长促转型若干措施》，明确支持施工总承包特级资质企业的全资、控股子公司，以及上一年度建筑业产值超过一定规模、具有较强市场竞争力和行业影响力的建筑业企业申请自治区审批权限内的施工总承包。鼓励设计单位申请取得施工资质，已取得工程设计综合资质、行业甲级资质、建筑工程专业甲级资质的单位，可以直接申请相应类别施工总承包一级资质。鼓励施工单位申请取得工程设计资质，具有一级及以上施工总承包资质的单位可以直接申请相应类别的工程设计甲级资质。推动取得1类施工总承包特级资质和2类施工总承包一级资质企业互跨专业承接业务。并且规定装配式建筑原则上应采用工程总承包模式。

（二）发展全过程工程咨询服务

发挥全过程工程咨询项目引领作用。全过程工程咨询工作在全国形成了较好的局面，一批全过程工程咨询项目逐步落地，在减少招标投标次数，降低制度性交易成本，提高管理效能，提升项目整体性和系统性等方面的效用逐渐显现，起到了较好的引领作用。如重庆市江津区享堂片区基础设施提升项目——康养中心、江津区妇幼保健院建设项目（门诊楼），作为重庆第二批全过程工程咨询建筑师负责制试点项目，由建筑师统筹设计咨询团队参与了施工全过程，项目在试点过程中，由建筑师统筹设计咨询团队，根据业主需求，平衡技术经济比重，对初步设计文件、施工图设计文件进行全专业复核审查，共提出优化意见400余条，解决了建筑、结构、机电、暖通等专业设计方面的错漏碰缺问题，为项目节约投资480万元。该项目还积极探索数智化全过程工程咨询与建筑师负责制的融合创新，项目自全咨单位进场后，正式上线协同管理平台，涵盖了项目建设的所有管理目标，实施中能根据项目需求进行更新迭代，使参建各方的沟通效率成倍提高。同时，通过协同管理平台及BIM技术的应用，可实现流程线上化、数据可视化、模型轻量化、管理数智化的智慧建设。

研究并出台工程建设全过程咨询服务配套措施。如海南省发布关于在房屋建筑和市政基础设施工程领域推进全过程工程咨询服务发展的实施意见，明确在房屋建筑和市政基础设施工程领域推进全过程工程咨询服务，到2025年，全过程工程咨询制度体系基本建立，初步形成统一开放、竞争有序的全过程工程咨询服务市场。主要任务有完善咨询服务模式、规范咨询实施方式、明确资质资格要求、强化从业人员要求、规范委托方式、探索计费模式、加强从业行为监管、完善管理服务体系、加强项目引导、加大企业培育十个方面。其中明确，政府投资和国有资金投资的建设项目，特别是工程总承包项目要率先推行全过程工程咨询。随后，《海南省工程建设全过程工程咨询服务导则（试行）》印发。

（三）推进建筑师负责制试点

发挥建筑师及其团队管理协调主导作用。按照2021年国务院印发的《关于开展营商环境创新试点工作的意见》要求，北京、上海、重庆、杭州、广州、深圳6个城市开展营商环境创新试点工作，推进建筑师负责制被列为首批营商环境创新试点改革事项。6个试点城市持续推进建筑师负责制工作，制定试点指导意见或实施方案，出台应用指南、招标文件、合同范本、服务流程、收费指导等配套措施，积极推动试点项目实施。如上海市印发《建筑师负责制工作指引（试行）》，细化建筑师负责制各阶段服务内容清单；制定《建筑师负责制试点项目招标评标办法（试行）》及招标文件示范文本，规范招标评标行为，引导建设单位择优确定责任建筑师及其团队；出台《关于建立"三师"联创工作机制 推进城市更新高质量发展的指导意见（试行）》，引导规划师、建筑师、评估师更好服务城市更新改造项目；筹建上海市建筑师负责制试点工作专家委员会，由同济大学常青院士担任专委会主任，共71名专家加入，协助开展试点项目的技术指导、示范推广、后评估等工作。江苏、重庆、山东、西藏、陕西等主动探索开展建筑师负责制试点，出台工作实施方案，为不断提升工程建设质量和建筑品质，充分发挥建筑师及其团队在工程设计及咨询、造价控制、项目管理等方面的专业技术优势和管理协调主导作用。如江苏省无锡市首个"建筑师负责制"样板工程梅村高级中学空港分校项目已正式交付使用,该项目从规划设计、建设施工到建成交付,全程由建筑师团队"一站式"负责到底,将现代生态校园的设计理念嵌入一砖一瓦。在建筑师的指导下,不仅可以合力建造出高品质建筑,后续使用过程中若出现问题也可以清晰追溯。

优化试点项目审批流程。 北京、上海、山东、西藏、陕西等地在推进建筑师负责制过程中,优化审批流程,提升行政审批效能。北京市对于实行建筑师负责制的项目,在规划许可和核验阶段可采用告知承诺制,简化审查内容和审批程序。允许试点项目建设单位根据自身需求和单位决策,经立项部门同意以后,在规划条件明确、资金落实后先期开展建筑师团队招标,使建筑师团队更好地提供服务,同时加强事中事后监管。上海市在建筑师负责制项目建设工程规划许可、施工许可中,探索经责任建筑师告知承诺,将建筑方案的技术审核和施工图审查调整为事后抽查,并加强抽查监管。山东省济南市首个、山东省首批"建筑师负责制"试点项目——济南国际标准的招商产业园起步区片区F-1地块项目,实现了从"交图纸"到"交产品"转变,以设计为先导,以投资控制为核心的与国际接轨的管理模式,极大缩短工期,提高了资金使用效率,提升了建筑师价值。为了保障建筑师负责制试点工作更好地铺开落地,山东省住房和城乡建设厅联合山东省自然资源厅于2023年9月13日出台《关于推行建筑师负责制的指导意见》(鲁建设字〔2023〕3号),在保障措施中提出优化审批流程。建筑师负责制项目在取得地块规划条件后,即可开展方案阶段招标,委托建筑师团队开展咨询服务和建筑设计。西藏自治区在其建筑师负责制试点指导意见中也提出优化审批办理,鼓励西藏自治区优化营商环境相关政策在试点项目中先行先试,对试点项目优化审批。陕西省西安市高新区住房和城乡建设局联合行政审批服务局、自然资源和规划局印发《高新区建筑师负责制试点工作实施方案(试行)》,正式启动建筑师负责制改革试点工作,从项目招标、施工图设计文件审查、施工许可办理等方面优化试点项目的审批程序,有效提升规划管理效能,为建设单位节省成本。

第四章 提升建筑品质

2023年，全国住房和城乡建设系统牢牢抓住让人民群众安居这个基点，以努力让人民群众住上更好的房子为目标，将为社会提供高品质建筑产品作为开展建筑业相关工作的初心和前提。建设"好房子"是建筑品质提升的重要内容，各地积极开展高品质住宅推进工作，提升设计水平、加强质量管理、打造示范样板、推进三项制度。绿色低碳、智能高效是建筑品质提升的显著特征，建筑领域节能降碳加速推动，装配式建筑质量和绿色建筑发展水平不断提升，智能建造城市试点取得阶段性进展，一大批创新成果得以应用。标准体系是建筑品质提升的基础保障，住宅建设标准逐步完善，与当前发展方向相匹配的先进标准陆续出台，标准化改革和标准"走出去"稳步推进。技术创新是建筑品质提升的强大驱动，世界领先技术持续巩固，"卡脖子"技术难题正在攻克，惠民实用技术加速推广，建筑品质的提升正是建筑业发展质量和效益提高的直接体现和有力证明。

一、下力气建设"好房子"

随着社会经济的发展和生活质量的提高，人民群众对居住环境的要求日渐提升，期盼拥有更舒适安全的居住条件。2023年，住房和城乡建设部提出要让人民群众住上更好的房子，围绕"好房子"建设，积极开展概念内涵研究，针对新建住宅，不断提升住宅设计水平，完善住宅质量监督机制，打造"好房子"展厅和样板；针对既有房屋，逐步建立房屋安全管理长效机制，将"好房子"作为建筑品质提升的重要抓手大力推进。

（一）积极开展"好房子"研究

将建设"好房子"作为当前一个阶段的重点任务。 2023年初召开的住房和城乡建设工作会议上指出，要牢牢抓住让人民群众安居这个基点，以努力让人民群众住上更好的房子为目标，从好房子到好小区，从好小区到好社区，从好社区到好城区，进而把城市规划好、建设好、治理好。建设"好房子"是住房领域的新赛道，提升住房品质、让老百姓住上更好的房子，是房地产市场高质量发展的必然要求，也为市场主体提出新的要求，谁能为群众建设"好房子"、提供好服务，谁就能有市场，谁就能有发展，谁就能有未来。"好房子"是高品质建筑产品的重要体现，为社会提供高品质建筑产品是建筑业发展的初心，建筑业要深化供给侧结构性改革，推动高质量发展，要与各行业跨界协同，合力建造"好房子"，让群众能够住得健康、用得安全方便。

组织开展关于"好房子"概念内涵及建造技术的相关研究。 加快推动"好房子"建设是一项系统工程，需要从完善标准、政策、技术和产业体系等多方面努力。围绕建设"好房子"目标，住房和城乡建设部标准定额司及住建行业各单位组织开展相关研究，深化"好房子"概念内涵，提升"好房子"建造水平，完善"好房子"标准体系。首先，"好房子"要让居民住得健康舒适、经济实惠、智慧便捷、牢固可靠。不少地方将高品质住宅作为"好房子"建设的重要抓手，对高品质住宅的定义定位进行界定，如山东省2023年发布《高品质住宅开发建设指导意见》，提出高品质住宅应符合高质量发展要求，具备质量优良、安全耐久、功能优化、健康舒适、环境优美、便利宜居、设施完善、技术先进、低碳绿色、节能环保，服务精细、邻里和谐的品质，体现人文美学价值、引领美好居住生活发展方向。"好房子"的内涵正在实践中进一步创新发展和不断丰富。同时，面向"好房子"建造技术的科技专项研究也正在开展，住房和城乡建设部组织编制未来住宅科技专项项目建议书，聚焦未来住宅关键技术、重大装备应用和产业化发展开展科技攻关。

（二）提升住宅设计水平

举办全国"好房子"设计大赛助力品质住宅建设。 2023年8月，全国"好房子"设计大赛启动仪式在北京举行。大赛由住房和城乡建设部工程质量安全监管司指导，中国勘察设计协会主办，以"新设计新住宅新生活"为主题，开创全新的"真题、真赛、真建"的建筑设计竞赛模式，旨在有力提升住宅设计整体水平，推动设计成果落地实施，以高品质设计推动高品质建造，打造"好房子"样板，推动住房和城乡建设事业高质量发展。大赛启动后，共有220家设计单位的384支设计团队提交了参赛作品，其中北京赛题作品176个，南京赛题作品208个。2023年12月，经认真评选，中国勘察设计协会公示120个参赛作品荣获全国"好房子"设计奖，其中"'大庇天下001号'实验工程""无界小镇"等15个作品荣获一等奖，"城市绿岛·活力社区——花园小区·绿色住宅""复·兴聚落"等21个作品荣获二等奖，"享万象·悦未来""编织聚落"等36个作品荣获三等奖，"'阳光智居'住宅项目方案设计""圆环游戏——工业遗存中的住区露天乐场"等48个作品荣获优秀作品奖。

开展面向社会的设计人才公益性培训。 提高我国工程设计整体水平，就要在工程设计领域造就更多大师、卓越工程师、青年人才等优秀人才。2023年6月，住房和城乡建设部办公厅印发《关于开展工程设计人员能力提升培训的通知》（建办市函〔2023〕140号），此次培训围绕建筑业工业化、数字化、绿色化转型发展的总体要求，重点开展设计创作、设计技术、新兴领域、组织管理、标准规范、政策解读等方面的培训，旨在聚焦提升工程设计品质，统筹工程设计行业发展需要和工程设计人员实际需求，着力提升工程设计人员理念创新、实践应用、技术更新、精细化设计、全过程管理等方面能力，培养善思考、有能力、懂技术、负责任、能统筹的复合型工程设计人才队伍，为行业高质量发展提供有力支撑。培训采用线上视频培训为主，线上线下相结合的方式，在部网站热点专题上线"工程设计大讲堂"栏目，邀请院士、大师、知名学者和一线设计人员进行在线授课，所有工程设计人员均可免费在线学习。2023年7月，住房和城乡建设部指导全国注册建筑师管理委员会、全国勘察设计注册工程师管理委员会印发《关于工程设计注册执业人员参加能力提升公益性培训认定继续教育学时的通知》(注建秘〔2023〕11号)，明确参加设计培训的时长可抵扣继续教育学时，鼓励工程设计人员积极参与培训活动。北京、山东等地积极组织工程设计人员参与培训。如山东省住房和城乡建设厅制定工程设计人员能力提升培训方案，召开有关主管部门、勘察设计单位代表等参加的培训启动视频会，组织山东建筑大学、山东省建筑设计研究院有限公司等单位的山东省工程勘察设计大师、高校学者和行业专家录制培训课程视频，开展9期"山东设计·大师讲堂"学术交流活动，引导广大设计人员积极参与培训，提升综合能力。

以高品质住宅设计指引明确住宅品质提升的设计要点。"好房子"提出后，各地陆续发布高品质住宅设计指引，全面提升新建住宅设计水平，推动住有所居向住有宜居迈进。2023年，广东省深圳市发布《深圳市住宅设计品质提升指引(第1版)》，聚焦群众关注度高且存在设计提升空间的建筑设计问题，总结带商业裙房小区供商业使用的通风井布局、布置在地面上的小区垃圾房、小型垃圾转运站等距离住宅的距离、住宅用地红线内设置的冷却塔运行噪声、下沉式绿地溢流口的设置、地下车库布局设置等26条提升建议，作为新建住宅设计品质提升的主要举措。浙江省嘉兴市发布《嘉兴市提升住宅建筑品质设计规定(试行)》和《嘉兴市提升住宅品质规划设计指引(试行)》，规定明确了提升住宅建筑品质设计的总则、总图与室外环境、建筑专业、结构专业、给水排水专业、电气专业、暖通专业、市政配套和其他要求，一些细节也在规定中得到体现，如住宅小区应采用以人车分流为主的交通组织形式，物业用房、社区(养老设施)用房、垃圾收集分类清运等相关配套设施位置如何确定等；指引则对住宅小区平面布局、立面设计、交通组织等方面提出设计指引，从鼓励小区塑造丰富美观的天际线和风貌景观、方便快捷的停车布局和步行联通、特色温馨的全龄配套设施等角度促进新建商品住宅小区的设计优化。山东省发布《山东省高品质住宅设计指引(试行)》，包括总则、绿色低碳、城市风貌、交通组织、室外环境、配套设施、户型设计、室内环境、结构构造、智慧科技等方面内容。在绿色低碳方面，规定高品质住宅应符合山东省《居住建筑节能设计标准》DB37/T 5026—2022的要求，达到山东省《绿色建筑评价标准》DB37/T 5097—2021二星级及以上标准，鼓励设计超低能耗建筑和应用新型建材与可再生能源，鼓励采用建筑信息模型（BIM）技术进行正向设计；在室外环境方面，涵盖了从规划结构、竖向关系到建筑风格和色彩等各项要求，并对高品质住宅应具备的交通组织体系进行了系统梳理；在户型设计和室内环境方面，对户型的功能布局和构造尺寸进行了具体规定，保证户内空间尺度适宜。要求住宅层高不应低于3.00米，鼓励有条件的项目适度加大空间高度，提高至3.30米以上。对室内的声、光、热环境进行相应规定，并着重对隔声降噪相关的技术和构造做法提出要求；在结构构造方面，提高结构的设计工作年限，不应低于70年，鼓励提升至100年，并按《百年住宅建筑设计规程》DB37/T 5213—2022的标准要求执行；在智慧科技方面，要求打造绿色智能小区，搭建区域互联网、物联网体系，强化数字视频监控、接触门禁系统、电梯智能检测，加强智能设备设施建设，保障居民的生活质量和提高居住体验。

专栏4-1：《山东省高品质住宅设计指引（试行）》（摘要）

2　绿色低碳

2.1　设计应符合山东省《居住建筑节能设计标准》DB37/T 5026的要求。

2.2　设计应达到山东省《绿色建筑评价标准》DB37/T 5097二星级及以上标准。

2.3　鼓励设计超低能耗建筑，满足《被动式超低能耗居住建筑节能设计标准》DB37/T 5074、《近零能耗建筑技术标准》GB/T 51350等标准要求。

2.4　应符合各地关于装配式建筑和海绵城市建设等相关要求和规定。

2.5　鼓励高品质住宅进行个性化、定制化、集成化的精装修设计，装修工程质量、选用材料及产品质量应符合国家、行业及山东省现行有关标准的规定。

2.6 鼓励应用新型绿色建材,绿色建材应执行《山东省绿色建材推广应用导则》的标准,且应用比例不应低于50%。

2.7 鼓励利用太阳能、地热能、空气能等可再生能源。

2.8 鼓励在设计阶段采用建筑信息模型(BIM)技术进行正向设计,并将数据传输至部品部件制造、施工、运维等阶段,推进BIM技术在住宅建设全寿命周期应用。

5 室外环境

5.1 景观设计应与小区规划相协调,与小区出入口、单元出入口及慢行系统相结合,注重居民的参与性。

5.2 在满足消防要求的前提下,宜对消防车登高操作场地进行美化设计。

5.3 绿地应符合当地规划要求,合理选择绿化方式,做到四季常绿,三季有花。植物种植应适应当地气候和土壤,且应无毒害、易维护,种植区域覆土深度和排水能力应满足植物生长需求,并应采用复层绿化方式。常绿乔灌木数量占总量不应小于30%,乔木设计数量平均不宜小于3株/100m²,乔木胸径不小于15cm的占比不应小于20%。

5.4 苗木搭配应考虑对低层住户的采光、视野的影响,做到错落有致,保证住户景观视野的通透性。

5.5 围墙形式应结合景观进行设计,以通透式为主,鼓励对沿城市道路的围墙进行精细化、个性化设计。

5.6 宜对交通干道的噪声采取设置声屏障或利用景观绿化带等降噪措施,优化场地声环境。

5.7 宜采取措施降低场地热岛强度:

1 场地中处于建筑阴影区外的步道、游憩场、庭院、广场等室外活动场地,设计有乔木、花架等遮阴措施的面积比例应达到30%。

2 超过70%的道路路面及屋顶采用太阳辐射反射系数不低于0.4的材料。

5.8 室外景观和楼体亮化等照明应避免对户内产生光污染。

7 户型设计

7.1 住宅层高不应低于3.00m。设有户式中央空调和集中新风系统的住宅，层高不应低于3.10m。鼓励有条件的项目适度加大空间高度，提高至3.30m以上。

7.2 建筑轮廓规整，建筑凹口的深度与开口宽度之比宜小于1:2，无"深凹槽"。

7.3 最高入户层为二层及二层以上的住宅建筑，每个住宅单元应至少设置一台电梯，且轿厢深度不应小于1.40m，宽度不应小于1.10m。入户层为四层及以上的住宅建筑，每单元应至少设置一部可容纳担架的电梯，担架电梯候梯厅深度不应小于1.80m。十二层及以上的住宅，每单元应设置两部电梯。电梯候梯厅和楼梯平台共享时，平台深度不应小于2.10m。

7.4 交通核宜采用全明交通核，应布局紧凑，减小公摊面积，便于户型拼接。一梯两户优先考虑独立电梯厅，电梯厅及轿厢应精装修设计。主要公共空间内消火栓宜暗装设置。

7.5 首层门厅、地下大堂通向电梯厅的通道净宽度不宜小于1.50m。户门外宜留有进深不小于1.50m的缓冲空间。

7.6 各功能空间的尺度应与户型面积适配。面宽进深适宜，动静分区、南北通透，居室、卫生间数量适当，房间尺度、流线合理，充分考虑户型的收纳空间。

7.7 住宅应设计功能复合、利于交往的空间，满足不同住户需求，并应考虑适老通用性。

7.8 住宅首层可设计下复式结构，并采用采光井、下沉庭院等措施；顶层可设计上复式结构、屋顶花园，屋面室内外高差不宜大于150mm，提高居住生活体验。

7.9 鼓励户型产品创新，其中空中花园户型的设计应充分考虑地域气候特点，并保证其安全性。

7.10 户门洞口宽度单扇门不应小于1.10m，子母门不应小于

1.30m，高度不应低于2.30m。

  7.11 套型入口处应设置门厅，门厅空间宜满足收纳、消杀等功能。

  7.12 阳台洗衣机与太阳能储热水箱预留净尺寸不应小于0.80m×0.70m（宽×深），并应考虑排水立管的位置。

  7.13 厨房使用面积不宜小于5.0m^2，操作台总长度不宜小于3.0m，台前操作空间深度不宜小于1.0m。排油烟机、吊柜的安装位置不应影响厨房的自然通风和直接采光。厨房内开窗不应影响洗涤池水龙头的安装和操作台的使用。

  7.14 设置便器、洗浴器（浴缸或淋浴）、洗面器的卫生间使用面积不宜小于4.0m^2。共用卫生间应采用干湿分离式布置形式。卫生间洗面器、便器前应留有不小于0.70m×0.60m（宽×深）的空间。

  7.15 卫生间布局应综合考虑卫生间门的开启方式及方向，避免影响洁具安装及使用。卫生间门洞尺寸不宜小于0.85m×2.20m。

  7.16 设计3个及以上卫生间的户型，局部热水供应系统采用共享热水器时，应设置机械循环系统。

  7.17 分体式空调室外机位净尺寸不宜小于1.20m×0.70m×0.90m（长×宽×高），集中式空调室外机位净尺寸不宜小于1.50m×1.0m×1.60m（长×宽×高）。空调机位百叶设置应利于室外机散热，且通透率不小于70%。

  7.18 客厅等主要功能空间及南向窗户适当降低窗台高度，增加开窗面积。窗户宜减少分格，做到通透明亮，有条件时设计凸窗。高层住宅外窗开启窗扇应采用内平开内倒形式。

  7.19 空调室外机位、太阳能挑板应与建筑一体化设计，排水立管、太阳能管及空调冷凝水管等应隐蔽设置、美化处理，保证整体效果。空调室外机位的设置应便于安装维修。

  7.20 鼓励按照《山东省健康住宅开发建设技术导则》的相关规定执行。

8 室内环境

8.1 声环境应达到以下要求：

1 有振动、噪声的设备及用房不应紧邻居室，且应采取隔声减振措施。

2 电梯井道与住宅户内除卧室外的其他房间（空间）相邻时，电梯井壁、电梯设备、电梯机房等均应采取有效的隔声减振措施。

3 主要房间隔声性能良好。分户墙应采用不小于200mm厚混凝土墙体（或其他能达到50dB以上隔声效果的构造措施），分户墙上不应设置配电箱、分集水器，不宜设置开关、插座等，当设置时应错位布置。

4 除厨房、卫生间、阳台外的住宅楼板应设置厚度不小于5mm的隔声垫，楼地面与墙面交界处应设置竖向隔声片将楼面与墙体隔开。

5 卧室、起居室（厅）的楼板计权标准化撞击声隔声性能应达到现行规范、标准的高要求标准限值，即计权标准化撞击声压级≤65dB（现场测量）。

6 户门、外窗应采取有效的隔声措施。临近交通干线的卧室、起居室（厅）外门窗的计权隔声量与交通噪声频谱修正量之和（R_W+C_{tr}）≥35dB。

7 卫生间优先采取不降板或小降板的同层排水技术。与卧室相邻的卫生间，排水立管不应贴邻与卧室共用的墙体。户内排水立管应采用低噪声管材或包覆隔声材料等隔声措施。

8 空调机组应进行消声隔振处理，新风热回收装置的新风出口处和排风入口处应设置消声装置及软连接。在新风管进入卧室、起居室等房间前宜在管道上设置消声器或消声弯头。空调机组不应靠近声环境要求较高的房间，并采取隔声、吸声和隔振措施。

8.2 室内主要功能空间的光环境应保证至少60%面积比例区域采光照度值不低于300Lx，且平均时长不少于8h/d。

8.3 热环境应满足以下要求：

1 对建筑热桥部位进行表面结露计算，采取措施确保热桥内表面温度高于室内空气露点温度。

2 南向及东向的起居室（厅）、卧室外窗宜设置可调节的外遮阳措施。西向的起居室（厅）、卧室外窗应设置可调节的外遮阳措施。

3 冬季供暖室内计算温度不应低于20℃。

8.4 空气质量应满足以下要求：

1 卫生间宜为明卫，当不少于两间时至少应有一间为明卫，应有通风换气设施。厨房应有良好的通风并采取措施防止排气倒灌。

2 住宅的有效自然通风开口面积不应小于楼地面面积的5%。

8.5 住宅户内应预留新风系统安装条件，新风系统宜具备除尘、降霾、热量回收功能。

8.6 给水管道宜采用耐腐蚀、防老化、耐久性能好的管材管件。户内给水管道宜采用不锈钢管或铜管。

8.7 户内宜设置直饮水系统，应设置软水、净水前置过滤装置，提升饮水、生活给水和热水品质。

8.8 走廊、楼梯间、门厅、电梯厅、停车库等公共区域照明应根据人员活动及自然光水平，设置自动感应控制或其他节能控制措施。

8.9 卧室至卫生间的走道墙面宜设置感应式嵌装脚灯，卧室、起居室、长过道的照明宜采用双控开关控制。

9 结构构造

9.1 为全面提高高品质住宅的使用寿命、质量品质和长期价值，住宅设计应提高结构的设计工作年限，不应低于70年，鼓励提升至100年，并按《百年住宅建筑设计规程》DB37/T 5213的标准要求执行。

9.2 住宅结构设计应采用成熟和可靠的技术、工艺、材料，满足绿色发展及可持续性需要。结构设计应采用抗震性能良好的结构形式，其适用性、耐久性及抗震性能应满足国家标准、规范的相关要求，鼓励适当高于国家标准、规范的要求。

9.3 结构设计应充分考虑户型空间的可变性。住宅设计应从建筑全寿命周期考虑，提倡采用有利于空间灵活分隔的结构体系和墙体。住宅套内给水、供暖、电气管线宜采用管线与主体结构分离技术，管线分离应用比例不宜小于50%，便于在不损伤住宅主体结构的前提下，进行线路改造或维修更换。

9.4 客厅、多厅一体等空间不宜出现结构梁。

9.5 钢筋混凝土结构楼板厚度不宜小于120mm，采用装配式时不应小于130mm。

9.6 在吊柜、热水器、太阳能水箱、燃气锅炉等悬挂重物处部位应采用结构加强措施。

9.7 外墙保温材料、室外设备、管线等应采用安全可靠的防坠落措施。

9.8 地下室、卫生间、屋顶等重点部位应采取措施防止开裂及渗漏。

（三）完善质量监督机制

举办"工地开放日"活动，探索社会监督机制。 多地积极创新建设工程质量监督方式方法，探索建立建筑工程质量社会监督机制，在新建住宅竣工验收前，建设单位分批邀请购房业主到场，会同专业技术人员全程陪同业主参观户内及相关公共区域、公共设施，对于业主提出的问题，建设单位承诺整改时限，分类组织整改，主动解决业主反映的住宅质量问题，努力把矛盾纠纷解决在萌芽状态。安徽省合肥市印发《2023年合肥市房建市政工程质量安全管理工作要点》，明确实施工程质量提升行动，积极落实"工地开放日"制度，推动所有住宅竣工验收前向业主开放，压实建设单位工程质量首要责任，如在外墙保温方面，从设计源头、施工过程着手，实行外墙保温工程专项验收制度，减少诸如空鼓等质量问题的投诉，消除业主疑虑和担忧。浙江省绍兴市明确在"工地开放日"活动中，开发单位应至少开放三处在建（装修）房源，开放套型数原则上不少于总套型数的50%，开发单位应理解和满足购房人在购房签约后至交付前待收房期间亟待了解和感受项目的施工进度、工程质量、管理品质方面的合理需求，有条件的可以解读普及工艺技术以及提供VR体验等，最大可能扩大项目建设现场情况的开放度。与"工地开放日"活动类似的，山东省济宁市、广西壮族自治区南宁市等地要求在建商品住宅项目在竣工交付之前须开展"业主开放日"活动，做好质量信息公示公开，及时解答业主疑问。南宁市还推广远程视频直播"云监工"模式，把工地现场搬到直播间，让业主亲自监督房屋建造过程，共同提升建筑品质。除了在售楼部等地方直接展示外，业主也可以通过访问手机APP等方式，随时查看项目的施工过程和进度，既可以监督房屋的施工质量，也可以监督工程进度，见证房屋的建成。

引入工程质量潜在缺陷保险解决住宅质量难题。上海市深入践行"人民城市人民建，人民城市为人民"的重要理念，不断探索工程质量潜在缺陷保险（IDI）在商业住宅工程中的实践，逐步建立起一套"事前风险防范、事中风险控制、事后理赔服务"的解决机制，为解决新房漏水渗水、墙体裂缝等难题提供新途径。在顶层设计方面，出台了《关于本市推进商品住宅和保障性住宅工程质量潜在缺陷保险的实施意见》《上海市建设工程质量风险管理机构管理办法》《上海市住宅建设工程质量潜在缺陷保险理赔服务规范》等一系列政策文件，强调保险公司对IDI保险管理的主体责任、提升保险公司在IDI业务管理和工程管理方面的水平。在制度建设方面，坚持政府引导、多方联动。政府通过IDI充分调动第三方市场资源，有效弥补质量安全监管资源不足的短板，既优化了营商环境，又放大了政府对住宅工程质量安全监管的效能，大大节约了政府资源，使政府可以将更多的资源用于解决老百姓急难愁盼问题。截至2023年6月底，上海市IDI收入超过89亿元，覆盖1700余个项目，为50多万居民提供约7244亿元的风险保障。

（四）打造"好房子"样板

打造"好房子"科技展厅和样板间。由住房和城乡建设部科技与产业化发展中心牵头打造的"好房子"科技展厅和样板间在中国建筑文化中心展出。展厅展示了"好房子"标准研究、技术体系、产业发展、探索实践等情况，样板间三室两厅两卫，室内进行了适老化设计，安装了安全警报等智能家居系统，客厅空间灵活可变，可移动衣柜解决卧室收纳不足问题。

推出设计理念独特、技术应用先进的"科技宅"。在数字化技术浪潮的推动下，中国建设科技有限公司依托先进的装配式技术，成功打造出绿色环保、家居智能、空间布局可变且方便检修改造的"科技宅"样板间，在推动住宅产业化的道路上迈出了坚实的一步。样板间套内面积59平方米，全面实现了建筑长寿化、品质优良化、建设产业化、绿色低碳化的四大核心理念。通过智能门锁、智能衣柜、智能厨房等智能家居设备的应用，实现了对房屋的智能化管理，提升了居住的便捷性和舒适度。如在建筑长寿化方面，整个套内没有设置一道剪力墙，通过一键移动电动柜，单开间的小客厅可以变身为双开间的大横厅，同时利用平板电脑操纵智能翻床，可以轻松实现卧室的变换，这种创新设计不仅满足了家庭结构变化的需求，也延长了房屋的使用寿命。在品质优良化方面，"科技宅"解决了不少传统住宅的"痼疾"，应用整体卫浴系统，通过工厂预制和现场拼装的方式，保证了地面和侧面墙板的整体性，杜绝漏水问题；在墙体内部增加了相应的隔声措施，同时应用了架空地面和干式地暖模块复合的双层地面做法，大幅降低了层间传声系数，解决隔声问题；采用了大板进行墙面装修，从工艺工法的本质上杜绝了开裂问题。在建设产业化和绿色低碳化方面，采用装配式内装的建设手法，所有的建筑材料都在工厂进行预制，现场只进行简单的安装，没有使用水泥砂浆和瓷砖等高耗能产品，利用卡扣龙骨等可循环利用的建材，降低了资源的消耗和环境的污染。此外，运用数字控醛技术降低甲醛释放量，安装电动升降外窗增加开窗面积，提高室内通风效果，并安装助老设施，提升了家居智能化水平，使得"科技宅"更加符合现代人的居住需求。

各地积极探索，鼓励发挥"好房子"样板示范引领作用。2023年，宁夏回族自治区银川市举办首届"好房子"样板项目网络评选，参选范围为银川市在售且已有部分业主入住的新建商品住宅，参评项目为楼栋单体或具体组团。前期，银川市围绕项目规划、建筑质量、配套设施及物业服务等方面进行综合评价，初选出31家"好房子"样板项目进入评选环节。在初选基础上，立足规划设计和建造水平，严把工程质量关，经过专家评选及市民投票相结合评选出前十名。同时，评选活动聚焦设计好、功能好、环境好、配套好、物业好、绿色化和智能化水平高等方面，坚持把工程质量放在首位，以业主亲身感受为主，选出群众满意度高的"好房子"样板。在湖北省第二届住房博览会暨武汉第42届房交会，武汉首个"好房子"样板间现场亮相，样板间面积143平方米，由门厅、厨房、餐厅、客厅、卧室、书房、无障碍卫生间、空中花园等几个主要空间构成。住宅空间设置有智能中控屏幕、智能开关、AI超感传感器、智能窗帘，可满足观影娱乐、轻松茶叙、休闲会客等不同生活场景需求；同时，按政策阳台由原来的占套内建面12%提高到20%，设置了进深2.9米、面宽15米的空中花园；卫生间内则进行了适老化设计，整体卫浴防滑，室内外无高差，坐式一体淋浴器，还安装了起立扶手、报警器、无障碍洗手台等。

（五）加强既有房屋安全管理与品质提升

研究建立房屋体检、养老、保险制度。 自国务院办公厅《全国自建房安全专项整治工作方案》提出要完善房屋质量安全强制性标准，研究建立房屋定期体检、房屋养老金和房屋质量保险等制度以来，住房和城乡建设部多次明确提出要探索建立房屋安全管理长效机制，完善房屋体检、养老、保险等基础性制度。2023年3月，住房和城乡建设部等15部门出台《关于加强经营性自建房安全管理的通知》，推动建立经营性自建房安全管理长效机制。2023年6月28日，住房和城乡建设部党组书记、部长倪虹在《学习时报》上发表署名文章，提出要研究建立房屋体检、养老、保险三项制度，为房屋提供全生命周期安全保障，让人民群众的居住生活更加舒适美好。建立三项制度是有效解决我国城镇房屋安全突出问题、补齐既有房屋安全治理体系短板的基础性制度安排，对于统筹住房和城乡建设事业高质量发展和高水平安全具有重要意义。

房屋三项制度试点工作正在有序推进。 2023年9月20日，住房和城乡建设部城镇房屋安全管理三项制度框架培训暨试点工作现场会在宁波召开，会议指出要加快推进、尽快启动三项制度的试点工作。青海省住房和城乡建设厅印发《关于在城镇保障性安居工程中积极探索建立房屋体检、养老、保险三项制度试点工作的通知》，鼓励各地在公租房、保障性租赁住房、城镇老旧小区改造等城镇保障性安居工程项目开展房屋体检、养老、保险"三项制度"探索试点，切实维护人民群众的生命和财产安全。中国大地财产保险股份有限公司青海分公司分别与西宁市城北区城乡建设局、城中区饮马街街道办事处签订保险服务协议，为部分房屋提供保险服务，试点工作正式开始实行。在保险期间，保险公司为被保险的小区提供第三方定期的房屋安全动态巡查检测服务，为被保险的小区居民提供一次保险和风险管理培训，为投保方提供防灾防损、风险查勘服务，为投保小区提示暴风、暴雨等重大自然灾害信息。山东省烟台市、济宁市、青岛市等也在试点三项制度部分内容，青岛市先行先试房屋定期体检制度，济宁市积极推进房屋质量保险制度试点工作，烟台市探索建立城市住宅养老金、城市住宅体检、城市住宅保险等制度，莱山区率先试点。

二、推进建筑领域绿色低碳转型

习近平总书记在党的二十大报告中指出，必须牢固树立和践行绿水青山就是金山银山的理念，站在人与自然和谐共生的高度谋划发展。绿色化是建筑业转型升级的重要方向，也是高品质建筑产品的深刻内涵之一。2023年，建筑业绿色低碳转型深入推进，装配式建筑发展质量不断提升，绿色建筑创建行动取得积极进展，绿色建材应用范围进一步扩大，为城乡建设领域碳达峰、碳中和目标实现作出了重要贡献。

（一）助力城乡建设领域"双碳"目标实现

系统性推动建筑领域节能降碳。建筑领域是我国能源消耗和碳排放的主要领域之一。2023年11月，全国建筑节能降碳工作推进会在海南省召开，与会代表先后参观了东屿岛大酒店、新闻中心、亚洲论坛酒店及会议中心改造项目、椰林聚落、新型电力系统展厅、有机废弃物处理中心和农光互补光伏项目，全面了解博鳌零碳示范区在建筑绿色化、可再生能源利用、交通绿色化、水资源循环利用、固废资源化利用、运营智慧化、园林景观生态化、新型电力系统等方面的建设内容。海南省分享了博鳌零碳示范区建设工作经验，黑龙江省、青岛市、北京市、江苏省分别分享了超低能耗建筑、绿色城市建设、公共建筑能耗限额管理、建筑光伏应用等建筑节能降碳典型工作经验和做法。

大力推动城乡建设绿色发展。住房和城乡建设部指导各地持续推动城乡建设绿色低碳发展。一是出台《支持山东推动城乡建设绿色低碳高质量发展的工作方案》，对六大方面、26项工作给予山东多方位支持。二是指导海南省落实《深化工程建设项目审批制度改革和推进城乡建设绿色发展合作框架协议》，共建海南博鳌近零碳示范区。三是推动青岛绿色城市建设试点，围绕绿色建造、绿色生态、绿色生活、绿色金融四个维度先行先试，形成全过程推广绿色建筑、智能化提升绿色建造等八方面可复制可推广经验。

专栏4-2：海南博鳌近零碳示范区建设情况简介

博鳌近零碳示范区位于海南省琼海市博鳌镇东屿岛，占地面积1.78平方公里。2022年，住房和城乡建设部与海南省决定共同建设博鳌近零碳示范区，探索热带海洋气候城市建成区系统降碳新路径。

经过两年多的探索创新和规划建设，博鳌近零碳示范区完成八大类18个项目建设，总投资约8.39亿元，其中政府投资2.04亿元、占比24.3%，社会投资6.35亿元、占比75.7%。2024年3月18日，住房和城乡建设部和海南省共同宣布示范区进入近零碳运行阶段。

博鳌近零碳示范区通过体制机制创新、技术集成应用、政策标准引领等，建立了零碳运维新模式，形成了一系列成果：

一是通过系统探索示范区绿色降碳改造路径，形成了可复制可推广的城市建成区更新改造新经验。示范区创建没有大拆大建，借力自然、微改造、低扰动、保持示范区原有格局和建筑风貌，以建成20多年的建筑为改造主体，从节能低碳、资源循环、生态提升、智慧运管等方面进行规划建设，探索热带海洋环境条件下既有建筑和区域可复制、可推广的更新改造解决方案，展现生态文明、绿色智慧的未来发展方向，形成了一整套具有前瞻性、系统性和可操作性的城市建成区绿色降碳改造实施方案。改造后，示范区年二氧化碳排放量减少96%，未来还可通过加强上岛燃油车管理等方式进一步降低，实现了一个"近零"（全岛运行阶段近零碳）、二个"降低"（建筑本体能耗大幅下降、交通能耗大幅下降）、六个"100%"（低碳建筑比例100%，建筑用能电气化率100%，可再生能源替代率100%，有机废弃物资源化利用率100%，污水再生利用率100%，区域能耗和碳排放监测、服务覆盖率100%）的建设目标，已经被住房和城乡建设部列为向全国推广的城市更新改造典型案例，为我国碳中和的主战场——城市绿色降碳提供可复制、可推广经验。

二是实现绿色能源供给，支撑博鳌亚洲论坛"绿色办会"。示范区全年可生产绿电约3200万度，不仅满足示范区每年约1700万度的用电需求，剩余的1500万度绿电还能上网，相当于每年可储备约7700吨负碳。博鳌亚洲论坛2024年年会期间，所有建筑和市政设施实现100%绿电供应，为推广"绿色办会"奠定良好基础，得到与会国内外嘉宾充分肯定，是中国绿色能源领域发展的又一创新例证。示范区已入选国家能源局绿色低碳转型典型案例，获得中国电力设备管理协会2024年全国电力行业工程建设管理创新成果一等奖，并被全国综合智慧能源大会授予优秀示范项目称号，彰显了中国绿色低碳发展的决心。

三是实现绿色低碳发展，获得了国内外权威机构高度认可。示范区获得德国能源署在中国颁发的首个国际性零碳区域认证，是国际合作的典范；获得了权威部门颁发的"温室气体减排声明"；满足国标《零碳建筑技术标准》中"零碳区域、零碳建筑、低碳建筑"相关技术要求，示范区为全球热带地区低碳绿色发展提供了有效实践案例，相关的英文报道获300多家境外媒体转载，引发热烈社会反响。

> 下一步，海南省住房和城乡建设厅将继续做好博鳌近零碳示范区后续运营、提升工作，会同相关部门把创建博鳌近零碳示范区的经验积极推广到相关市县和重点园区，努力打造一批低碳园区、低碳社区、低碳建筑，推动城乡建设领域绿色低碳转型，把海南建设成为向世界展示生态文明思想与实践的重要窗口。

细化落实《城乡建设领域碳达峰实施方案》。指导各地落实《城乡建设领域碳达峰实施方案》，多个省（区、市）印发细化方案。四川省印发《四川省城乡建设领域碳达峰专项行动方案》，强调要优化城市结构和布局、开展绿色低碳社区建设、全面提高绿色低碳建筑水平、建设绿色低碳住宅、提高基础设施运行效率、优化城市建设用能结构、推进绿色低碳建造、提升县城绿色低碳水平、推进绿色低碳乡村建设、提升乡村人居环境质量等。南充市、绵阳市、攀枝花市等也都相继印发了城乡建设领域碳达峰专项行动方案，在城市层面进一步推进方案落实。国家发展改革委在全国范围内选择100个具有典型代表性的城市和园区开展碳达峰试点建设，根据各地不同的资源禀赋和发展基础分别制定实施方案，城乡建设是其中的重要领域。如在《国家碳达峰试点（杭州）实施方案》中提出要实施城乡建设低碳转型攻坚行动，明确完善绿色建筑全生命周期管理体系、创新推动城市更新、加快推进低（零）碳建筑示范试点三项重点任务；在《国家碳达峰试点（广州）实施方案》中提出要全面提升建筑绿色低碳水平，广泛推行绿色低碳建造方式，大力加强城乡建设绿色发展等。

（二）因地制宜发展装配式建筑

加强装配式建筑全过程工程质量管控。要提升装配式建筑发展效能，质量安全管理是重要一环。2023年9月，四川省住房和城乡建设厅印发《四川省住房和城乡建设厅关于加强装配式建筑全过程工程质量管控的通知》，要求强化施工过程质量管控，明确施工单位要建立健全质量安全保障体系，制定预制构件进场验收、节点连接质量控制、首层或首个代表性施工段试安装验收等内部质量管理制度。强化监理单位监督责任，依据设计文件及相关标准，编制专项监理实施细则，明确关键环节、关键部位、见证取样具体要求，经建设单位审查同意后实施，所有关键节点和关键部位的隐蔽施工应实行举牌验收。充分利用"互联网+智慧监管"等手段，建好用好"智慧工地"平台，归集装配式建筑项目基础信息、定期开展质量安全数据分析，提高工程项目建设监管水平。宁夏银川市印发《银川市住房和城乡建设局关于加强装配式建筑全过程工程质量管控工作的通知》，明确要进一步落实建设单位、设计单位、施工单位、监理单位、部品部件生产单位的质量责任，严格施工图审查，强化部品部件进场和竣工环节的质量验收，切实提升装配式建筑工程质量水平。

专栏4-3：《四川省住房和城乡建设厅关于加强装配式建筑全过程工程质量管控的通知》（摘要）

一、提升装配式建筑设计水平

（一）加强设计管理。装配式建筑施工图设计文件应编制《装配式建筑设计说明专篇》，细化明确装配率执行情况及技术措施。施工图设计要统筹考虑建筑、结构、机电、装饰等相关专业要求，并满足构件制作、运输和施工需求。鼓励支持设计单位利用建筑信息模型（BIM）开展专业设计和分析、优化。装配式居住建筑设计中，应提高叠合板、楼梯、凸窗、剪力墙等四类标准构件的占比，力争大于60%；装配式公共建筑和工业建筑设计中，要全面推行使用管线分离技术。对装配率大于60%的混凝土建筑或装配率大于75%的钢结构建筑，建设单位应组织专家对设计方案的合理性、可行性、经济性进行论证，设计单位要加强全过程跟踪服务，不得将涉及结构安全的装配式建筑构件设计分包给其他单位。

（二）严格施工图审查。建设单位应提供符合装配式建筑设计深度要求的设计文件，施工图审查机构应按照《装配式建筑评价标准》GB/T 51129—2017、《四川省装配式混凝土结构建筑工程施工图设计文件审查要点（试行）》《四川省装配式钢结构建筑工程施工图设计文件审查要点（试行）》《四川省装配式建筑装配率计算细则》等国家及省相关规定进行审查。对涉及装配率的后期专项设计（如装饰装修等），建设单位应向审查机构提供装配率设计承诺书，涉及装配率变化的设计变更，原则上由原审查机构负责审查。

（三）加强新技术推广应用。鼓励企业推广运用新技术，对暂无工程建设国家标准、行业标准或四川省地方标准的技术体系，应按照《四川省住房城乡建设领域新技术推广应用管理办法》，由住房和城乡建设厅组织工程技术专家进行技术论证，明确该技术是否适用于本工程项目及满足相关要求的条件，论证意见作为项目设计依据。

二、加强构件生产质量管控

构件生产企业要按照《四川省装配式建筑部品部件生产质量保障能力评估办法》《关于推进四川省装配式建筑工业化部品部件产业高质量发展的指导意见》有关要求，切实提高构件生产质量保障能力。要建立构件生产全过程质量可追溯体系，标准构件应按照标准图集进行生产，制定企业产品标准；定制结构构件要按照相关技术标准及设计要求进行生产。混凝土结构构件出厂时，应提供质量合格证及钢筋、套筒、灌浆材料、吊件等主要材料复检报告或材质证书、标准养护条件下28天强度检测报告及构件型式检验报告。钢结构构件出厂时，应提供质量合格证以及钢材、焊材、栓钉等主要材料合格证和按标准要求的检测报告。

三、强化施工过程质量管控

（一）规范构件进场验收。建设、施工及监理单位要依据《钢结构工程施工质量验收标准》GB 50205—2020、《建筑工业化混凝土预制构件制作、安装及质量验收规程》DBJ 51/T 008—2012等标准规定，按构件进场批次组织质量检查，对生产企业提供的套筒灌浆连接产品型式检验报告及灌浆材料性能复检报告进行核验。设计文件若未对构件检验作明确要求，混凝土构件进场后可不作结构性能检验，但须进行构件实体检验。

（二）加强施工环节把控。施工单位要建立健全质量安全保障体系，制定预制构件进场验收、节点连接质量控制、首层或首个代表性施工段试安装验收等内部质量管理制度。根据施工图设计（含预制构件深化设计）文件和装配式建筑相关标准要求，编制涵盖施工计划、预制构件堆放、安装、节点连接、构件支撑等内容的施工组织设计文件。要重点突出预制构件支撑方式、首层或首个代表性施工段安装等专项施工方案的编制，针对竖向构件套筒灌浆施工环节制定具体方案，明晰灌浆技术标准、流程、工艺和关键岗位责任人。施工单位应组织套筒灌浆作业人员开展技能培训和考核。施工过程中，必须使用与套筒相匹配的灌浆材料，在具备相应作业环境条件下方可施工，并按工艺流程进行现场试件性能检验。

（三）强化监理单位监督责任。监理单位应依据设计文件及相关标准，编制专项监理实施细则，明确关键环节、关键部位、见证取样及旁站具体要求，经建设单位审查同意后实施。要重点核查施工管理人员对预制构件吊装及节点连接等关键工序的技术交底。要加强对首层或首个代表性施工段安装、预制构件节点连接、装配式结构构件与现浇结构连接等关键工序、关键部位及灌浆施工过程实施旁站监理。要对外围护预制构件密封防水施工进行重点巡检，验收检验批、预制构件隐蔽安装情况，形成记录资料。所有关键节点和关键部位的隐蔽施工，须实行举牌验收。

（四）规范竣工验收行为。建设单位应及时组织设计、施工、监理等责任主体单位开展项目竣工验收，对工程实体进行全面检查，并形成四方结论意见检查报告。主要检查工程项目是否满足装配式建筑设计标准和装配率设计要求，是否完成合同约定各项目内容，技术档案资料是否完整，施工管理资料是否规范，主要建筑材料、建筑构配件和设备的进场实验报告是否符合竣工验收条件。

四、提升工程建设监管质效

（一）严格施工质量监管。各地工程质量监督管理部门要认真履行装配式建筑工程质量监督管理责任。过程监督前要进行监督工作交底，过程监督中要加强对建设、设计、施工、监理等单位质量主体责任履行情况及质量管理过程行为监督，抽查预制构件进场质量，以及工程实体结构质量与质量控制资料。具体实施中要重点对主要分部（子分部）工程各环节的质量验收、责任主体单位竣工验收的组织形式、程序及执行验收标准是否符合有关规定和验收结论是否明确进行监督，并形成监督意见。发现质量问题责令限期整改，并依法依规查处。

（二）改进质量监管方式。各地工程质量监督管理部门要充分利用"互联网＋智慧监管"等手段，建好用好"智慧工地"平台，归集装配式建筑项目基础信息、定期开展质量安全数据分析，提高工程项目建设监管水平，督促各责任主体单位加强工程质量建设全过程管理。要不断创新监管方式方法，将机械运行状态、人员安全行为与培训、工程资料传输与归档、制度标准执行等纳入信息化监管范畴，提升装配式建筑全过程质量监管智能化、数字化水平。

注重以人才培养推动装配式建筑产业发展。面对大力发展装配式建筑的现状，全国多地通过加大职业培训力度、积极引入装配式企业参与工人培训、建立工人技能认证体系等推动装配式建筑产业工人队伍建设，以适应行业发展所需。2023年，人力资源和社会保障部、住房和城乡建设部根据《中华人民共和国劳动法》有关规定，共同制定并颁布了物业管理师、室内装饰设计师、砌筑工、装配式建筑施工员等7个国家职业标准。海南省举办装配式建筑技能竞赛实操比赛，25支参赛队伍75名选手展示了从模型设计到基础装置、从构件组装到施工管理等装配式建筑生产施工方面的工艺技巧。省内装配式建筑企业也正加快与高校、科研院所抱团合作，海南大学土木建筑工程学院针对本科生开设了《混凝土结构装配式建筑设计与建造》等课程模块，建设了装配式建筑实训基地，通过"校企合作"模式定向培养人才，满足企业用人需求。贵州省也通过"校企合作"打造多元化人才培养基地，中建科技与贵州大学共同打造装配式绿色建筑产学研实训基地，集中体现装配式建筑预制构件设计体系、生产制造、装配施工三大要素的教育培训功能、展示功能，培养符合装配式建筑发展的工人队伍和管理人才。江苏省在加快装配式建筑产业队伍建设过程中，注重加强智能建造与新型建筑工业化专业技术人员教育培训，逐步推行关键岗位持证上岗制度的总体要求。河南省洛阳市发布《洛阳市人民政府关于加快推进建筑业高质量发展的实施意见》，提出要加大对装配式建筑等专业建筑工人培训力度。浙江省杭州市在《关于持续推进装配式建筑发展的实施意见》中也明确要求，建立装配式建筑人才队伍培养和发展机制，鼓励高校、职业学院开设装配式建筑专业课程，举办装配式建筑技术标准规范培训，编制装配式建筑职业技能评价标准，开展装配式建筑职业技能培训和竞赛，加快培育装配式建筑设计、生产、施工和管理等各类专业人才和产业工人。

发展符合地方实际的特色化装配式建筑。海南省住房和城乡建设厅等部门联合印发《海南省装配式建筑（绿色建筑）发展提升三年行动方案（2023—2025年）》，提出要建立健全具有海南热带岛屿特色的装配式建筑、绿色建筑技术标准体系，持续开展对海南热带海洋岛屿环境条件下涉及装配式建筑、绿色建筑、超低（近零）能耗建筑、低碳（零碳）建筑等热带建筑科学关键技术重点课题研究，探索开展海南地热资源在建筑领域应用关键技术研究。针对三沙岛礁条件下的运输、施工等问题，加快开展三沙市装配式建筑适宜体系研究论证，推进装配式建筑"应做尽做"。充分发挥海南自由贸易港优势，鼓励龙头企业加强与国际产业、科技等领域的合作，鼓励有能力、有条件的建筑企业和构配件生产企业采取"联合舰队""借船出海"等多种方式"走出去"。

发展装配化装修。为提升装配式建筑品质、推进城乡建设绿色发展，2023年浙江省印发《杭州市装配化装修试点工作实施方案》，明确到2024年，初步建立装配化装修技术标准和工程管理机制，形成一批试点项目和试点企业；到2025年，装配化装修试点工作深入推进，装配式建筑整体品质得到提升。方案确定了杭州市等6个试点市、县，重点在政府投资的公租房等保障性住房项目以及医院、学校等公共建筑项目中确定一批试点项目，开展装配化装修试点工作。积极推进装配化装修在商品住房中的应用，提升住房品质。鼓励既有建筑改造翻新或二次装修时采用装配化装修方式。北京市发布《北京市装配式内装修墙地面系统应用技术导则（征求意见稿）》，提出装配式内装修墙地面系统应充分考虑部品部件、设备管线维护与更新要求，采用易维护、易拆换、人性化的部品，对易损坏和经常更换部位按照可拆卸安装方式进行设计。北京市通州区0701启动区作为全装配化项目，采用装配化装修，使用管线分离技术、预制化模块隔墙、饰面装饰一体化墙板、地面干式做法（含地暖）、集成厨房、集成卫生间等。其中预制模块化隔墙为工厂全预制，将管线预埋在模块中，现场全装配，完全无裁切，隔墙产品化、工厂化程度高。福建省泉州市建筑服务产业园多功能厅改造装修工程采用了装配化装修的方式，其中，在墙面系统中采用硅酸钙覆膜墙板暗缝系统，利用独特结构件，隐藏板缝，使空间更具一体感，其中硅酸钙覆膜墙板是一种以矽岩无机板为基板、经包覆工艺处理的复合板材，基板是以硅酸盐晶体和天然木质纤维为主体的无机板材，结构成分稳定，材料性能卓越，不含任何有毒有害物质，具有耐高温、耐冲击、耐潮湿、防霉菌、不变形、高强度、大幅面等优点。

（三）加快绿色建筑发展

持续推动绿色建筑地方立法。随着人民群众对建筑使用功能、空间环境品质的要求日益提高，推动建设高品质绿色建筑势在必行，一些地区以立法形式进一步明确绿色建筑发展要求，规范绿色建筑管理。江苏、浙江、宁夏、河北、辽宁、内蒙古、广东、福建、湖南、安徽、河南、山西、海南、北京、湖北、吉林、上海以及深圳、成都等地区先后制定颁布《绿色建筑发展条例》等法规文件。相应的法规文件中，明确了将绿色建筑要求纳入国民经济和社会发展规划，并作为对下级人民政府的考核内容；提出了对政府投资项目、规模以上项目的绿色建筑星级要求；确定了绿色建筑的实施和监管的工作程序以及各类主体的责任。广西、陕西、贵州、天津、甘肃五个地区结合《民用建筑节能管理条例》的制定、修订或修正，增加了绿色建筑推动和监管相关要求。深圳、成都以城市为单位发布了绿色建筑条例。江西、青海、山东先后通过颁布政府令方式，发布了《江西省民用建筑节能和推进绿色建筑发展办法》《青海省促进绿色建筑发展办法》和《山东省绿色建筑促进办法》，为绿色建筑工作开展提供了依据。

不断提升绿色建筑发展水平。通过对《绿色建筑评价标准》GB/T 50378—2019进行局部修订，将绿色建筑基本要求纳入全文强制性国家标准，初步建立了绿色建筑标准体系；发布了《绿色建筑标识管理办法》，建立了国家、省、市三级的绿色建筑标识认定制度体系。截至2023年年底，全国城镇累计建成绿色建筑面积约118.5亿平方米，获得绿色建筑标识项目累计达2.7万余个，2023年全年，城镇新建绿色建筑面积21.0亿平方米，占当年城镇新建建筑面积的比例达到95%。江苏、浙江、宁夏、河北等均要求城镇新建建筑应达到绿色建筑的标准要求。江苏、上海等部分省市要求新建民用建筑应当按照绿色民用建筑一星级以上标准建设，新建国家机关办公建筑、大型公共建筑和其他由政府投资且单体建筑面积达到一定规模的公共建筑则需按照二星或三星级的标准要求建设。重庆、上海、深圳等省市还针对重点区域提出了星级绿色建筑的比例要求，如深圳市要求全市20个重点区域二星级及以上绿色建筑占比达到80%。上海、辽宁、山西等地明确提出鼓励绿色建筑项目按照超低能耗、近零能耗、零能耗等更高节能标准的要求建设。

推进绿色金融支持绿色建筑协同发展。北京、江苏、云南、广东、广西、青岛等地陆续制定了推动绿色金融支持绿色建筑协同发展的相关政策要求。如北京市建立了绿色建筑保险和信贷联动机制，在融资阶段由建设单位投保绿色建筑保险。保险公司委聘第三方机构提供绿色建筑保险的风险管理服务，从设计、施工到运行全过程监管，保障绿色建筑要求落实。江苏省发布了《关于强化绿色金融支持绿色建筑高质量发展的通知》，建立了"江苏省绿色金融综合服务平台"，依据《绿色低碳转型产业指导目录》，优化信贷支持的流程，降低融资成本，并加强了全产业链金融服务。广东省住房和城乡建设厅联合多部门印发了《广东省住房和城乡建设厅等关于加快推动绿色建筑产业与绿色金融协同发展的通知》，明确构建双协同的基础支撑体系、优化绿色金融产品与服务和完善配套支撑体系三项工作措施，提出了建立预评价工作机制、完善信息披露机制、优化全生命期金融服务产品、用好大湾区绿色开放政策等具体措施，同时还提出以广州、深圳、东莞、汕头等地市为试点，探索开展建筑行业绿色保险。

> **专栏4-4：《广东省住房和城乡建设厅等关于加快推动绿色建筑产业与绿色金融协同发展的通知》（摘要）**
>
> **一、工作目标**
>
> 　　探索优化绿色金融支持绿色建筑发展的体制机制，促进建筑领域绿色信贷增长，通过对绿色建筑产业项目的融资保障、减费让利、差异化支持，发挥建筑业绿色保险作用，提升我省绿色建筑产业发展水平，助力广东省实现碳达峰碳中和目标。到2025年，全省城镇新建建筑全面执行绿色建筑标准，星级绿色建筑占比达到30%以上，装配式建筑规模和占比不断提高，超低能耗建筑和近零能耗建筑得到推广应用，绿色建材应用范围进一步扩大。
>
> **二、工作措施**
>
> （一）构建双协同的基础支撑体系。
>
> 1.建立预评价工作机制。各地级以上市住房城乡建设主管部门根据绿色建筑管理实际，完善绿色建筑预评价工作机制，解决信贷投入和绿色建筑认定期限错配问题。星级绿色建筑预评价均在省绿色建筑信息平台申报、评审和公开。超低能耗建筑、装配式建筑、既有建筑节能及绿色化改造项目可按各地现行管理体制机制做好预评价工作，支持各地级以上市住房城乡建设主管部门统一开展上述项目的预评价工作，优化和完善过程管理和闭环管理机制。
>
> 2.完善信息披露机制。建立绿色建筑产业项目信息披露机制，提高信息透明度，解决绿色建筑在评估、认证和运行阶段的信息不透明等问题。推进省绿色建筑信息平台的升级改造，加快构建覆盖绿色建筑施工图设计文件审查、预评价、运行、监督等各环节的系统功能模块，同步汇交超低能耗建筑、装配式建筑、既有建筑节能及绿色改造项目的预评价信息，完善信息披露功能。

3.做好融资对接服务。各地级以上市住房城乡建设主管部门要编制辖区内绿色建筑产业项目清单，标记有关预评价信息，并在省绿色建筑信息平台动态更新。推动省绿色建筑信息平台与地方征信平台实时交换绿色建筑产业项目相关信息，依托地方征信平台，引导绿色建筑产业项目融资的精准对接。

（二）优化绿色金融产品与服务。

1.优化全生命周期金融产品与服务。鼓励银行等金融机构围绕绿色建筑产业链，深挖绿色建筑产业项目用地购置、建设过程（设计、施工、监理、材料购置、咨询服务等）、运行管理等环节融资需求，依法合规提供适配的绿色金融产品和模式，强化全流程金融服务。重点对新建绿色建筑产业项目建设、既有建筑节能改造及设施设备维护保养、绿色商品房建筑项目个人住房贷款等方面，加大信贷支持力度，满足绿色建筑产业项目合理融资需求。

2.用好大湾区绿色开放政策。支持和鼓励金融机构用好粤港澳大湾区和南沙、横琴、前海三大平台金融开放政策，助力广东项目开发企业开展跨境绿色融资，赴港澳发行绿色债券及资产证券化产品。推动粤港澳大湾区绿色建筑标准、绿色金融标准和绿色认证服务、绿色识别技术在跨境融资领域互通互认，鼓励项目开发企业在跨境融资中积极应用《中欧可持续金融共同分类目录》标准，鼓励在《绿色产业指导目录》《绿色债券支持项目目录》的基础上，将获得国际通行绿色建筑认证的项目融资纳入金融支持范围。

（三）完善配套支撑体系。

1.优化阶梯式服务体系。鼓励金融机构在受理绿色建筑产业项目融资申请时，采取"绿色通道"模式，提高受理、审批、投放效率。支持金融机构持续释放贷款市场报价利率（LPR）改革潜力，依据绿色建筑产业项目的等级、性能差异以及所能提供或承诺提供的绿色性能证明文件，综合考虑信用风险、融资期限等因素，在融资价格、融资额度、保险费率等方面提供差异化措施。

2.加强贷后管理。支持和鼓励金融机构通过多种形式监督绿色建筑产业项目的落实情况，对取得绿色金融支持的产业项目进行现场核查。绿色建筑、装配式建筑等项目竣工验收时不符合标准要求的，或约定期限内未取得承诺的绿色建筑标识证书的，各金融机构应按照相关要求完成相关退出操作，并按贷款合同向违约方索赔。

3.探索推行建筑行业绿色保险。以广州、深圳、东莞、汕头等地市为试点，探索开展建筑行业绿色保险，包括绿色建筑性能保险、既有建筑节能减排改造保险、绿色建筑装修质量保险等，助力项目融资、完善和优化绿色建筑过程管理和闭环。鼓励各地市地方财政提供保费补贴，在新建绿色建筑推行绿色建筑性能保险，在酒店、写字楼等碳排放较高的建筑和公共机构建筑的节能减排绿色改造项目推行既有建筑节能减排改造保险。

（四）推广应用绿色建材

以政府采购支持绿色建材推广应用再提速。 2023年3月，财政部办公厅、住房和城乡建设部办公厅、工业和信息化部办公厅联合召开"政府采购支持绿色建材促进建筑品质提升政策工作推进会"，交流总结试点经验，研究部署下一步推进政策实施工作的相关任务，并印发《政府采购支持绿色建材促进建筑品质提升政策项目实施指南》，促进政府采购支持绿色建材再加速。该指南包括总则、可行性研究、设计与审查、政府采购、施工、检测、验收、附则共8章49条内容，适用于纳入政府采购支持绿色建材促进建筑品质提升政策实施范围的建设工程项目可研编制、设计与审查、政府采购、施工、检测、验收、第三方机构（预）评价全流程的相关活动，包括医院、学校、办公楼、综合体、展览馆、会展中心、体育馆、保障性住房等政府采购工程项目（含适用招标投标法的政府采购工程项目），对各方主体行为进行引导规范，提升政策实施效果。浙江省绍兴市依托自身良好的绿色经济结构和建筑产业基础，创新开发"绿色建材采购使用云服务"新模式——"筑采云"平台，打通供应链上下游，提供绿色建材政府采购"一站式服务"。辽宁省大连市运用政府采购政策积极推广应用绿色建筑和绿色建材，明确选取具有代表性的学校、展览馆、保障性住房等新建政府采购工程作为试点并逐步扩大试点数量和规模，试点项目全面使用符合标准的绿色建材产品，并提出建立绿色建材采信数据库、探索批量集中采购模式、培育本地绿色建材示范企业和产品等重点任务。

加快绿色建材行业高质量发展。2023年8月，住房和城乡建设部会同工业和信息化部、国家发展改革委等部门联合印发《建材行业稳增长工作方案》，强调要提升产业链供应链韧性及绿色化发展水平，促进建材行业质的有效提升和量的合理增长。12月，会同工业和信息化部、国家发展改革委等十部门联合印发《绿色建材产业高质量发展实施方案》，指出要通过加快生产过程绿色化、推进产业发展协同化、加快推动生产转型，提升产业内生力；通过开展品种培优、促进建设工程应用、深化绿色建材下乡、引导绿色消费，提升产业影响力和产业增长力；通过完善标准体系、强化认证支撑，提升产业支撑力。方案明确到2026年，我国绿色建材年营业收入超过3000亿元，2024—2026年年均增长10%以上。总计培育30个以上特色产业集群，建设50项以上绿色建材应用示范工程，政府采购政策实施城市不少于100个，绿色建材产品认证证书达到12000张，绿色建材引领建材高质量发展、保障建筑品质提升的能力进一步增强。到2030年，绿色建材全生命周期内"节能、减排、低碳、安全、便利和可循环"水平进一步提升，形成一批国际知名度高的绿色建材生产企业和产品品牌。

专栏4-5：《绿色建材产业高质量发展实施方案》（摘要）

三、重点任务

（一）推动生产转型，提升产业内生力

1.加快生产过程绿色化。强化工艺升级、能源替代、节能降耗、资源循环利用等综合性措施，实现污染物和碳排放双下降。实施技术改造，有序推动水泥行业超低排放设施建设，持续发布细分行业碳减排技术指南，支持水泥、平板玻璃、建筑卫生陶瓷、玻璃纤维及制品等重点行业开展节能降碳减污技术集成应用。优化用能结构，推进现有燃煤自备电厂（锅炉）清洁能源替代，稳妥推动现有使用高污染燃料的工业窑炉改用工业余热、电能、天然气等，提高太阳能、风能等可再生能源的利用比例，提升终端用能电气化水平，鼓励氢能、生物质燃料、垃圾衍生燃料等替代能源在水泥等工业窑炉中的应用。推动清洁生产，鼓励企业从源头控制资源消耗，提升资源利用效率，减少废弃物排放，争创环保绩效A、B级或绩效引领性企业，加快企业运输结构调整，推动短距离运输采用封闭皮带廊道、管道、新能源车辆等方式。发展循环经济，鼓励创建"无废企业"，提升固体废弃物利用水平，逐步扩大工业固体废弃物在绿色建材中的使用范围。以"零外购电、零化石能源、零一次资源、零碳排放、零废弃物排放、零一线员工"的"六零"工厂为目标，组织企业"揭榜挂帅"，开展技术攻关和节能降碳技术集成应用，建设"一零"试点工厂。

2. 加速生产方式智能化。持续推动建材行业智能制造发展，加快推进绿色建材全产业链与新一代信息技术深度融合，促进绿色建材智能化生产、规模化定制、服务化延伸。加快推动绿色建材产业与工业互联网网络体系融合，鼓励骨干企业打造联通上下游企业的网络化协作平台，促进数据互通和标识解析，实现资源共享、协同制造和协同服务。鼓励建材企业联合软件开发商、装备制造商开展国产化替代技术攻关，打造一批具有自主知识产权、具有行业特点的专业工业软件和智能装备，并推进适应性改造与规模化应用。遴选并发布一批建材行业数字化转型标杆企业，深化生产制造过程的数字化应用，提高产品性能及质量稳定性。基于智能制造，推广多品种、小批量绿色建材产品柔性生产模式，更好适应定制化差异化需求。

3. 推进产业发展协同化。加快绿色建材产业集群培育，鼓励有条件地区结合本地资源禀赋和市场需求，因地制宜、因业布局，发展具有特色的绿色建材集群，构建绿色产业链、供应链。支持各地推动建设以绿色建材为主的新型工业化产业示范基地。鼓励在尾矿、废石、废渣、工业副产石膏等工业固体废弃物和农业固体废弃物较为集中的地区，建立耦合发展的绿色建材园区，鼓励创建"无废园区"。引导建材企业发挥"城市环境净化器"作用，支持水泥企业利用工业窑炉协同处置固体废弃物，建筑垃圾、生活垃圾、危险废物的协同处置项目应针对新增的二噁英、重金属等废气污染物配套高效污染治理设施，在满足设备运行要求和确保稳定达标排放的前提下，支撑城市应急处置需求。培育核心竞争力强、带动作用大的综合性绿色建材企业，发挥其在产品创新、技术攻关、要素聚合、上下游协作、生态营造中的引领带动作用。加强中小企业培育，支持在墙体材料、装饰装修材料、门窗制品、防水保温材料等领域培育制造业单项冠军企业。

（二）实施"三品"行动，提升产业影响力

4. 开展品种培优。推动建材产品升级，加快水泥、平板玻璃等基础原材料的低碳化、制品化发展，墙体材料、保温材料等建材制品的复合化、轻型化发展，顶墙地材料、装饰板材等装饰装修材料的功能化、装配化发展。围绕低碳零碳负碳工程、绿色低碳建造等需求，发展新型低碳胶凝材料、低（无）挥发性有机物（VOCs）含量材料、相变储能材料、固碳材料、全固废胶凝材料等新型绿色建材。围绕城市更新改造需求，发展适用于装配式装修、海绵城市、"无废城市"、地下管廊和生态环境修复等不同应用场景的部品化、功能性绿色建材产品。围绕农房绿色低碳建设需求，发展性价比高、符合区域消费习惯的绿色建材。

5. 推动品质强基。鼓励企业建立满足绿色建材生产的全过程控制及质量管控体系，开展先进标准对标，严格生产工艺规范，全面提升产品质量。推动企业开展质量管理能力评价，开展绿色建材质量标杆遴选，激励企业向卓越质量攀升。强化对绿色建材产品和生产企业监督检查，及时公开检查结果，加大水泥、安全玻璃、防水材料、建筑涂料、含VOCs原辅材料、人造板及木质地板、竹质建材等产品质量监督抽查力度，强化水泥窑协同处置危险废物的水泥产品质量抽查，加强假冒伪劣产品查处惩罚力度。对建材中有毒有害化学物质进行筛查、评估，并实施淘汰、替代和去除，推动无毒无害、低毒低害化学物质在建材中的应用。推进绿色建材产品质量分级评价体系建设，推动建立质量分级、应用分类的市场化采信机制。

6.扩大品牌影响。支持第三方机构开展品牌价值评价、品牌宣传周、交流对接会等活动，围绕消费者关注的装饰装修材料，编制绿色建材品牌发展报告，发布年度企业品牌和产品品牌。支持有条件地区创建"全国质量品牌提升示范区"，创新模式举办绿色建材产品展会、场景体验交流会等活动，打造一流的绿色建材区域品牌。鼓励企业加大品牌建设投入，创新品牌传播模式，构建优质服务体系，培育特色鲜明、竞争力强、市场信誉好的商标品牌，积极参与国际合作，不断增强国际社会对绿色建材的品牌认同。

（三）加快应用拓展，提升产业增长力

7.促进建设工程应用。强化绿色建筑中绿色建材选用要求，鼓励有条件的地区结合零碳建筑、近零能耗建筑等建筑类型开展绿色建材应用示范建设，鼓励公共采购和市场投资项目扩大绿色建材采购范围、加大采购力度。扩大政府采购支持绿色建材促进建筑品质提升政策实施城市范围，完善绿色建筑和绿色建材政府采购需求标准，优化绿色建材采购、监管和应用的管理制度，对相关绿色建材产品应采尽采、应用尽用。推动绿色建材在基础设施建设领域应用，提高工程项目中低碳水泥、高性能混凝土等绿色建材的应用比例（住房和城乡建设部、工业和信息化部、财政部按职责分工负责）。

8.深化绿色建材下乡。研究进一步丰富和完善绿色建材下乡活动，探索由"绿色建材产品"下乡向"绿色建材系统解决方案供应商+特色乡村建设服务商"下乡转变。支持各地引导生产企业、电商平台、卖场商场等参与活动，鼓励骨干生产企业制定线上线下优惠促销措施，为消费者提供性价比更高的产品。支持各地因地制宜、就地取材建设示范工程，强化典型示范、特色示范，结合现代宜居农房、农房节能改造、现代农业设施等项目建设，推广新型建造方式，培育绿色建材系统解决方案供应商，推动绿色建材助力农房质量提升。鼓励各地针对不同区域农村建筑特点，打造一批适合本地农村消费者的特色乡村建设服务商，营造留住"乡愁"的美好环境。

9.引导绿色消费。创新消费模式，鼓励生产企业联合房地产、建筑设计、装饰装修企业提供绿色建材产品菜单式、定制化应用方案，探索装饰装修一体化服务新模式。鼓励流通企业依托卖场、家装企业、设计公司、线上平台等加强商业化布局，组织巡展、促销、推介等活动。鼓励电商平台设立绿色建材产品专区，对参与绿色建材下乡活动的企业给予优惠政策。鼓励家居体验馆、生活馆等新零售模式向社区和农村下沉，满足消费者多样化、个性化需求。鼓励实施绿色装修，使用陶瓷薄砖和节水洁具、环境友好型涂料、适老型建材产品、高性能防水和密封材料等绿色建材，推行干式墙（地）面、整体卫浴和厨房等模块化部品应用。加大低（无）VOCs含量涂料、清洗剂等原辅材料的替代力度，室外构筑物防护设施推广使用低（无）VOCs含量涂料。

（四）夯实行业基础，提升产业支撑力

10.优化创新机制。鼓励建立以绿色建材为特色的技术中心、工程中心等，完善产业所需的公共研发、技术转化等平台。推动建立区域和行业产业技术基础公共服务平台，加强试验检测、信息服务、创新成果产业化等公共服务供给。支持绿色建材发展基础较好地区围绕产品的部品化、功能性和资源的循环利用建立绿色建材创新中心。支持企业加大科技创新投入，联合上下游企业、高校、科研院所等，构建产学研用相结合的创新体系，围绕节能减污降碳工艺装备、结构功能一体化产品、磷石膏、赤泥等复杂难用固体废弃物生产绿色建材产品等开展攻关。鼓励大企业发布技术创新榜单，中小企业揭榜攻关，形成协同创新体系。

11.完善标准体系。根据绿色建材产业发展情况，修订绿色建材评价标准，适时评估绿色建材相关标准实施情况，加强水泥、平板玻璃、防水材料、节能门窗等产品强制性标准宣贯。完善检测方法标准，健全绿色建材中固体废弃物使用和有毒有害化学物质含量相关标准体系。编制建材产品使用说明书，加快推进绿色建筑与绿色建材标准协同发展，扩大建筑工程用绿色建材选用范围。建立产品追溯标准体系，重点开展水泥、防水材料等产品追溯标准编制。研究建立绿色建材产品碳足迹核算规则，完善绿色建材碳足迹、碳标签及低碳技术评价验证标准体系，研究编制"六零"工厂评价标准。

12.强化认证支撑。持续开展绿色建材产品认证，进一步扩大绿色建材产品认证目录范围。完善绿色建材产品认证实施规则，加强认证机构从业人员培训。强化认证监管工作规范绿色建材产品认证活动。完善公共服务平台，探索建设绿色建材碳足迹背景数据库，规范碳足迹评价活动，开展绿色建材认证评价、检验检测、推广应用等服务，加快绿色建材产品目录、绿色产品标识认证信息、采信应用等数据的互联互通互认，鼓励各地区结合实际建立绿色建材采信应用数据库。开展绿色建材产品认证实施效果评价，加快绿色建材产品认证及推广应用。加大绿色建材认证等方面国际合作，推动碳核算、碳足迹等领域互认。

更加深入开展绿色建材下乡活动。2023年，住房和城乡建设部等六部门在2022年试点工作基础上，进一步深入推进，联合开展以"绿色建材进万家美好生活共创建"为主题的2023年绿色建材下乡活动，同意江苏、河南、广西作为新增的绿色建材下乡活动试点地区，加快绿色建材生产、认证和推广应用，促进绿色消费，助力美丽乡村建设，推动乡村产业振兴。相关统计显示，绿色建材下乡活动每年拉动绿色建材消费超200亿元。截至2023年年底，全国有效绿色建材产品认证证书7201张，获证企业3757家。据测算，2023年，全国获证绿色建材产品推动相关企业在产品生产和应用环节减少碳排放超2000万吨。两年的活动实践证明，绿色建材下乡在增强建材产品供给能力、扩大绿色建材消费、改善农房建设质量、提高绿色建材认证水平以及促进形成良好绿色消费氛围等方面，发挥了积极作用，是建材行业绿色低碳转型的重要抓手，是稳增长、扩内需、促消费的重要手段，是提高人民生活品质的内在要求，也是美丽乡村建设的迫切需要。

三、大力发展智能建造

发展智能建造是建筑业转型升级的重要举措，建造方式的升级和建造技术的革新是提升建筑品质的关键路径。2023年，24个智能建造试点城市以发展智能建造、推动建筑业转型升级为目标，建立统筹协调工作机制，加大政策支持力度，有序推进各项试点任务，形成大量可复制经验做法，为全国提供了示范样板。先进成果集体亮相，骨干企业加速成长，高素质人才不断涌现，智能建造政策体系和产业体系正逐步建立完善。

（一）推动智能建造城市试点

统筹推进智能建造试点工作。 指导各试点城市制定年度工作计划，推动智能建造各项工作。2023年3月，智能建造试点工作推进会在江苏省苏州市召开，会议研究探讨了建筑业发展现状和面临的形势问题，强调了大力发展智能建造、以科技创新赋能建筑业高质量发展的重要意义，总结了近年来各地发展智能建造的初步成效，分析了试点工作面临的新形势新任务，指出智能建造试点城市要以提品质、降成本为目标，统筹做好试点工作安排，力求形成可感知、可量化、可评价的试点成效，浙江省、重庆市、苏州市、长沙市、深圳市交流了发展智能建造的经验做法和下一步工作打算。11月，智能建造工作现场会在浙江省温州市召开，要求从服务新发展格局的高度去认识智能建造，以建造"好房子"为目标去发展智能建造，按照市场化、法治化原则去推广智能建造，发展数字设计、推广智能生产、推进智能施工、推动智慧运维、建设建筑产业互联网、研发应用建筑机器人等智能建造装备，通过科技赋能提高工程建设的品质和效益，为社会提供高品质的建筑产品。与会代表现场观摩了智能建造试点城市成果展、浙江省智能建造发展成果展和"智能建造装备+产业工人"实操演练，温州、武汉、长沙、合肥、深圳5个城市和浙江省介绍了经验做法。

印发第二批发展智能建造可复制经验做法清单。随着试点工作深入推进，各地以试点示范为抓手，加快完善发展智能建造的政策体系、产业体系和技术路径，推动建筑业转型发展工作取得积极成效。2023年11月，住房和城乡建设部印发《发展智能建造可复制经验做法清单（第二批）》，从加大政策支持力度、推动建设试点示范工程、创新工程建设监管机制、强化组织领导和宣传交流四个方面对各地经验做法进行归纳总结。一些地方将智能建造融入经济社会发展大局，对智能建造项目给予资金、用地、招标投标等各类政策支持。苏州、郑州、保定、台州、长沙、厦门、成都、南京、哈尔滨、青岛先后以城市人民政府名义印发关于发展智能建造的实施意见或方案，保障智能建造试点工作有序推进；重庆、沈阳、苏州、武汉、深圳将智能建造工作纳入本地区国民经济和社会发展第十四个五年规划和2035年远景目标纲要等重要文件，推动建筑业转型升级工作融入城市经济社会发展大局；福建、雄安、沈阳给予智能建造试点工程项目资金奖补，调动企业创新积极性；深圳要求各区人民政府将智能建造产业园和生产工厂建设纳入建设用地供应计划，优先保障用地需求；河南修订《河南省建设工程工程量清单招标评标办法》，将智能建造技术应用列为技术标评审内容之一等。一些地方积极推进智能建造试点项目，拓展城市更新应用场景。广东、陕西、四川、河南、湖北、安徽先后确定了一批省级智能建造试点示范项目，定期开展项目实施进展跟踪和经验总结，广泛宣传推广试点经验；合肥、武汉、深圳确定一批城市更新领域的智能建造试点项目，积极探索智能建造技术在建筑更新改造、市政管网改造、智慧运维等方面的应用等。一些地方应用数字化手段创新监管方式，在BIM报建审批和施工图审查方面展开探索。浙江以数字化改革为契机，建设运行全省一体化的"浙里建"平台，涵盖工程图纸在线管理、工程质量协同管理、施工现场安全管控、建筑起重机械全生命周期管理、工程造价风险控制、预拌混凝土管理、安心收房、建筑工人权益保障等应用场景，推动工程建设全过程数字化管理；天津、雄安、沈阳、南京、青岛、郑州、深圳建立健全基于BIM的审图系统，推动设计方案审查、施工图审查、竣工验收、档案移交环节采用BIM成果提交和审批等。一些地方建立工作协同机制，加强宣传交流，展示智能建造创新成果，确保各项试点任务顺利实施。保定、嘉兴、台州、厦门、乌鲁木齐成立由市长牵头的智能建造试点城市工作领导小组或联席会议，沈阳、哈尔滨、苏州、温州、合肥、青岛、郑州、武汉、广州、深圳、佛山、西安成立由分管副市长任组长的领导小组、联席会议或工作专班，高位推动试点工作；湖北、广东、天津、保定、南京、苏州、台州、郑州、长沙、广州、深圳、佛山、西安、乌鲁木齐通过举办现场观摩会、技术交流会等方式，交流学习试点推进和工程实践的典型经验等。

专栏4-6：长沙市《关于推动智能建造与新型建筑工业化协同绿色低碳高质量发展行动方案》（摘要）

三、发展目标

（一）健全智能建造"发展体系"。到2025年，形成与智能建造和新型建筑工业化发展相适应的政策、标准、技术、造价、监管体系；建立工程项目数字化设计BIM审批监管模式，探索研究EMPC总承包与工程保险集成机制；初步建成市智能建造与新型工业化协同发展互联网云平台（以下简称"筑梦云平台"）；培养一批涵盖研发、设计、建造、运维等各个环节的智能建造高素质综合型管理人才和产业工人；建立智能建造宣传推广机制，营造健康良好的发展环境。

（二）打造智能建造"产业舰队"。到2025年，全市基本形成2000亿级规模以上的智能建造产业，培育4个百亿级企业，实施10个十亿级项目，培育发展智能建造产业基地30家以上，打造10个以上具有示范效应的智能建造工程项目；到2030年，智能建造产业产值力争突破5000亿元，成为在国内、国际具有核心竞争力的智能建造产业高地。建立创新多元化开放型产业体系模式，推动组建智能建造核心产业及配套企业的产业联盟，打造国内领先的产业集群。

（三）形成智能建造"长沙模式"。到2035年，全市智能建造与新型建筑工业化发展取得显著进展，智能建造发展体系完备，研发设计、工程咨询、智能制造、智慧施工、运维管理等综合能力大幅提升，产业整体优势明显增强，建筑业绿色低碳转型全面实现，"长沙智能建造"水平处于全国前列。

四、重点任务

（一）研究制定发展规划

推进智能建造顶层设计，高位推动智能建造发展体系建设，制定全市具体实施方案、专项规划和年度计划，研究提出具体支持政策和措施，合理确定智能建造与新型建筑工业化协同发展的总体目标、发展定位，科学划定实施区域，制定分级推进各类新建项目智能建造和新型建筑工业化等要求的控制性指标。

（二）打造智能建造产业集群

加快推动全产业链集聚化、一体化发展，建设智能建造产业基地，在"数字化设计""自动化生产""智能化施工"等领域重点扶持打造一批头部企业。逐步形成以工程总承包企业为"1个核心"，设计、生产企业为"2个重点"，多元数字化领域企业深度参与的"1+2+N"开放型发展模式。组建EMPC战略联合体，充分发挥龙头企业牵引作用，推动产业链供应链深度互联和协同响应，辐射上下游企业数字化、智能化水平同步提升，打造一支有影响力的智能建造"长沙舰队"。

（三）推动信息技术深度融合

加强建筑建设各阶段与信息技术深度融合，建立基于BIM正向设计的协同工作模式；推进建筑工程"BIM一模到底"数字化应用和国内自主可控BIM软件研发，开展国产化BIM应用的项目试点，逐步实现装配式建筑项目实施BIM全覆盖。推广建筑BIM、CIM模型构建、数据汇聚和场景应用。统筹各产业链资源，建成以筑梦云平台为核心的建筑领域数字化发展平台，推动智能建造数字共享，形成建筑信息化协同发展新格局。

（四）大力打造部品部件智能工厂

充分发挥长沙在智能装备制造、工业化生产、信息化管理等领域的基础优势，以龙头企业为引领，围绕预制构件、装修部品、设备管线、门窗、卫浴部品等细分领域，开展智能工厂数字化系统研究，推动部品部件生产企业智能化升级改造，打造一批全国领先的智能化数字化工厂。

……

（九）强化科技引领创新

鼓励和引导行业进行科技创新，出台技术创新鼓励政策，强化智能建造与新型建筑工业化基础共性技术和关键核心技术攻关，解决行业发展技术瓶颈。出台绿色智能建造"专精特新"类企业评价办法，在融资、财政补贴、EMPC联合体、市场拓展、技术创新、品牌宣传等方面给予政策扶持，加快智能建造科技成果转化应用，培育一批技术创新中心、重点实验室等科技创新基地。

（十）完善产业技术标准体系

立足市智能建造与新型建筑工业化发展基础优势，研究设计、生产、施工、运维、造价等环节的智能建造技术标准体系，推动建立地方标准、团体标准、企业标准协同发展、协调配套的新型标准体系，逐步形成智能建造强有力的标准体系支撑。加强全市部品部件生产企业行业管理，推动新型建筑工业化技术和部品部件产品目录认证工作，进一步提升全市部品部件生产标准化、模块化、通用化、集成化程度，降低建造成本。

（十一）创新行政监管服务

依法依规建立健全与智能建造、新型建筑工业化相适应的市场监管模式和机制，建立健全工程建设各方主体信用评价体系，建立健全与智能建造相适应的工程监管模式与机制。完善数字化成果交付、审查和存档管理体系，实现智能建造全过程监管。

（二）推广智能建造先进成果

推动建筑机器人应用深度和广度进一步提升。2023年1月，住房和城乡建设部等十七部门印发《"机器人+"应用行动实施方案》，明确到2025年，制造业机器人密度较2020年实现翻番，服务机器人、特种机器人行业应用深度和广度显著提升，机器人促进经济社会高质量发展的能力明显增强。在建筑领域，要研制测量、材料配送、钢筋加工、混凝土浇筑、楼面墙面装饰装修、构部件安装和焊接、机电安装等机器人产品。提升机器人对高原高寒、恶劣天气、特殊地质等特殊自然条件下基础设施建养以及长大穿山隧道、超大跨径桥梁、深水航道等大型复杂基础设施建养的适应性。推动机器人在混凝土预制构件制作、钢构件下料焊接、隔墙板和集成厨卫加工等建筑部品部件生产环节以及建筑安全监测、安防巡检、高层建筑清洁等运维环节的创新应用。推进建筑机器人拓展应用空间，助力智能建造与新型建筑工业化协同发展。

智能建造创新成果亮相住博会、智博会。2023年6月，第二十届中国国际住宅产业暨建筑工业化产品与设备博览会（住博会）在北京举行，主题为"科技赋能好房建设　创新筑就安居生活"，设置现代科技提升住房品质、绿色低碳建筑技术和产品、智能建造、数字家庭和智慧家居等10个展区。展示内容汇集智慧家庭和楼宇管理、近零能耗建筑技术、建筑机器人、太阳能与建筑一体化等方面的最新科技成果。其中，建筑机器人是智能建造推进中的先进产品，以博智林为主的建筑机器人在住博会展出，既有布料机器人、地面整平机器人等主体结构施工类机器人，也有腻子涂敷机器人、室内喷涂机器人等装修类机器人，还有测量机器人、智能划线机器人等辅助措施类机器人，极大提高了施工效率，是先进智能建造应用技术的集中体现。9月，中国国际智能产业博览会（智博会）在重庆举行，一大批建造领域的"黑科技"亮相智能建造专题展区。如在设计阶段，中冶赛迪展示了参数化设计在滨水会展中心项目中的应用，从方案形体生成到幕墙嵌板单双曲优化、倾角控制及嵌板模数化，从自动生成幕墙龙骨和结构模型到实施阶段幕墙嵌板编号、空间坐标定位点及翘曲信息，最终以数据的形式对接到BIM（建筑信息模型），实现全过程智能化正向设计、"一模到底"。中机中联工程有限公司展示了"BIM智建"正向设计软件和"协同设计管理平台"两个部分，"BIM智建"是该企业自主研发的基于Revit平台的建筑工程BIM正向设计软件，包含建筑、结构、给水排水、暖通、电气五个专业，能更高效、准确地帮助设计师完成数字化设计，充分体现数字技术的价值；"协同设计管理平台"是生产管理平台，在满足传统设计管理的基础上兼容了BIM正向设计工作需求，具有支持分布式部署、互联网挂载、工作集协同、数据信息跟踪等特点，助力设计企业数字化转型。在施工阶段，中国建筑第八工程局有限公司展示了地坪漆涂敷机器人和地坪研磨机器人的施工效果，目前已广泛应用于停车场、学校操场等建设场景中。中国建筑第三工程局有限公司展示了轻量化的住宅造楼机，将遥控布料机、安全防护、可开合雨篷、临时消防、模板堆场、动力系统等施工设施设备及功能直接集成于施工平台上，具有轻便性、安全性、经济性、标准化、通用化等特点。在全过程管理方面，同炎数智自主研发了面向建设管理的"i瞰建"和面向运营管理的"悠里"两大产品，现场观众通过平台可以精细化地模拟项目建设全过程，看清楚项目建设全样貌，算清楚项目造价全成本，管清楚项目建设全流程，让基础设施的建设像家里装修一样简单。德宜高集团提供了一套建筑能源综合解决方案，通过在线监测管理、节能降碳工程、用能设备优化、可再生能源建设、能源审计服务、合同能源管理等措施，开展咨询、诊断、设计、投融资、建设、运维"一站式"综合服务。

各地举办展会集中宣传展示智能建造新技术新产品。2023年5月，第十届中国（沈阳）国际现代建筑产业博览会在沈阳新世界博览馆开幕，重点展览展示国内外绿色建筑、绿色新型建材、BIPV光伏一体化、绿色能源、健康建筑最新技术成果及智能建筑与物联网、住宅产业化新产品和应用实例，建筑机器人等智能建造创新成果科技感十足。8月，广州举办第三届国际建筑业和规划设计产业博览会，200余家粤港建筑业企业通过成果展览、论坛交流、合作签约、工贸交易等形式，展示前沿技术、精品工程、绿色材料、智能产品等新时代发展成果，展现了建筑业和规划设计产业的科技创新能力和技术先进性。9月，湖南省长沙市举办长沙国际绿色智能建造与建筑工业化博览会暨世界建造大会，中星智建、中国电信、东方红、长沙建发、五矿二十三冶、三一集团、福天兴业、巨星建材等近400家企业参展，涵盖绿色施工、乡村绿色住房、装配式装修、智能家居、建筑垃圾资源化利用、建筑工程机械装备等专业细分领域，展示了建筑全产业链的新技术、新产品、新应用、新成果。

（三）培育智能建造龙头企业

有的放矢培养智能建造骨干企业。2023年1月，江苏省住房和城乡建设厅印发《关于推进江苏省智能建造发展的实施方案（试行）》，提出到2025年年末，培育30家以上智能建造骨干企业，推动建筑业企业智能化转型；到2030年年末，培育100家智能建造骨干企业；到2035年年末，大中企业在各类工程建设项目中普遍应用智能建造适宜技术，培育一批在智能建造领域具有核心竞争力的龙头企业。要以智能建造为导向，鼓励有条件的企业提升工程大数据分析、工程应用软件开发等关键技术能力，推动建筑行业、企业全面提升信息化自主创新能力；鼓励企业跨行业、跨领域联合开展科技攻关；引导实力强、技术优的骨干企业加大智能建造创新投入，支持企业输出智能建造与建筑工业化协同咨询服务；要加快推动智能建造技术资源与企业深度对接，提升智能化、数字化水平；鼓励支持优秀服务商面向建筑行业中小企业数字化转型需求，推动中小企业积极融入智能化应用场景和产业生态；在有条件的地区，开展建筑行业"智改数转"工作试点。6月，福建省也在《关于加快推进福建省智能建造发展的工作方案》中提出要大力培育智能建造龙头骨干企业，重点在BIM技术应用、建筑机器人及智能装备、部品部件智能生产、智能施工管理等方面取得突破，并在省龙头企业中确定智能建造试点示范企业。

打造智能建造产业集群，加速形成竞争优势。2023年3月，北京市住房和城乡建设委员会印发《北京市智能建造试点城市工作方案》，提出到2025年年末，北京将打造5家以上智能建造领军企业，建立3个以上智能建造创新中心，建立2个以上智能建造产业基地，建设30个以上智能建造试点示范工程，建立3个以上建筑产业互联网平台，研究制定10部以上智能建造相关标准，重点建设张家湾设计小镇智能建造创新实践基地，打造通州、丰台智能建造产业集群。其中丰台区将围绕加快关键技术创新转化、提升产业链数字化智能化水平、培育良好产业生态、充分发挥示范效应、加强政策支持引导五大方面鼓励智能建造产业高质量发展，通过产业基地建设帮助建筑企业在智能建造过程中实现业内企业协同、跨界产业融合、"金融+科技+建造"多板块联动。新疆维吾尔自治区乌鲁木齐市正在加快推动智能建造发展，目前已打造和培育智能建造5个示范项目、4个产业基地、6个产业工人实训基地，力争到2025年基本形成以龙头企业为引领的智能建造产业和智能建造产业集群。

以资金奖励形式鼓励建筑业企业进行智能建造研发应用。自入选智能建造试点城市以来，合肥市坚持产业培育、创新引领，出台政策对智能建造领域相关软件研发、智能化设备采购、信息技术服务等方面投资额达到100万元（含）以上的建筑业企业，按投资额的20%给予资金补贴，最高200万元，支持企业创新发展。通过开展建筑产业互联网片区试点提升产业链协同能力，培育形成一批住房城乡建设领域"专精特新"企业，打造中小企业转型发展的新样板，目前已培养扶持了30个智能建造骨干企业，其中国家级"专精特新"企业4个，国家高新技术企业26个，省级"专精特新"企业27个。

（四）加强智能建造人才培养

多所高校新增智能建造专业。自同济大学先行开设以来，每年新获批智能建造专业的高校数量持续不断增长。根据教育部2023年印发的《关于公布2022年度普通高等学校本科专业备案和审批结果的通知》，超过30所高校获批智能建造本科专业。智能建造专业将传统的建筑产业与大数据、人工智能、机器人、3D打印等战略性新兴产业深度融合，以土木工程为基础，以信息技术为纽带，融合机械工程、材料工程、工程管理等学科，培养方案中多包含工程力学、结构设计原理、计算机语言、大数据、物联网和人工智能、PYTHON程序设计、三大力学、建造机械控制原理、BIM技术基础、智能测绘、混凝土结构设计原理、装配式结构设计与智能化设计、建筑工程和绿色建筑等课程，除传统的土木工程类课程外，新增了计算机、自动化、数据分析等内容，旨在培养跨学科的研发人员和青年领军人才。目前已有包括同济大学、哈尔滨工业大学、华中科技大学在内的100余所高校增设了智能建造专业，弥补智能建造专业技术人才缺口。

产教融合培养智能建造高素质高技能人才。 2023年10月，四川省成立智能建造与维养产教融合共同体，由四川省住房和城乡建设厅、四川省教育厅主管，四川华西集团有限公司、西南交通大学、四川建筑职业技术学院牵头发起，住房建设事业相关企业、普通高校、职业院校、科研机构、行业协会为主要成员单位，目前已有成员单位183家，共同体内实行校企师资互兼互顾，共建共享高水平"双师型"教师队伍，支持共同体内高水平高等学校招收具有工作经历的共同体内职业学校毕业生和企业一线优秀职工，攻读本科、专业学位研究生，提升学历层次。内蒙古自治区、吉林省也都成立了智能建造产教融合共同体，进一步深化校企合作、产教融合，实现良性互动、共同进步、共同发展。

四、完善工程建设标准体系

我国工程建设标准经过多年发展，已形成覆盖经济社会各领域、工程建设各环节的标准体系，在保障工程质量安全、促进产业转型升级、强化生态环境保护、推动经济提质增效、提升国际竞争力等方面发挥了重要作用。2023年，对应提升建筑品质初心使命，工程建设标准体系进一步完善，关于"好房子"的相关标准研究工作启动，与造楼机、BIM等新型技术和设备相适应的标准加快建立，标准化改革工作稳步推进，我国标准国际化交流合作再上新台阶，工程建设标准的有效性、先进性、适用性进一步增强，对于建筑品质提升和建筑业健康发展具有重要意义。

（一）提高居住建筑建设标准

逐步完善与"好房子"相关的标准体系。 好房子需要好标准，要完善"好房子"的标准体系,全面提高设计、材料、建造、设备以及无障碍、适老化、智能化等标准。住房和城乡建设部标准定额司开展"好住宅"标准调研,为编制住宅项目规范提供基础数据支撑,推动构建好住宅标准体系。各地、各单位也积极开展关于"好房子"标准体系的研究。山西省发布《宜居住宅建设标准》DBJ04/T 437—2022,综合分析了影响住宅品质的各类因素,从项目选址、小区规划、室外环境营造、建筑单体设计、施工、物业管理等方面,贯穿策划、建设到运营等环节,全面提出宜居住宅建设品质相关标准要求。天津市组织修订《天津市住宅设计标准》DB/T 29—22—2024,新版标准加大住宅层高及住宅套型、各功能空间的使用面积,提高了电梯设置标准,加大了住宅公用外门、户门、厨房门、卫生间门、阳台门的门洞尺寸,完善了住宅智能化设计内容,增设"智能化""室外环境"章节,进一步满足人民群众对居住高品质的需求。中国工程建设标准化协会组织研编《好住房评价标准》,在借鉴国外住宅相关法律、理念与技术的基础上,充分吸收我国百年住宅等关于住宅建设研究的最新实践经验和相关研究成果及目前住宅建设相关标准规范,力争提出新时期建设"好房子"的新理念新标准,全面推动我国住房建设高质量创新发展。该标准适用于城镇新建住房和既有住房,以宜居、低碳、智慧、安全、和美等核心指标,下设23个二级指标,每项二级指标下按基础项、提升项设定类别,是首部面向全国范围好住房评价的技术性文件。

发布或修订关于居住建筑节能、通风、照明等方面的技术标准。山东省修订发布《居住建筑节能设计标准》DB37/5026—2022自2023年5月1日起施行,分为建筑围护结构、供暖空调、给水排水、电气、可再生与清洁能源利用五个章节,在相关设计内容、技术要求、主要指标等方面有较大调整,将设计节能率提高到83%。8月,重庆市发布《居住建筑自然通风设计技术标准》DBJ50/T—448—2023,提出要从建筑群布置、建筑的朝向和间距、平、立、剖面设计,室内空间组织和门窗洞口,门窗的通风构造措施和自然通风装置的设置等方面入手,提高居住建筑的自然通风效率,减少机械通风和空调的使用时间。住房和城乡建设部组织修订国家标准《建筑照明设计标准》GB/T 50034—2024,在修订中主要提高了灯具的效能、照明功率密度等节能指标要求，增加了LED灯和LED灯具的性能指标、LED驱动电源选择和应用等技术要求，增加了照明舒适度、光生物安全、闪烁与频闪效应、非视觉效应等健康照明的技术指标，补充和完善了智能照明控制系统技术内容，增加了照明直流配电技术内容；增加了建筑用地红线范围内的室外功能照明技术内容等。

发布关于既有建筑适老化改造的技术标准。为提高既有住宅适老化水平，使既有住宅的环境、空间、设施等方面与老年人的身体机能与行动特点相适应，满足老年人居家养老服务需要，2023年5月，福建省住房和城乡建设厅发布《福建省既有住宅适老化改造工程技术标准》DBJ/T 13—421—2023，既有住宅的场地与环境、公共空间适老化改造应充分考虑老年人的身心特点，满足其参与公共活动和接受特需服务的需求。户内空间、户内设施设备适老化改造应根据现住宅的使用情况与住户需求进行，以适应老年人居家生活的需求。住宅小区应配置居家养老服务用房，未配置的既有住宅小区宜增建或对既有住宅的现有公共空间进行改造，用作为老年人提供生活服务、保健康复、文化娱乐等功能的养老服务用房。住宅小区内的道路、老年人活动场地、住宅公共空间应设置便于老年人识别的标识引导系统。住宅应合理选择信息化和智能化养老服务系统，系统应操作简单、性能可靠、安装维护方便并充分考虑其发展需要。

（二）推进工程建设标准化改革

加快构建新型工程建设标准体系。2023年，开展智慧居住社区、施工作业集成平台（造楼机）重大工程装备的标准体系研究，形成并发布《施工作业集成平台标准体系建设指南（征求意见稿）》，提出要根据施工作业集成平台技术现状、建设行业需要及未来发展趋势，分阶段建立适应我国国情并与国际接轨的施工作业集成平台标准体系，力争到2030年制定60项以上施工作业集成平台相关标准。该标准体系按照基础共性与应用领域进行分类编制，基础共性标准包括施工作业集成平台的基础标准及通用技术标准，应用领域类标准依据应用领域进行划分，包括不同类别的施工作业集成平台产品标准，以及各类应用领域施工作业集成平台下属的关键技术及特色技术等。同时，还进一步推动了建筑结构和防火相关标准体系建设、城市数字公共基础设施标准体系建设、城市运行管理服务标准体系建设和数字家庭标准体系建设等工作。

逐步完善BIM地方标准。2023年8月，宁夏回族自治区发布《建筑信息模型（BIM）技术应用标准》DB64/T 1912—2023，包括实施要求、勘察设计阶段应用、施工图审查、深化设计阶段应用、施工实施阶段应用、装配式建筑应用、施工监理应用、交付标准、运维阶段应用、协同管理平台等主要内容，作为宁夏房屋建筑工程BIM系列标准中的母本，对加快智能建造与新型建筑工业化协同发展、夯实标准化和数字化基础、推动工程建设全过程数字化成果交付和应用有重要意义，适用于全区新建、扩建和改建的房屋建筑工程、市政工程全生命期的BIM技术应用。湖北省发布地方标准《建筑信息模型审查系统规范》DB42/T 2064，包括技术审查规范、模型交付规范、数据交付规范三部分，进一步保证BIM审查标准化活动有序开展，提高BIM审查标准化工作的规范性，为湖北省BIM审查提供技术支撑。江苏省南京市在系统分析本市自主研发的数据格式宁建模在施工图审查、施工管理及竣工验收过程中的信息要求、最新的通用技术规范内容、BIM数据生产变更要求、施工信息完善要求的基础上，发布《建筑工程施工图信息模型智能审查系统数据规范》DB3201/T 1142—2023、《建筑工程施工图信息模型设计交付规范》DB3201/T 1144—2023、《建筑工程施工图信息模型智能审查规范》DB3201/T 1143—2023、《建筑工程竣工信息模型交付规范》DB3201/T 1145—2023四本建筑工程信息模型地方标准，对建筑工程BIM智能审查工作有较强的指导意义。

以标准化管理助力住建事业高质量发展。住房和城乡建设部会同市场监管总局、农业农村部等部门，联合印发《碳达峰碳中和标准体系建设指南》《城市标准化行动方案》《乡村振兴标准化行动方案》等标准化管理文件，对标准体系建设提出要求，不断夯实标准基础。《城市标准化行动方案》提出到2027年，城市高质量发展标准体系基本建成，在城市可持续发展、新型城镇化建设、智慧城市、公共服务、城市治理、应急管理、绿色低碳、生态环境、文化服务、基础设施等领域制修订国家标准、行业标准150项以上，城市标准化工作联动机制初步形成，形成城市标准化工作部、省、市三级联动机制，建设城市标准化联席机制，搭建城市标准化工作协同平台、经验分享平台、国际合作平台，聚焦加快建设城市高质量发展标准体系、系统推进城市标准化工作等方面部署了16项重点任务，为提高城市规划建设治理水平指明了方向。

加强住建领域相关标准的实施监督工作。一是开展相关标准规范的宣贯培训。住房和城乡建设部面向各社会消防技术服务机构的技术负责人、项目负责人、注册消防工程师，消防工程设计、施工、检测、维保、管理的技术人员等相关从业人员开展《建筑防火通用规范》GB 55037—2022、《消防设施通用规范》GB 55036—2022等全文强制性规范的宣贯培训，由中国消防协会主办，通过线上线下相结合，累计培训约8.6万人。二是推进地方标准化工作。2023年5月，住房和城乡建设领域标准化工作会议在河北省石家庄市召开，会议总结近5年工程建设标准化工作成果，围绕《关于加强工程建设地方标准化工作的指导意见（征求意见稿）》开展研讨，提出了地方标准化管理指导意见及标准法治化措施建议，推进标准工作迈上新台阶。

（三）推动工程建设标准国际化

不断提高在国际标准编制中的话语权。2023年，住房和城乡建设部标准定额司指导相关国际标准编制，全年提出4项国际标准新项目申请，牵头编制16项国际标准，国际标准化组织（ISO）批准发布由住房和城乡建设部主导的国际标准7项。同时会同水利部加强水利工程建设国家标准、行业标准的中译英工作，发布工程建设标准英文版13项。2023年4月，国际标准化组织供热管网技术委员会ISO/TC341秘书处在中国建设科技有限公司举行揭牌仪式，该委员会由中国建设科技有限公司所属中国城市建设研究院牵头申报，于2022年6月获得国际标准化组织技术管理局（ISO/TMB）批准，并由我国承担秘书国；于2022年8月获得国家标准化管理委员会批复，由中国城市建设研究院承担秘书处，是我国住房和城乡建设领域在ISO成立的首个技术委员会，也是标准国际化的重要进展。同时，住房和城乡建设部还承担着40余个ISO技术委员会国内技术对口单位管理工作，培养多位专家担任ISO技术委员会重要职务，为标准国际化工作顺利开展保驾护航，在国际标准编制中的话语权不断提升。

以"一带一路"工程项目为支撑推进标准化国际合作。 2023年4月，"中国工程建设标准支撑'一带一路'工程项目"专题政策研究沙龙活动在北京举办，会议研讨了标准化国际合作的机制和框架，来自交通、铁路、电力、石油、建筑等行业的专家，分别介绍了"一带一路"国外工程项目的相关情况，为推动工程建设标准国际化落地搭建平台。9月，中国工程建设标准国际化论坛在南宁举办。论坛围绕"深化标准国际化交流合作，服务'一带一路'高质量建设"主题，深入探讨工程建设标准国际化新路径，共谋标准国际化交流合作新前景，交流分享标准发展成果。会议提出要加强共建"一带一路"标准联通，探索建立中国—东盟工程建设标准国际化交流合作平台，促进标准信息共享与服务；探索中国与东盟各国工程建设标准化的互认机制，实现中国与东盟各国标准信息共享、版本互换；积极通过EPC的投资模式、邀请东盟国家企业或科研院校共同研制团体标准等创新模式，推动中国与东盟各国国家主管部门、行业协会、高校和企业的合作，探索中国—东盟区域标准化合作工作机制，推动工程建设标准国际化。

五、科技赋能高质量发展

技术创新是提高建筑业发展质量和效益的强大驱动，对建筑品质提升起着重要支撑作用。2023年，住房城乡建设领域坚持科技是第一生产力，抓住新一轮科技和产业革命带来的发展机遇，持续巩固提升大跨度桥梁、超高层建筑等世界领先技术，集中攻关突破BIM自主研发及国产化应用等"卡脖子"技术，大力推广应用住宅隔声、高性能建材等惠民实用技术，用科技进步提质量、保安全、增效益，不断增强发展动力和活力。

（一）持续巩固提升世界领先技术

大跨度桥梁数量和技术均走在世界前列。2023年6月，世界交通运输大会第五届桥梁发展论坛在湖北武汉中国光谷科技会展中心召开。据统计，世界大跨度桥梁跨径排名前10的悬索桥，中国占据8座；世界大跨度桥梁跨径排名前10的斜拉桥，中国占据9座。从跨江大桥到山区峡谷桥梁再到跨海桥梁，中国桥梁适应各种复杂建设条件，攻克了多项关键技术难题，总量近百万座，数量和技术均处于世界领先地位。在建的武汉至松滋高速公路江陵至松滋段观音寺长江大桥，主跨跨径达1160米，是世界第一大跨径公路斜拉桥，设计者首次将钢-UHPC组合梁应用于超千米主跨斜拉桥，斜拉桥的主梁自重较传统组合梁设计方案减小约20%。常泰长江大桥实现了减冲刷减自重台阶型沉井基础、"钢—混"混合结构空间钻石型桥塔和钢箱—核芯混凝土组合索塔锚固结构、温度自适应塔梁纵向约束体系四项世界首创设计的落地，创下了最大跨度斜拉桥、最大跨度公铁两用钢桁拱桥和最大连续长度钢桁梁的世界纪录，是国内超大跨径桥梁在新结构、新材料、新设备、新工艺等方面的重大技术突破。位于峡谷中的黄河三峡大桥是世界首座独塔回转缆地锚悬索桥，设计者创新采用回转主缆，减小对空间尺寸的需求。贵州鸭池河大桥是世界跨径最大的公路钢桁梁斜拉桥，跨径800米，获得2018年度IBC古斯塔夫·林德撒尔奖。港珠澳大桥作为中国交通建设史上技术最复杂、施工难度最大、工程规模最庞大的跨海集群工程，取得了外海隧—岛工程建设技术与标准体系、外海集群工程工业化建造技术与装备链、设计使用寿命保障成套技术等5大创新成果。

超高层建筑自主创新技术刷新建造速度。我国自主研发的多项超高层建筑建造技术创造性解决了世界性建造难题。如超高层北斗高精度卫星定位接收机，创新拓展了卫星技术在建筑施工中的应用，可接收从已知位置的卫星发来的信号，引入的高精度算法对接收数据进行精密分析，得到精准的位置坐标，且能摆脱层高、环境、抖动等因素影响，可使千米超高层建筑的高程测距精度达十五万分之一，将600米高建筑的平面误差缩小到2毫米。上海中心大厦采用世界首创的摆式电涡流调谐质量阻尼器装置，位于大厦125层，由吊索、质量块、阻尼系统、保护系统等组成，质量块重达1000吨，吊索由12根钢索组成，质量块和吊索构成一个巨型复摆，通过电涡流调谐阻尼系统进行非接触调谐控制，以减少大楼的摆幅。这套新型阻尼器装置可使风致峰值加速度降低43%，显著改善了大楼风振舒适度，也实现了超高层建筑阻尼器技术的突破。中建三局自主研发的超高层建筑智能建造一体化装备平台（空中造楼机）是名副其实的大国重器，机形如一个巨大的钢罩，附着在建设中的大楼顶部，造楼机内部犹如一座"空中智造工厂"，建筑工人在各作业层接力完成钢筋绑扎、模板支设、混凝土浇筑和养护等工作，随着工序逐步完成，空中造楼机逐层顶升直至大楼建成，相较于传统施工可降低人工投入40%，提升施工作业效率30%，缩短施工工期20%，具有安全稳定、承载力高、适应性强、标准化程度高等诸多优点，解决了超高层建筑建造过程中人员难以到达、物资难以运输、高空作业风险大等诸多难题。目前空中造楼机不仅应用于超高层建筑，其轻量化版本还在普通住宅项目中亮相，极大提升了施工效率。

长距离特高压输电技术占领国际前沿。我国具有长距离大容量传输电能的需求，经过长期研究应用已建成了数条特高压直流（±800kV以上）输电线路，能够实现数千公里的超远距离输送，有效降低线路损耗和能量损耗，实现电力资源的优化配置。昌吉—古泉±1100千伏特高压直流输电工程是我国自主研发、自主设计、自主建设，目前世界电压等级最高、输送容量最大、输电距离最远、技术水平最先进的特高压输电工程，与目前在运的±800千伏直流工程相比，该工程将工程输电容量从800万千瓦提高到1200万千瓦，经济输电距离从2000公里级提升至3000～5000公里级，获评2022年至2023年度国家优质工程金奖。工程起于新疆昌吉、止于安徽宣城市，途经新疆、甘肃、宁夏、陕西、河南、安徽六省区，线路全长3324公里，攻克了超长空气间隙绝缘、过电压深度控制、电磁环境控制、超大型复杂绝缘结构机电协同设计等世界级难题，集成了多项技术创新，充分发挥大电网资源配置作用，将新疆丰富的煤电及风电、光伏、太阳能等清洁能源打捆外送，最大程度缓解华东地区电力保供紧张局面。

（二）集中攻关突破"卡脖子"技术

加快BIM软件国产自主研发应用。一直以来，BIM技术都是制约工程建设行业发展的"卡脖子"技术，随着国家对建筑业数字化转型的大力支持，国产化BIM自主研发取得了突破性进展。由北京构力科技有限公司研发的BIMBase平台是完全自主知识产权的国产BIM基础平台，基于自主三维图形内核技术P3D，实现核心技术自主可控。该平台提供几何造型及扩展、显示渲染、模型管理、参数化建模、碰撞检查、工程制图等基础功能，能完成建筑、电网等行业建模和数字化交付，同时提供BIM应用软件二次开发接口。其图形渲染效率（表达显示和交互的流程性）可达5000万面片/24fps，参数化建模功能可满足范围为500个，协同设计的并发用户数为100个，协同专业达5个。基于此开发的建筑全专业协同设计系统（PKPM-BIM）以信息数据化、数据模型化、模型通用化的BIM理念，通过统一的三维数据模型架构，建立建筑工程协同工作专业信息共享平台，集成多专业应用软件和管理系统，为建筑企业提供更符合中国建筑规范和工作流程的BIM整体解决方案。由中国建设科技有限公司联合中设数字技术有限公司等12家企业共同打造的马良XCUBE是新一代全面自主研发的高性能智能驱动型Web端BIM设计基础软件平台产品，可提供参数化建模、几何造型、协同工作、大场景管理、三维实时渲染仿真等SaaS服务，采用自主研发几何引擎解决数据安全等问题，兼容多种文件格式，支持项目全生命周期数据无损传递，还可与地理信息系统GIS及制造业互通数据，目前已在2000余个项目中试点应用，仍在不断升级完善中。BIMMAKE是基于广联达自主知识产权的图形和参数化建模技术，为施工企业项目部的技术工程师全新打造的聚焦施工过程构件级BIM建模，轻量化精细化BIM施工深化设计应用的软件。它具有一模多用的特点，能降低施工BIM成本，例如，将广联达算量GTJ模型深化为施工BIM模型，用于机电碰撞检查、渲染等；支持CAD识别翻模，高效创建模型，每天可节省2小时手动建模时间；具备参数化建模功能，学习简单便捷，2小时学习即可上手；可以参照CAD图纸创建精细化地形、基坑开挖与回填，以及临建、机械、设施等设备，完成三维现场布置；支持真实工程量统计，方便施工过程成本计划与核算；还能基于BIM模型进行钢筋节点优化，一键深化二次结构、砌体、木模板，实现砌体、模板出图、出量，指导施工。此外，它具有多元数据接口，可上传模型至云端BIMFACE，导出模型至项目管理平台BIM5D、Revit、3ds、BMVR、CAD等。以上都是解决建筑领域"卡脖子"难题的重要探索和显著成效。

（三）大力推广应用惠民实用技术

聚焦质量多发问题进行技术革新，提升住宅使用性能。解决隔声、渗漏、开裂等住宅质量多发问题是惠民利民的最直接举措。在隔声方面，某广东声学企业提出民用住宅全屋降噪解决方案，即在结构空腔内放置减震器，填棉后复合石膏板加隔声毡再加复合板，形成"三明治"结构，墙、顶、地都采用此结构能够实现房间整体降噪36～38分贝的目标。在防渗漏方面，上海在老旧小区修缮改造中着力解决天沟部位渗漏问题，采用纳米改性技术的橡胶基材料——非渗油蠕变橡胶防水涂料作为防水层替代传统沥青卷材，有效根治了传统材料阴角易有裂缝和窜水难题，房屋防水寿命大幅提升。在防开裂方面，有专家提出可采用膨胀加强带替代收缩后浇带进行施工，一种是间歇式加强带，当一侧混凝土浇筑且相邻施工段混凝土具备浇筑条件后，同时浇筑加强带和相邻施工段的混凝土，利用膨胀带产生的预加应力即"抗"的原理抵消混凝土的收缩应力；另一种是后浇式加强带，在两侧混凝土浇筑并间隔一定时间后浇筑其间的加强带。利用了"抗""放"结合的原理先释放部分混凝土的收缩应力，再利用加强带抵消另一部分收缩应力，从而防止开裂。

优质建筑材料在住宅项目中得到广泛应用。建筑材料和技术的创新是实现"好房子"的关键，一些新型建材在住宅中的应用极大提升了性能，优化了居住体验。如广泛应用于住宅外墙、内墙、隔墙、隔声墙、地板、屋面等部位的蒸压加气混凝土砌块，单位体积重量是黏土砖的三分之一，保温性能是黏土砖的3～4倍，隔声性能是黏土砖的2倍，抗渗性能是黏土砖的一倍以上，耐火性能是钢筋混凝土的6～8倍。砌块的砌体强度约为砌块自身强度的80%，其轻质高强的特性不仅降低建筑物自重，优良的保温隔热和隔声性能也提高了居住环境的舒适度。高硼硅防火玻璃在高温环境下能够保持稳定性，能够承受高达1800摄氏度的高温，并且具有较低的热传导性能和优良的阻燃效果，应用于住宅的主要出入口、门窗及隔烟隔热墙能够有效减少火灾蔓延的可能性。更多无公害、无污染、无放射性的绿色建材正在应用于住宅项目中，建筑材料的安全性与环保性、经济性与可持续性、实用功能性不断提高。

推行灵活可变、易于维修的居住空间设计。在建筑全生命周期，人民群众的生活方式和居住需求将发生很大变化，采用灵活可变的空间设计，居住者可以根据自己的需求随时调整和改变房间的布局和功能，满足家庭多样化、个性化的生活需求，为延长建筑寿命创造基础条件。如在中国建设科技有限公司打造的"好房子"样板中，采用了"大空间体系+集中管井+轻质隔墙"的形式来实现空间的灵活可变；在上海城投（集团）有限公司开发建设的租赁住宅项目中，共设计从小到大五种户型，充分考虑产品的灵活转化和可变性，做到同一户型不同的使用模式，小户型的拼合使用等功能；在绿城利普技术中心的研究中，也重点关注了传统住宅根据建筑方案条件进行空间分隔、墙下设梁、抗震横墙散布的结构局限性，提出可充分利用外墙、分户墙位置布置剪力墙，利用卫生间等固定位置设置户内竖向支撑点，减少剪力墙伸入户内，增加空间变化的灵活性；利用叠合板承载力高、预制隔墙板质量轻的特点，减少水平梁布置，增大空间的通透性。此外，SI体系（支撑体S与填充体I完全分离）也是符合装配化装修发展方向的建造技术创新，支撑体是指主体结构，要求坚固耐久；填充体是指设备管线与内装等，要求便于维修更换和改造，可采用装配式内隔墙、吊顶、干式工法楼地面、集成厨房、整体卫生间、与家具整装结合的适应性管线分离等技术实现二者分离，不仅可以大幅减少现场湿作业，也便于全生命周期管线的维修更换。

第五章 建筑业改革发展形势与展望

党的二十大擘画了全面建设社会主义现代化国家、以中国式现代化全面推进中华民族伟大复兴的宏伟蓝图，强调要加快构建新发展格局，着力推动经济高质量发展。建筑业作为国民经济支柱产业，在推进经济高质量发展过程中必须加快转型升级步伐。建筑业要继续深化供给侧结构性改革，以高质量发展为主线，以打造高品质建筑产品为目标，持续在工业化、数字化、绿色化转型上下功夫，努力打造"中国建造"升级版。

一、锚定"四好"建设新赛道

以"好房子"为契机推进供给侧结构性改革，以"好设计"引领"好房子"，以"新科技"支撑"好房子"，以"优服务"赋能"好房子"。一体推进好小区、好社区、好城区建设，做好改造基础工作，建设绿色宜居完整社区。为宜居韧性智慧城市建设添砖加瓦，建设现代化、智能化城市基础设施，保护绿色空间、推动资源循环利用，强化社区凝聚力、增强居民参与意识。

（一）以"好房子"为契机推进供给侧结构性改革

当前，人民群众对住房品质有了更高要求，希望住上更好的房子、获得更好的服务。"好房子"的基本特征是安全、舒适、绿色、智能，要让人民群众住得健康、用得便捷。加快推动"好房子"建设是一项系统工程，既包括设计、建造、使用、服务等各环节，也涉及绿色建材、智能家居、装配式施工等产业，需要从完善标准、政策、技术和产业体系等多方面努力，充分调动"好房子"开发建设的积极性。

以"好设计"引领"好房子"。住宅设计关系到业主的居住体验,需要满足安全耐久、功能适用、健康舒适、灵活可变、绿色低碳等要求,让每一平方米的设计都物尽其用、物有所值。例如,小区环境上,可通过架空层、下沉庭院、风雨连廊等设计,打造共享邻里中心、健身场所等,构建多元包容的全龄友好社区。又如,户型设计上,可动静分区、南北通透,采用有利于空间灵活分隔的结构体系和墙体,满足不同群体的需求。

以"新科技"支撑"好房子"。一方面,推行智能化、装配式等新型建造方式,让房子建得好、建得快。例如,中建科技广州迳下村新型农宅项目,可以像"造汽车"一样完成农宅模块的结构、围护及机电管线预留预埋,模块运输到施工现场后,只需灌浆锚固组装,就可建成一栋模块化新型农宅,工期节省40%,建筑垃圾减少70%。另一方面,加快新材料和新设备研发生产。厚度薄重量轻、具有低导热性、高阻燃性的高性能保温材料,满足了绿色建筑节能与安全性的要求;室内安装智能冰箱,能够自动识别食材存储状况并推荐相应食谱;安装人工智能呼叫器,可识别老人摔倒后的呼救声或敲击地板、墙壁的声音,及时向家属发送警示信息……引入这些新材料新设备,有利于让房子更安全更智能。

以"优服务"赋能"好房子"。"好房子"需要有完善的配套服务设施和物业服务。在上海,962121热线特约维修服务覆盖1万多个住宅小区,多家应急中心加入特约维修服务平台,提供下水道疏通、水电维修、家电清洗、门窗维修等服务,各项服务统一标准、统一收费。下一步,各地还应积极补齐社区基础设施和公共服务设施短板,让居民住得更安心更惬意。

建设面向不同人群、惠及广大群众的"好房子"。"好房子"建设不能和高端住宅建设画等号。推动老旧小区改造从环境、楼道、外立面改造向室内改造和品质提升延伸,更多"老房子"会变成"好房子"。做好户型设计、配套设施建设、公共服务供给,保障性住房照样可以树立"好房子"样板。

（二）好小区、好社区、好城区建设提出新要求

好房子建设离不开好小区、好社区、好城区，"四好"建设是打造宜居、韧性、智慧城市的依托。在城市更新的背景下，老旧小区改造能够改善居民居住条件、提高居民生活质量。

做好老旧小区改造基础工作。应紧盯宜居短板，坚持"无体检不改造"理念，全领域摸清底数、全口径编制规划，强化要素保障。以老旧小区、危旧房、旧厂房、旧市场、旧楼宇社区相对集中的原则划定重点更新单元，依据城市体检结果，生成各类"微改造"项目，着力治理"城市病"，"多改合一"推进城中村、老旧小区和危旧房屋改造以及街区微改造。在改造的过程中守护城市文脉，做好历史街区、历史建筑的保护与活化利用工作。不断完善金融、财税、土地等支持政策和体制机制，坚持政府引导、市场运作、公众参与；盘活存量土地，激发城市产业动能，实现可持续的城市更新。推动国有企业、社会力量等参与老旧小区改造，形成"改管一体、长效运营"机制，构建共商、共建、共治、共享新格局。

建设完整社区。聚焦群众关切的"一老一幼"设施建设，聚焦为民、便民、安民服务，补齐社区服务设施短板，推动完整社区建设，打造一批完整社区样板，促进城市社区均衡化、绿色化、高质量发展。在完整社区建设过程中，应聚焦民生导向，通过居民代表座谈会、问卷调查、入户调查等方式，优先解决群众急难愁盼问题，着力补齐设施短板、优化空间布局、完善功能配套，兼顾提升公共空间、绿化品质，推动形成蓝图共绘、需求共提、项目共建、成果共享生动局面，从细节处增强人民群众幸福感，积极打造社区宜居新图景，进一步提升城市精细化管理水平。健全政府财政托底、村社参与、居民共建、社会全方位支持的多元化融资机制，积极主动、搭好"合作桥"，吸引具备产业导入、开发利用、运营创收的社会资本打造"全链条"服务，以服务社区居民为导向，找准切入口，合理利用社区存量资源及附属设施，充实社区提升建设经费，减轻财政资金压力，为完整社区的培育探索出可复制、可持续的模式。

（三）为宜居韧性智慧城市建设添砖加瓦

宜居韧性智慧城市的构建是一个多维度、系统性工程，需要从城市基础设施的现代化与智能化、生态环境保护与可持续发展战略、社会服务体系的完善与创新等多个方面入手。通过这些综合措施的实施，可以有效提升城市的宜居性、韧性和智能水平，为居民创造一个更加安全、便捷、舒适的生活环境。

建设现代化、智能化城市基础设施。在打造宜居韧性智慧城市的过程中，现代化与智能化的城市基础设施是基础。智慧城市需要建立起抵御自然灾害和人为事故的强韧基础设施体系。这包括但不限于通过抗震设计建筑，以及建立能够应对洪水和干旱的水利工程系统。此外，引入智能传感器和物联网技术对城市基础设施进行实时监测，可以预防故障并快速响应紧急情况。应用最新科技如大数据、云计算、人工智能等，可以提高城市管理的效率和精准度，能源系统的高效化，如采用智能电网和可再生能源，确保能源的可持续供应并减少环境污染。交通系统的智能化，通过建设智能交通网络和推广电动汽车等措施，提高城市交通效率，减少拥堵和污染。通信基础设施的加强，如部署高速宽带网络和5G技术，为数据传输提供快速通道，支撑智慧城市各项服务的顺畅运行。

保护绿色空间、推动资源循环利用。宜居韧性智慧城市的建设离不开对生态环境的保护和可持续发展战略的实施。城市规划应注重绿色空间的保护与增加，比如发展城市绿化、公园和湿地等，以改善城市微气候，提高居民生活质量。同时，推动资源循环利用，如实施雨水收集系统和废物分类回收，减少资源浪费，提高资源使用效率。此外，建立环境监测系统，实时监控空气质量、水质等环境指标，及时响应环境问题，保护居民健康。

强化社区凝聚力、增强居民参与意识。智慧城市的社会服务体系应当以居民为中心，通过技术创新提供更加便捷、高效的服务。强化社区的凝聚力和居民的参与意识对于构建宜居韧性智慧城市至关重要。提供平台让居民参与到城市规划、灾害应对及邻里活动中，能够增强他们对城市的归属感和责任感。同时，开展教育宣传，提高居民对于可持续发展和环保的认识，将有助于形成良好的城市治理文化，激发居民的积极性和创造力。

二、把握"三大工程"新蓝海

顺应城市更新发展阶段开拓市场，积极推广绿色建筑理念，提高建筑物能效比，高效利用土地资源，满足多样化的城市功能需求，保护历史文化遗产。把握城中村改造带来的机遇，利用节能材料、开发可再生能源等策略降低能耗，减少环境污染，提高居住舒适度，积极采用智能家居、楼宇自动化、远程控制等智能化技术，提升居民生活品质。积极参与保障性住房建设，提高建筑行业质量与效率。通过"平急两用"建筑加强质量安全管理。

城市更新作为现代城市发展的重要环节，不仅关系到城市的面貌和功能提升，更是建筑业面临的巨大市场机遇。在这一转型过程中，建筑业需要顺应发展趋势，采取创新策略来不断开拓市场。从倡导绿色建筑、融合高新技术、开发多功能建筑、响应历史文化遗产保护、优化项目管理与跨界合作，到培养全周期服务能力等方面着手，不断提升自身竞争力，适应并引领市场趋势。

提高建筑绿色性能。随着全球对环境问题的日益关注，节能减排已成为城市更新的必然趋势。建筑业需积极推广绿色建筑理念，在城市更新中运用先进的建筑技术和材料，如太阳能发电板、节能保温材料等，提高建筑物的能效比，减少建设和运营过程中的环境影响。设计时考虑建筑物的生命周期成本，以及如何最大限度地重复利用和回收建筑资源。此外，实现建筑与环境的和谐共生，如屋顶绿化、雨水收集系统等，也是建筑业创新发展的方向。

打造智慧建筑生态。在城市更新过程中，科技的进步为建筑业提供了前所未有的机遇，建筑业应当充分利用物联网、大数据、人工智能等技术，开发智能化建筑解决方案。通过安装智能传感器和控制系统，实现建筑的自动化管理，如智能照明、温度控制、安防监控等，从而提升居住和工作的便利性与安全性。同时，智能化建筑对于提高能源效率、降低运维成本也具有显著效果。

节约利用土地资源。城市更新的一个重要目标是更高效地利用土地资源，满足多样化的城市功能需求。建筑业应重视开发集住宅、办公、商业、休闲等多功能于一体的混合用途建筑项目。这种类型的建筑可以有效促进社区活力，减少交通负担，提高生活质量。在设计和规划阶段，建筑师和开发商需要深入分析市场需求，创新空间布局，打造具有吸引力和竞争力的建筑产品。

保护历史文化遗产。城市更新不仅是新建筑的兴建，还涉及对历史文化遗产的保护与再生。建筑业在参与城市更新项目时，应尊重并保护历史文化遗产，将它们融入现代城市景观中。这不仅包括修复和再利用历史建筑，也包括保留城市的历史记忆和文化身份。通过精心的设计和改造，赋予老建筑新的功能和生命，同时激发周边区域的复兴。

（一）城中村改造带来发展机遇

城中村改造作为城市更新的重要组成部分，为建筑业带来了新的增长点和挑战。

积极参与改造规划阶段，提出综合改造方案。建筑行业应从城中村改造的前期规划阶段就开始积极参与，与政府、社区以及利益相关者合作，确保项目规划既符合城市发展大局，又兼顾居民的实际需要。建筑企业可以通过提供专业的调研报告和建议，帮助制定合理的土地使用、交通布局、公共设施配置等方面的规划。综合性的改造方案应包括物理空间的重塑、生态环境的优化、社区功能的完善以及历史文脉的传承，从而实现城中村的高质量发展。面对全球气候变化和资源紧缺的挑战，需要在城中村改造项目中推广绿色建筑的理念和实践。这包括利用节能材料、开发可再生能源利用策略、实现雨水收集与循环利用、增加绿地面积等措施，旨在降低能耗，减少环境污染，提高居住舒适度。同时，通过绿色建筑的国际认证，如 LEED 或 BREEAM 评级，不仅能提升项目品质，也能增强市场竞争力。

智能技术助力改造，提升居民生活品质和管理效率。随着信息技术的发展，智能建筑成为未来趋势。在城中村改造中，建筑企业应积极采用智能家居、楼宇自动化、远程控制等智能化技术，提升居民生活品质。智能化的物业管理系统可以实现更高效的能源使用、安全监控和维修保养，达到降低运营成本和提高居民满意度的目的。智能化的数据平台还可以帮助政府和开发商监测社区发展情况，及时调整管理策略。

提升社区软实力，建造特色设施。城中村改造不仅是硬件设施的更新，更是社区软实力的提升。城中村的改造应与地区产业升级相结合，可以引导原有低端产业向高附加值产业转变，比如发展设计咨询、文化创意、科技研发等行业。通过打造具有特色的商业街区、创业孵化器、展览中心等设施，不仅能吸引更多投资和人才，也能为居民提供更多就业机会，从而带动整个社区经济的转型升级。在城中村改造过程中，必须确保居民的合法权益得到充分尊重和保护。这包括提供足够的安置房源、确保搬迁补偿的公平性、为居民提供职业培训等。同时，建筑企业应与政府部门合作，制定长效的管理机制和监督体系，确保改造成果惠及原有居民，防止他们因改造而陷入生活困境，实现社会的公平与可持续发展。

（二）保障性住房建设倒逼提质增效

保障性住房建设不仅关乎低收入人群的居住问题，更是推动建筑业转型升级的重要契机。通过保障性住房建设，可以有效倒逼建筑业提高质量与效率，实现行业的可持续发展。

提高建筑设计和质量标准。保障性住房项目通常具有较大的规模和影响，对建筑设计的标准和质量提出了更高要求，需要创新设计理念，采用人性化、多样化的设计方法，确保住房既满足功能需求，又美观舒适。同时，建筑行业应加强对建筑工人的技能培训，确保施工质量符合高标准。这不仅提升了住宅的整体品质，也有助于树立企业良好的品牌形象。为了实现节能减排目标，保障性住房建设需要引入绿色建筑标准，采用节能材料和可再生能源技术，如太阳能板、节水器具等。建筑业应积极适应这一趋势，通过技术创新降低能耗和成本，提高建筑物的能效表现。此外，绿色建筑的推广还能帮助建筑企业在市场竞争中获得更多的环保积分和政策支持。

提升建筑业施工与管理效率。信息技术的应用是提升建筑业效率的关键。保障性住房建设项目应当集成BIM（建筑信息模型）技术、智能建筑管理系统等现代信息技术，以提高设计的精确度，减少施工过程中的误差和物料浪费。智能化技术的运用还可以在项目管理中实现资源优化配置，提高管理效率，降低运营成本。保障性住房建设的规模性和复杂性要求建筑业必须优化项目管理方法，实现精细化管理。采用先进的项目管理软件和工具，如ERP（企业资源计划）系统，可以帮助企业更好地控制成本和进度，提高响应速度。同时，加强与供应商、分包商的合作与协同，可以确保建材供应的及时性和质量，避免工程延误和成本超支。

加大科研投入，积极研发新技术。面对保障性住房建设的特定需求，建筑业应加大科研投入，开展针对性的技术革新和材料研发。例如，开发更经济适用的建筑材料，提高建筑的耐久性和安全性；探索新型的建筑方法和工艺，以缩短工期，降低成本。持续的创新不仅能为企业带来经济效益，也能推动整个行业的技术进步。模块化和预制建筑技术是提高建筑效率、降低成本的有效手段。通过在工厂预先制作建筑模块，然后在工地进行快速组装，不仅可以显著缩短建设周期，还能在质量控制上获得更好的效果。建筑业应积极探索和推广这些技术，尤其在规模化的保障性住房项目中，其优势尤为明显。

（三）通过"平急两用"加强质量安全管理

"平急两用"，即指在平时可作为公共服务设施使用，而在紧急情况下，如自然灾害、公共卫生事件等，能够迅速转换为应对紧急状况的重要设施。这种模式对建筑的质量安全提出了更高要求，因为它需要在常规使用和紧急状态之间灵活切换，同时保证结构的稳定性与功能的可靠性。通过优选材料、灵活设计、严格监管与技术创新等多方面的努力，可以有效加强"平急两用"公共基础设施的建设质量与安全管理，使其在平时能提供高效的公共服务，在紧急情况下则转变为保障民众安全的关键设施。这不仅是对建筑行业的挑战，也是对社会整体应急管理能力的提升。

充分考虑"平急转换"灵活性。 设计阶段应充分考虑"平急转换"的灵活性。建筑设计不仅要满足日常的功能需求，还应具备快速改造的能力，以适应紧急情况下的特殊需求。这要求设计师在规划时就要考虑到空间的多功能性和可变性，比如可移动的隔断墙、可扩展的结构设计等，确保在紧急情况下能迅速调整为临时的医疗中心、救灾物资存储点或其他必要的设施。建立严格的建筑质量监管体系是确保建筑安全的关键。从项目审批到施工过程，再到竣工验收，每一个环节都应有明确的质量控制标准和监督机制。

加强高质量建筑材料选择。 加强建筑材料的选择与应用是提升建筑质量的基础。高质量的材料不仅能增强建筑的耐久性，还能提高其对突发事件的抵御能力。例如，使用高抗震钢筋和高性能混凝土可以在地震等自然灾害中保护建筑结构不受严重破坏。此外，引入智能传感技术，实时监控建筑结构的健康状况，可以及时发现潜在的安全隐患，提前进行维修或加固，从而避免灾难发生时的连锁反应。

加大政策法规制定和执行力度。 政府部门应加大对建筑行业的法规制定和执行力度，比如实施更为严格的建筑审查和定期的安全评估。同时，鼓励公众参与监督，通过建立反馈机制让民众能够报告潜在的安全问题。

增强技术革新和人员培训。 持续的技术革新和人员培训也是提升建筑质量安全管理的重要途径。随着新技术的发展，比如BIM（建筑信息模型）技术的应用，可以在设计阶段就模拟建筑的各种性能，预测可能的问题并优化方案。此外，定期对建筑师、工程师及施工人员进行专业培训，提高他们对质量控制的认识和技能，是确保建筑质量和安全的另一个关键环节。

三、焕发统一市场新活力

党的二十大报告提出，构建全国统一大市场。建筑业企业能够在更广泛的区域参与项目建设，先进技术和理念得以快速传播，推进行业整体水平提升,但是企业会面临更多竞争、更大压力,应通过完善法律法规、提升信用手段、提升监管与服务水平等方式把握机遇,实现建筑业可持续发展。

(一)畅通全国建筑市场堵点

完善市场监管法规,确保公平竞争。现行的一些法规可能存在适用范围有限、处罚力度不足等问题,这对维护市场秩序构成了障碍。应出台更加严格的法律法规,明确建筑市场的准入和退出机制,加大对违法违规行为的查处力度。例如,对于资质挂靠、串标围标等行为,研究更为严厉的惩罚措施。

激励研发创新,推广新技术新材料的应用。建筑行业的传统做法已逐渐不能满足现代化建设的需要,新技术新材料的研发和应用是提升整个行业竞争力的关键。政府应通过财政补贴、税收优惠等政策支持企业进行技术研发和创新。同时,示范项目可以引导新技术的广泛应用,通过实际效果展示其优势,促进整个行业的技术更新和进步。

(二)提升监管与服务数字化水平

数字化不仅是技术上的更新换代,更是管理和思维方式的革新。提升建筑业监管与服务的数字化水平可以推动建筑业的高质量发展,更好地服务于社会和公众的需求。BIM技术的应用能显著提高建筑设计、施工及运维的效率和质量。

利用平台解决潜在问题。政府和行业协会应推动BIM平台的标准化和普及化,使所有利益相关者都能在同一平台上共享信息、协同工作。这种集成化的信息系统不仅包括设计和施工图纸,还应涵盖材料供应链、施工进度、质量控制以及后期维护等全周期的建筑信息。通过这种方式,可以在早期设计阶段就预测并解决潜在的问题,最优化设计方案,减少施工过程中的改动和错误,从而降低成本并缩短工期。

运用数字技术进行实时监控管理。利用物联网(IoT)、大数据和人工智能(AI)技术对施工现场进行实时监控和管理,包括工人的安全装备佩戴情况、重要设备的运行状态、施工现场的环境监测等。通过智能传感器收集数据,并通过云平台进行分析,以实现风险预警和过程控制。例如,如果监测到特定区域存在安全隐患或环境污染超标,系统可以立即通知管理人员采取措施,或者自动调整设备运作参数,以确保施工安全和环境保护。

加强技术人才培养。在技术和平台到位的情况下,从业人员的数字技能和变革意识是实现数字化转型的关键。建筑业需要大量技术和管理人才,这些人才应具备IT技术、大数据分析等相关知识。大学和职业培训机构应与企业合作,开发专门针对建筑行业的数字技术课程,培养未来的人才。同时,对现有员工进行持续的培训和教育,提升他们的数字技能,使他们能够适应新的工作方式。

四、打造基础支撑新体系

完善的基础支撑体系是建筑业持续进步的基石。良好的基础支撑体系能够促进建筑技术的不断创新与推广,使行业紧跟时代发展步伐,有助于规范建筑市场秩序,明确行业标准和规范,保障建筑工程的质量与安全,为人民群众提供更加安全、舒适、环保的建筑环境。

(一)夯实《中华人民共和国建筑法》修订基础

《中华人民共和国建筑法》(以下简称《建筑法》)修订关系到建筑业的健康发展。在考虑修订《建筑法》之前,必须对现有法律的实施情况进行全面评估,这包括法律执行的成效、存在的问题及其原因分析。可以通过收集和分析法院判例、行政执行案例、行业反馈等方式,了解现行法律在实际工作中的运作情况。此外,利用现代信息技术收集大数据,如建筑质量事故、合规成本等统计信息,为法律修订提供科学的数据支持。广泛征求行业内外意见,可以通过公开座谈会、在线论坛、问卷调查等形式,广泛征集行业从业者、专家学者、消费者群体以及相关管理部门的意见和建议。这些意见将为法律修订提供多角度的视野,确保新法律能够兼顾各方利益,促进行业公平与进步。

加强与国际相关法律法规的研究。随着全球化的发展,建筑行业的国际合作日益增多，因此在修订《建筑法》时，应考虑国际法律法规的标准和趋势。通过研究主要国家的建筑法规、参与国际建筑法规论坛、与国际组织合作等方式，吸收国际先进经验，使国内法律既有利于国际合作，又能保护国内建筑市场的健康发展。注重法律的前瞻性与灵活性。修订《建筑法》时，应预测未来行业发展趋势，制定足够灵活以适应新技术、新材料应用的法律条款。

强化法律责任与监管机制。明确各方责任，包括建设单位、设计单位、施工单位及监管机构的责任，确保每一个环节都有明确的质量标准和监管措施。对于违法行为，应设定合理的处罚措施，形成有效震慑。同时，增强监管力度，提升监管机构的专业能力，采用现代技术手段，如大数据、人工智能等进行高效监管。

（二）构建新型工程建设标准体系

构建新型工程建设标准体系是提升建筑行业整体水平和国际竞争力的重要措施。现代工程建设标准应更加注重结果而非具体实施方法，这可以激发创新并容许采用新技术和方法。标准制定应围绕工程质量、耐久性和可持续性等关键性能指标展开。引入数字化和智能化标准。随着信息技术的发展，建筑行业也应通过标准化推动数字化转型。例如，可以制定关于建筑信息模型（BIM）使用的标准，确保设计、施工及运维阶段的信息共享和流程自动化。此外，设立智能建筑标准，涵盖智能家居、能源管理系统的集成与优化等方面，推动建筑智能化发展，提高居住和使用的舒适性与效率。

强化绿色建筑和可持续性标准。面对全球气候变化和资源短缺的挑战，新型工程建设标准应强调环保和可持续性。这包括建筑材料的循环利用、节能标准的严格化，以及建筑与环境的和谐共生。例如，可以制定零碳排放建筑的认证标准，鼓励使用可再生能源、高效保温材料和水资源循环系统。此外，还需要对城市排水系统、废物处理等基础设施制定更高标准的建设规范。提升安全和健康标准。工程安全始终是建筑行业的首要任务。新标准体系中，安全生产的标准必须更加严格，同时要细化到各种工况和工种的具体操作规程。例如，对于高空作业、深基坑开挖等高风险活动，应有详细的安全操作规程。同时，也需要关注工地噪声、粉尘控制等方面的环境卫生标准，保护工人和周边居民的健康。

加强国际合作与标准对接。 在全球化背景下，工程建设标准的国际化对接也非常重要。这不仅有助于提升建筑企业的国际竞争力，还能促进国际间的技术和经验交流。可以通过与国际标准组织合作，参与或引导国际标准的制定，同时考虑将适用的国际标准纳入国内体系，确保技术的同步发展和市场的广泛接受。持续更新与动态调整机制。考虑到建筑技术和材料的迅速发展，新型工程建设标准体系应具有高度的灵活性和适应性，定期进行标准的评估和修订。建立行业标准的动态更新机制，如定期审查现有标准的效果，根据科技进步和市场反馈进行调整。同时，建立开放的意见反馈平台，让行业内外的专家、企业和公众都能参与到标准的制定和改进过程中来。

（三）强化建筑领域科技创新

在全球化和技术迅速发展的今天，科技创新已成为推动建筑行业持续进步和增强国际竞争力的关键因素。

增加研发投资与支持。 研发投资包括直接的资金支持、税收优惠，以及提供研发设施等。例如，可以设立专项基金，支持建筑新材料、新技术的研发项目。同时，鼓励企业通过研发费用加计扣除等政策减轻研发成本负担。此外，建立行业、学术与研究机构之间的合作平台，促进技术共享及资源整合，以集群效应加速技术创新和应用。

促进跨界融合与创新。 建筑业的创新往往源于与其他行业的交叉融合，如信息技术、材料科学、环境科学等。推动这种跨界合作，可以通过建立多学科创新团队、组织跨行业研讨会等方式实现。例如，利用物联网（IoT）技术进行建筑设备管理，或者应用机器学习算法优化建筑设计的能效。这些创新不仅提升了建筑的智能化水平，还有助于解决更高层级的问题，如城市运营效率和可持续发展。

强化知识产权保护。 完善的知识产权保护机制能够激励更多地投入于原始创新和技术开发。对于建筑行业的创新技术，应确保其专利、版权等知识产权得到有效申请和保护。这不仅有助于保护发明人和企业的利益，避免技术被侵权或无效竞争，还能通过专利转让或授权，推广新技术的广泛应用。

推广科技成果转化应用。 建立有效的科技成果转化机制，包括建立科技孵化器、创新工作室，以及与企业合作的试点项目等。通过这些平台，可以将研究成果快速转化为产品或解决方案，并在实际工程中进行测试和优化。同时，可以实施优惠政策，鼓励建筑企业采用新技术、新材料，如通过容积率奖励、税收减免等方式刺激市场应用。

培养创新型人才。 科技创新离不开高素质的人才支持，应在高等教育和职业教育中加强科技创新相关的课程和实践，如建筑设计创新、建筑技术、绿色建筑等专业教育，以及与实际工程结合的实习机会。同时，为科研人员和技术开发人员提供持续的培训和学习机会，包括出国深造、交流会议等，保持其知识和技能的前沿性。

（四）筑牢高质量人才支撑

建筑业高质量人才的培养是推动行业创新和可持续发展的关键因素。

提升高等教育中的实践教学比重。 大学是培养高级建筑人才的主要场所。理论学习虽重要，但实际操作能力同样关键。教育机构应当与企业合作，增加学生的实习机会，让他们在实际工作中学习和运用知识。例如，可以设立长期实习计划，让学生在完成一定的课堂学习后，进入建筑企业或设计院进行实习。此外，鼓励学生参与实际项目的设计或施工管理，如学校建设项目、社区改造项目等，这些实践经验将极大地增强学生的职业技能和问题解决能力。

建立继续教育体系。 对于已经在职的建筑行业从业人员，提供继续教育是提升其职业能力的有效途径。行业协会和技术培训机构应该合作开展各种短期课程和培训工作坊，覆盖最新的建筑技术、新材料应用、项目管理方法等。这些课程可以是面授的，也可以利用在线平台进行，以便更多的人参与进来。同时，为鼓励从业者参加这些课程，企业可以从政策上给予支持，比如参加完整课程的员工可以申请职称晋升或工资加薪。

促进国际交流与合作。 高质量的人才体系需要开放的视野和国际化的思维。建筑业的教育和人力资源开发应加强与其他国家的交流与合作。这可以通过建立国际合作项目、交换学生计划、国际研讨会等方式实现。例如，中国的建筑设计学生可以到国外著名的建筑学院短期学习或实习，吸收不同文化和工作方式中的优秀元素。同时，引进国外优秀的教育资源和专家，为中国学生和从业人员提供讲座和工作坊，也是提升本土人才国际竞争力的有效途径。强化职业道德和法律意识教育。高质量的建筑人才不仅要有专业技能，更要具备良好的职业道德和法律意识。这是确保建筑质量和行业健康发展的基础。因此，建筑行业的教育体系中必须包含职业道德和相关法规的教育。可以通过案例研究的方式进行教学，让学生和从业人员了解在职业生涯中可能遇到的道德困境和法律问题，以及如何正确处理这些问题。

五、开辟国际合作新舞台

"一带一路"共建国家基础设施建设项目多，建筑企业与之合作潜力巨大，要加强国际合作与项目投标，推广中国品牌与标准，加强技术交流与培训。挖掘发达国家更新改造市场，强化与当地企业和研究机构的合作，积极参与当地的城市更新项目。加强国际交流与合作，推广海外培训与交流项目，利用数字化工具加强沟通协调。

（一）"一带一路"沿线合作潜力巨大

"一带一路"倡议为建筑业提供了前所未有的发展机遇，通过这一平台，建筑企业可以扩展海外市场，发挥其技术和管理优势，实现更广阔的国际化发展。

加强国际合作与项目投标。"一带一路"覆盖多个国家和地区，涉及基础设施建设的多个方面，如道路、桥梁、港口、城市开发等。建筑企业应积极参与这些国家的基础设施建设项目，通过国际公开投标或与当地企业合作的方式参与竞争，不仅有助于企业获取更多海外项目，增加收入来源，而且还能借此机会展示中国建筑行业的高水平技术和管理经验。例如，企业可以通过与当地政府或企业合作，共同开发建设项目，这种方式常常更容易获得项目机会并减少文化及法律方面的障碍。

推广中国标准和品牌。随着"一带一路"倡议的推进，建筑企业有机会将中国标准推广到国际舞台。在国际项目中采用中国标准，不仅可以减少企业在标准转换中的成本，还可以提高中国标准的国际影响力。同时，借助优质的项目实施能力，建筑企业能够树立良好的品牌形象，提升"中国建造"的国际认可度。例如，在中东、非洲等地的基础设施项目中，使用中国的技术标准和管理方法，成功完成后可以作为展示中国建筑行业实力的典范。

加强技术交流与培训。建筑企业可以与沿线国家的同行进行技术交流，分享建筑技术、项目管理等方面的经验。同时，为当地工程师和技术人员提供培训，不仅有助于项目顺利进行，还能加深双方的合作与信任。例如，中国企业可以在本地设立培训中心，定期举办技术研讨会和实操培训课程，帮助提升当地建筑行业的整体水平。

促进供应链和产业链合作。通过"一带一路"合作，中国建筑企业可以与"一带一路"合作伙伴国家建立稳定的原材料供应链，比如在当地设立预制构件工厂，这样不仅能够降低运输成本，还能促进当地经济发展，实现双赢。在进行"一带一路"建设时，建筑企业需要重视环境保护和履行社会责任。这不仅是国际发展趋势的要求，也是提升企业形象和持续发展的关键。企业应采取绿色建筑技术，尊重当地文化和社会需求，确保项目建设既符合经济效益，又符合社会和环境效益。例如，在东南亚的一些国家中，中国企业积极参与当地的生态保护项目，通过建设湿地公园、绿色建筑等项目，赢得了当地政府和民众的支持和好评。

（二）发达国家更新改造市场有待挖掘

在全球化的经济背景下，挖掘发达国家的更新改造市场是建筑业实现业务扩展和技术创新的重要途径。了解当地市场特性和法律规范。发达国家的建筑市场通常具有严格的法规和高标准的环保要求。建筑企业要成功进入这些市场，必须深入了解目标国家或地区的建筑法规、劳动法律、环保标准等。这包括建筑安全、能效标准、历史建筑保护等方面。通过与当地的专业机构合作，比如律师事务所、咨询公司等，可以更准确地把握这些要求，并据此调整企业的运营策略和项目实施方案。采用绿色建筑和可持续技术。发达国家普遍重视可持续发展，生态建筑和绿色技术是这些国家建筑市场的重要组成部分。建筑企业应推广使用节能材料、太阳能技术、雨水回收系统等绿色建筑技术，不仅能满足当地的环境标准，还能提升企业在市场上的竞争力。例如，可以在设计阶段就引入能效管理系统，确保建筑在整个使用周期内的能源效率最优化。

强化与当地企业和研究机构的合作。在发达国家进行建筑项目的更新与改造，往往需要依靠强有力的本地网络。与当地的建筑师事务所、工程公司、建材供应商建立合作关系，可以更好地理解市场需求，同时获得必要的资源支持。此外，与当地大学和科研机构合作，可以接触到当地的建筑技术和管理理念，提高项目的技术含量和创新水平。中国企业需要提供高水平的定制化服务，满足不同客户的特定需求，这可能涉及对建筑设计的个性化调整、室内环境的优化等方面。同时，保证项目的质量管控，如通过引进国际认可的质量管理体系，增加消费者的信任感。

积极参与当地的城市更新项目。许多发达国家正面临城市化进程中老旧区域改造的挑战。中国企业可以利用在高速发展过程中积累的大量城市更新经验。积极参与这些项目，例如，可以参与旧城区的重新规划和建设，或是参与公共设施如学校、医院的升级改造。这些项目不仅为企业带来经济效益，还能增强其在国际市场上的品牌影响力。注重知识产权保护。在发达国家开展业务，知识产权的保护尤为重要。建筑企业要重视自身技术创新和设计的版权申请与保护，避免技术和创意被侵权或泄露。同时，尊重当地的知识产权法律，避免在项目实施过程中侵犯他人的专利权或版权。加强品牌和文化的市场推广，通过有效的市场营销策略，树立良好的企业形象，传播中国文化的独特魅力，可以增加市场的接受度。例如，可以通过参与国际建筑展览、举办论坛、发表研究成果等方式提升品牌知名度。

（三）国际交流与合作前景广阔

加强国际交流与合作对于建筑业的发展至关重要。建筑业应积极参与或建立多边合作机制，这包括参加国际建筑行业会议、加入国际建筑协会、参与多边建筑项目等。通过这些平台，企业不仅可以了解全球建筑行业的最新动态和技术进展，还可以与国际同行建立联系，探讨合作机会。例如，参加国际建筑展览会可以让企业展示自己的技术和服务，同时学习他国的先进经验和创新理念。强化国际合作项目的实施。建筑企业应积极投标国外的建筑项目，并通过与当地企业合作的方式进入国际市场。这种"走出去"的策略不仅可以为企业带来经济收益，更能积累在不同文化和法律环境下工作的宝贵经验。例如，中国企业在非洲、中东及东南亚地区的大量基础设施建设项目中，常常与当地公司合作，共同实施项目。

推广海外培训与交流项目。组织海外培训和交流项目可以有效提升员工技能并扩展国际视野。可以通过与海外的大学、研究机构或大型企业合作，定期派遣员工进行短期的学习与实践。此外，引进国际专家来华举办讲座和研讨，也是技术交流和人才培养的良好方式。加强国际市场的研究与分析。深入了解国际市场是制定有效国际合作策略的前提，建筑企业应投入资源对目标市场进行全方位的研究，包括市场的需求动态、法律法规、文化特性及竞争态势等。基于这些研究，企业可以制定更为精确的市场进入策略和产品定位，从而提高国际合作的成功率。促进技术与标准的国际化。随着全球化的深入，建筑行业的技术和标准越来越趋于国际化。中国建筑业应主动适应这一趋势，参与国际标准的制定，推广自己的技术标准。例如，推广使用中国的建筑节能和环保标准，在国际项目中使用中国特有的工程技术，这不仅有助于提升中国建筑行业的国际形象，也能为国内企业开拓国际市场提供便利。

利用数字化工具加强沟通协调。在现代商业环境中，数字化工具为国际交流提供了极大的便利。建筑企业可以利用云计算、大数据、人工智能等技术，提高项目的管理效率和团队的沟通效果。例如，利用BIM技术进行项目管理，可以在全球范围内实现设计团队与施工团队的无缝对接。注重跨文化交际能力的培养。在国际交流与合作中，文化差异是一个不可忽视的问题。建筑企业应当重视培养员工的跨文化交际能力，包括语言学习、文化理解、国际礼仪等方面的培训。具备良好的跨文化交际能力，可以帮助员工在国际合作中减少误解和冲突，提高工作效率和项目成功率。

附录1 2021—2023年建筑业最新政策法规概览

2021年建筑业最新政策法规概览

1.2021年1月8日,《住房和城乡建设部关于印发绿色建筑标识管理办法的通知》(建标规〔2021〕1号)下发。办法分4章28条,从总则、申报和审查程序、标识管理、附则四方面进行了规定。办法所称绿色建筑标识,是指表示绿色建筑星级并载有性能指标的信息标志,包括标牌和证书。绿色建筑标识由住房和城乡建设部统一式样,证书由授予部门制作,标牌由申请单位根据不同应用场景按照制作指南自行制作。绿色建筑标识授予范围为符合绿色建筑星级标准的工业与民用建筑。绿色建筑标识星级由低至高分为一星级、二星级和三星级3个级别。绿色建筑三星级标识认定统一采用国家标准,二星级、一星级标识认定可采用国家标准或与国家标准相对应的地方标准。

2.2021年1月22日,《住房和城乡建设部办公厅关于开展建筑企业跨地区承揽业务要求设立分(子)公司问题治理工作的通知》(建办市函〔2021〕36号)下发。决定开展建筑企业跨地区承揽业务要求设立分(子)公司问题治理工作,进一步深化建筑业"放管服"改革,建立健全统一开放的建筑市场体系,扎实做好"六稳""六保"工作。通知要求各级住房和城乡建设主管部门要严格执行《住房城乡建设部关于印发推动建筑市场统一开放若干规定的通知》(建市〔2015〕140号)第八条规定,不得要求或变相要求建筑企业跨地区承揽业务在当地设立分(子)公司;对于存在相关问题的,要立即整改。各级房屋建筑与市政基础设施工程招标投标监管部门要全面梳理本行政区域内房屋建筑和市政基础设施工程招标文件,清理招标文件中将投标企业中标后承诺设立分（子）公司作为评审因素等做法。还要求各级住房和城乡建设主管部门要进一步健全投诉举报处理制度，建立公平、高效的投诉举报处理机制，及时受理并依法处理建筑企业在跨地区承揽业务活动中的投诉举报事项，保障建筑企业合法权益。各省级住房和城乡建设主管部门要统一思想，提高认识，加强组织领导，扎实推进本地区治理工作，严肃查处违规设置建筑市场壁垒、限制和排斥建筑企业跨省承揽业务的行为，清理废除妨碍构建统一开放建筑市场体系的规定和做法，营造公平竞争的建筑市场环境。

3.2021年1月22日，《住房和城乡建设部关于印发工程保函示范文本的通知》（建市〔2021〕11号）下发。目的是为进一步推进工程建设领域担保制度建设，促进建筑市场健康发展，《工程保函示范文本》自2021年3月1日起执行。原《工程担保合同示范文本（试行）》（建市〔2005〕74号）同时废止。示范文本分为八种：投标保函示范文本（独立保函）、投标保函示范文本（非独立保函）、预付款保函示范文本（独立保函）、预付款保函示范文本（非独立保函）、支付保函示范文本（独立保函）、支付保函示范文本（非独立保函）、履约保函示范文本（独立保函）、履约保函示范文本（非独立保函）。

4.2021年2月2日，《住房和城乡建设部办公厅关于同意开展智能建造试点的函》（建办市函〔2021〕55号）下发。同意将上海嘉定新城菊园社区JDC1—0402单元05—02地块项目、佛山顺德凤桐花园项目、佛山顺德北滘镇南坪路以西地块之一项目、深圳市长圳公共住房及其附属工程总承包（EPC）项目和重庆美好天赋项目、绿地新里秋月台项目、万科四季花城三期项目列为住房和城乡建设部智能建造试点项目。要求深入贯彻落实《住房和城乡建设部等部门关于推动智能建造与建筑工业化协同发展的指导意见》（建市〔2020〕60号），围绕建筑业高质量发展，以数字化、智能化升级为动力，创新突破相关核心技术，加大智能建造在工程建设各环节应用，提升工程质量安全、效益和品质，尽快探索出一套可复制可推广的智能建造发展模式和实施经验。

5.2021年2月4日，《住房和城乡建设部办公厅关于开展建筑市场部分评比表彰奖项信息归集共享试点工作的通知》（建办市函〔2021〕

63号）下发。试点目的是通过开展试点，完善建筑市场评比表彰奖项信息共享和公开机制，减轻建筑企业重复提交证明材料的负担，提高建筑业政务服务质量。奖项归集范围是由各省（自治区）住房和城乡建设厅、直辖市住房和城乡建设（管）委员会以及北京市规划和自然资源委员会、新疆生产建设兵团住房和城乡建设局主办或主管的优质房屋建筑和市政基础设施工程评比表彰奖项。试点工作要求依法依规确定试点奖项清单、完善平台信息归集功能、集中展示和共享试点奖项信息、总结推广经验做法。

6.2021年2月19日，《住房和城乡建设部办公厅关于同意辽宁省建设工程企业资质和从业人员资格证书电子化的函》（建办市函〔2021〕85号）下发。同意辽宁省住房和城乡建设厅负责核发的工程勘察资质证书、工程设计资质证书、建筑业企业资质证书、工程监理企业资质证书、工程造价咨询企业资质证书、安全生产许可证、建设工程质量检测机构资质证书、房地产估价机构备案证书、二级注册建筑师注册证书、二级注册结构工程师注册执业证书、二级建造师注册证书实行电子证照。要求做好有关资质资格数据与住建部相关管理系统数据对接工作，并确保相关电子证照符合全国一体化在线政务服务平台相关电子证照标准及住房和城乡建设部有关要求。

7.2021年2月26日，《住房和城乡建设部建筑市场监管司关于修改全国监理工程师职业资格考试基础科目和土木建筑工程专业科目大纲的通知》（建司局函市〔2021〕47号）下发。决定将《全国监理工程师职业资格考试大纲》（基础科目和土木建筑工程专业科目）中的"《中华人民共和国合同法》"统一修改为"《中华人民共和国民法典》第三编合同"。

8.2021年3月16日，《住房和城乡建设部办公厅关于印发绿色建造技术导则（试行）的通知》（建办质〔2021〕9号）下发。导则为进一步规范和指导绿色建造试点工作，提出绿色建造全过程关键技术要点，引导绿色建造技术方向。导则分为总则、术语、基本规定、绿色策划、绿色设计、绿色施工和绿色交付共7章。

9.2021年3月19日，《住房和城乡建设部办公厅关于2020年度建筑工程施工转包违法分包等违法违规行为查处情况的通报》（建办市

〔2021〕10号）公布。通报显示，各地住房和城乡建设主管部门共排查项目333573个，涉及建设单位242541家、施工单位267926家。共排查出9725个项目存在各类建筑市场违法违规行为。其中，存在违法发包行为的项目461个，占违法项目总数的4.8%；存在转包行为的项目298个，占违法项目总数的3.0%；存在违法分包行为的项目455个，占违法项目总数的4.7%；存在挂靠行为的项目104个，占违法项目总数的1.0%；存在"未领施工许可证先行开工"等其他市场违法行为的项目8407个，占违法项目总数的86.5%。各地住房和城乡建设主管部门共查处有违法违规行为的建设单位3562家；有违法违规行为的施工企业7332家，其中，有转包行为的企业302家，有违法分包行为的企业453家，有挂靠行为的企业69家，有出借资质行为的企业51家，有其他违法行为的企业6457家。对存在违法违规行为的企业和人员，分别采取停业整顿、吊销资质、限制投标资格、责令停止执业、吊销执业资格、终身不予注册、没收违法所得、罚款、通报批评、诚信扣分等一系列行政处罚或行政管理措施。并提出严格按照有关要求，继续严厉打击建筑工程施工转包违法分包等违法违规行为，加大对各类违法违规行为的查处力度；加强对市、县级住房和城乡建设主管部门工作的监督指导，进一步明确工作责任人，加强数据核实把关，于每季度结束后10日内及时将本行政区域内统计数据报住房和城乡建设部建筑市场监管司。

10. 2021年3月30日，《住房和城乡建设部关于修改〈建筑工程施工许可管理办法〉等三部规章的决定》（中华人民共和国住房和城乡建设部令第52号）公布。决定将《建筑工程施工许可管理办法》（住房和城乡建设部令第18号，根据住房和城乡建设部令第42号修改）第四条第一款第二项修改为："依法应当办理建设工程规划许可证的，已经取得建设工程规划许可证。"将第四条第一款第五项修改为："有满足施工需要的资金安排、施工图纸及技术资料，建设单位应当提供建设资金已经落实承诺书，施工图设计文件已按规定审查合格。"删去第四条第一款第七项、第八项。删去《实施工程建设强制性标准监督规定》（建设部令第81号，根据住房和城乡建设部令第23号修改）第五条第二款。

11. 2021年4月1日，《住房和城乡建设部关于修改〈建设工程勘察质量管理办法〉的决定》(中华人民共和国住房和城乡建设部令第53号)公布。决定将第五条第二款中的"严格执行国家收费标准"修改为"加强履约管理，及时足额支付勘察费用"。增加两款作为第三款和第四款，明确建设单位及其项目负责人对勘察设计质量管理的职责。修改了第七、九、十二、十四、十六、十七等条款，明确工程勘察企业及其法定代表人和项目负责人的质量责任，对工程勘察工作的原始记录和观测员、试验员、记录员、机长等现场作业人员以及工程勘察档案管理等作了规定，并对法则作了修改。

12. 2021年4月6日，《住房和城乡建设部等部门关于加快发展数字家庭 提高居住品质的指导意见》(建标〔2021〕28号)公布。指导意见是顺应深化住房供给侧结构性改革、促进房地产开发企业等市场主体转型升级和家庭生活数字化趋势的一大举措，也是响应国家数字经济战略、实现经济转型升级和数字经济目标的重要政策。指导意见共包括5部分、18条内容。总体要求部分明确了指导思想、工作原则和发展目标；明确数字家庭服务功能、强化数字家庭工程设施建设、完善数字家庭系统、加强组织实施四部分则指出主要任务和工作方法。推动指导意见落地重点做好开展试点建设、完善标准体系、加强宣传引导。

13. 2021年4月7日，《住房和城乡建设部关于公布2020年度全国绿色建筑创新奖获奖名单的通知》(建标〔2021〕29号)下发。确定"北京大兴国际机场旅客航站楼及停车楼工程"等61个项目获得2020年度全国绿色建筑创新奖。

14. 2021年4月9日，《住房和城乡建设部办公厅关于启用全国工程质量安全监管信息平台的通知》(建办质函〔2021〕159号)下发。自2021年5月15日起，正式启用平台。目标是构建一体化的全国房屋建筑和市政基础设施工程质量安全监管信息平台，覆盖建筑施工安全监管、工程勘察设计质量监管、工程质量监管、城市轨道交通工程质量安全监管等业务，支撑部、省、市、县各级住房和城乡建设部门及有关部门履行房屋建筑和市政基础设施工程质量安全监管职能，实现跨层级、跨地区、跨部门间信息共享和业务协同，提升监管工作效能和政务服务能力，有力维护人民群众生命财产安全。平台集成工程质量安全监管业务信息系统、全国工程质量安全监管数据中心、工作门户以及公共服务门户，供各地免费使用。平台用户包含各级住房和城乡建设部门及有关部门房屋建筑和市政基础设施工程质量安全监管人员，工程项目建设各方主体以及相关机构、单位从业人员，社会公众等。主管部门监管人员账号采用逐级分配方式创建。

15. 2021年4月20日，《住房和城乡建设部 国家发展改革委关于批准发布综合医院建设标准的通知》（建标〔2021〕36号）下发。《综合医院建设标准》编号为建标110—2021，自2021年7月1日起施行。原《综合医院建设标准》建标110—2008同时废止。在综合医院工程项目的审批、核准、设计和建设过程中，要严格遵守国家相关规定，认真执行本建设标准，坚决控制工程造价。本建设标准的管理由住房和城乡建设部、国家发展改革委负责，具体解释工作由国家卫生健康委负责。

16. 2021年5月8日，《住房和城乡建设部办公厅关于开展施工现场技能工人配备标准制定工作的通知》（建办市〔2021〕29号）下发。通知要求新建、改建、扩建房屋建筑与市政基础设施工程建设项目，均应制定相应的施工现场技能工人配备标准。技能工人包括一般技术工人和建筑施工特种作业人员。一般技术工人等级分为初级工、中级工、高级工、技师、高级技师；工种类别包括砌筑工、钢筋工、模板工、混凝土工等。建筑施工特种作业人员包括建筑电工、建筑架子工、建筑起重信号司索工、建筑起重机械司机、建筑起重机械安装拆卸工、高处作业吊篮安装拆卸工和经省级以上人民政府住房和城乡建设主管部门认定的其他特种作业人员等。工作目标是到2025年，力争实现在建项目施工现场中级工占技能工人比例达到20%、高级工及以上等级技能工人占技能工人比例达到5%，初步建立施工现场技能工人配备体系。2035年，力争实现在建项目施工现场中级工占技能工人比例达到30%、高级工及以上等级技能工人占技能工人比例达到10%，建立施工现场所有工种技能工人配备体系。主要任务有科学合理制定标准、认真开展技能培训、加强监督检查、强化信息化应用。

17. 2021年5月20日，《住房和城乡建设部办公厅关于开展2021年住房和城乡建设系统"安全生产月"活动的通知》（建办质函〔2021〕

217号)下发。通知要求按照全国"安全生产月"活动要求,结合疫情防控常态化形势和本地区安全生产工作实际,制定切实可行的工作方案,精心安排部署,科学组织实施,确保各项活动有序开展、取得实效,为庆祝建党100周年营造良好的安全生产环境。通知还要求结合住房和城乡建设部2021年安全生产工作要点,继续深入开展住房和城乡建设领域安全生产专项整治三年行动。认真组织开展6月16日"全国安全宣传咨询日"活动。

18.2021年5月27日,《住房和城乡建设部办公厅关于集中式租赁住房建设适用标准的通知》(建办标〔2021〕19号)下发。通知明确集中式租赁住房是指具备一定规模、实行整体运营并集中管理、用于出租的居住性用房。按照使用对象和使用功能,集中式租赁住房可分为宿舍型和住宅型2类。新建宿舍型租赁住房应执行《宿舍建筑设计规范》JGJ 36—2016及相关标准;改建宿舍型租赁住房应执行《宿舍建筑设计规范》JGJ 36—2016或《旅馆建筑设计规范》JGJ 62—2014及相关标准。新建或改建住宅型租赁住房应执行《住宅建筑规范》GB 50368—2005及相关标准。集中式租赁住房可根据市场需求和建筑周边商业服务网点配置等实际情况,增加相应服务功能。严格把握非居住类建筑改建为集中式租赁住房的条件。非居住类建筑改建前应对房屋安全性能进行鉴定,保证满足安全使用的要求;土地性质为三类工业用地和三类物流仓储用地的非居住建筑,不得改建为集中式租赁住房。加强运营安全管理。

19.2021年6月11日,《住房和城乡建设部办公厅关于印发第一次全国自然灾害综合风险普查房屋建筑和市政设施调查实施方案的通知》(建办质函〔2021〕248号)下发。通知从工作依据、工作目的、标准时点、调查对象、调查内容、组织实施、方法流程、数据处理、全过程质量控制、审核与汇交、时间要求和调查纪律等方面对全国房屋建筑和市政设施调查工作作出了详细规定,要求各地结合实际认真贯彻落实。

20.2021年6月28日,《住房和城乡建设部办公厅关于取消工程造价咨询企业资质审批加强事中事后监管的通知》(建办标〔2021〕26号)下发。通知明确取消工程造价咨询企业资质审批。按照《国务院关于深化"证照分离"改革 进一步激发市场主体发展活力的通知》(国发

〔2021〕7号）文件要求，自2021年7月1日起，住房和城乡建设主管部门停止工程造价咨询企业资质审批，工程造价咨询企业按照其营业执照经营范围开展业务，行政机关、企事业单位、行业组织不得要求企业提供工程造价咨询企业资质证明。2021年6月3日起，住房和城乡建设主管部门不再办理工程造价咨询企业资质延续手续，到期需延续的企业，有效期自动延续至2021年6月30日。通知还要求健全企业信息管理制度、推进信用体系建设、构建协同监管新格局、提升工程造价咨询服务能力、加强事中事后监管。

21. 2021年6月29日，《住房和城乡建设部办公厅关于做好建筑业"证照分离"改革衔接有关工作的通知》（建办市〔2021〕30号）下发。通知要求，自2021年7月1日起，各级住房和城乡建设主管部门停止受理所列建设工程企业资质的首次、延续、增项和重新核定的申请，重新核定事项含《住房城乡建设部关于建设工程企业发生重组、合并、分立等情况资质核定有关问题的通知》（建市〔2014〕79号）规定的核定事项。2021年7月1日前已受理的，按照原资质标准进行审批。自2021年7月1日起，建筑业企业施工劳务资质由审批制改为备案制，由企业注册地设区市住房和城乡建设主管部门负责办理备案手续。企业提交企业名称、统一社会信用代码、办公地址、法定代表人姓名及联系方式、企业净资产、技术负责人、技术工人等信息材料后，备案部门应当场办理备案手续，并核发建筑业企业施工劳务资质证书。企业完成备案手续并取得资质证书后，即可承接施工劳务作业。对于按照优化审批服务方式改革的许可事项，各级住房和城乡建设主管部门要进一步优化审批流程，推动线上办理，实行全程电子化申报和审批。要精减企业申报材料，不得要求企业提供人员身份证明和社保证明、企业资质证书、注册执业人员资格证书等证明材料，切实减轻企业负担。

22. 2021年7月16日，《住房和城乡建设部办公厅关于发布绿色建筑标识式样的通知》（建办标〔2021〕36号）下发。通知明确，按照《绿色建筑标识管理办法》（建标规〔2021〕1号）要求，住房和城乡建设部进一步完善了绿色建筑标识证书式样，增加了标牌式样。绿色建筑标识由牡丹花叶、长城、星级和中国绿色建筑中英文构成，体现中国绿色建筑最大限度实现人与自然和谐共生。绿色建筑标识证书和标牌应严格按照绿色建筑标识制作指南、标识证书矢量文件和标识标牌矢量文件规定的式样与要求制作。扫描证书和标牌中的二维码可查询项目证书信息。自2021年6月起，住房和城乡建设部门按照《绿色建筑标识管理办法》（建标规〔2021〕1号）认定绿色建筑项目，授予绿色建筑标识证书。绿色建筑项目申请单位可根据不同应用场景自行制作绿色建筑标识标牌。绿色建筑标识式样除用于绿色建筑标识制作外，不得用做其他用途。

23. 2021年7月19日，《建设工程抗震管理条例》（中华人民共和国国务院令第744号）颁布，自2021年9月1日起施行。条例分8章51条，规定在中华人民共和国境内从事建设工程抗震的勘察、设计、施工、鉴定、加固、维护等活动及其监督管理，适用本条例；建设工程抗震应当坚持以人为本、全面设防、突出重点的原则；国务院住房和城乡建设主管部门对全国的建设工程抗震实施统一监督管理，国务院交通运输、水利、工业和信息化、能源等有关部门按照职责分工，负责对全国有关专业建设工程抗震的监督管理；国家鼓励和支持建设工程抗震技术的研究、开发和应用；国家建立建设工程抗震调查制度；国家实行建设工程抗震性能鉴定制度。条例对新建、改建、扩建建设工程的勘察、设计和施工，已经建成的建设工程的鉴定、加固和维护，建设工程抗震新技术强制应用，农村建设工程抗震设防以及保障措施、监督管理、各方主体法律责任等作了全面规定。作为中华人民共和国成立以来建设工程抗震管理领域的首部专门行政法规，条例的颁布施行对于提升建设工程抗震领域治理现代化水平意义重大。

24. 2021年7月28日，《住房和城乡建设部办公厅关于印发智能建造与新型建筑工业化协同发展可复制经验做法清单（第一批）的通知》（建办市函〔2021〕316号）下发。通知明确各地围绕发展数字设计、推广智能生产、推动智能施工、建设建筑产业互联网平台、研发应用建筑机器人等智能建造设备、加强统筹协作和政策支持等方面积极探索，推动智能建造与新型建筑工业化协同发展取得较大进展。住房和城乡建设部总结各地经验做法形成《智能建造与新型建筑工业化协同发展可复制经验做法清单（第一批）》，推广全国学习借鉴。

25. 2021年7月30日,《住房和城乡建设部办公厅关于同意云南省实行建设工程勘察设计企业资质和从业人员执业资格电子证书的函》(建办市函〔2021〕329号)下发。同意云南省住房和城乡建设厅负责核发的工程勘察企业资质证书、工程设计企业资质证书、二级注册建筑师注册证书、二级注册结构工程师注册执业证书实行电子证书。并要求做好有关资质资格数据与住房和城乡建设部相关管理系统数据对接工作,并确保相关电子证书符合全国一体化在线政务服务平台相关电子证照标准及住房和城乡建设部有关要求。

26. 2021年8月4日,《住房和城乡建设部办公厅关于全面加强房屋市政工程施工工地新冠肺炎疫情防控工作的通知》(建办质电〔2021〕45号)下发。针对全国一些地区相继出现新冠肺炎确诊病例,新冠肺炎疫情防控形势严峻,给房屋市政工程施工工地(以下简称"施工工地")疫情防控敲响了警钟,通知要求加强组织领导,完善疫情防控体系,加强施工工地人员排查,从严做好风险管控,加强现场防疫,严格工地内部管理,加强培训教育,做好疫情防控宣传,抓好工程质量安全管理,坚决防止盲目抢工期,严格值班值守,强化应急准备。

27. 2021年8月31日,《住房和城乡建设部办公厅关于开展工程建设领域整治工作的通知》(建办市〔2021〕38号)下发。通知要求认真贯彻落实党中央关于常态化开展扫黑除恶斗争的决策部署,聚焦工程建设领域存在的恶意竞标、强揽工程等突出问题,严格依法查处违法违规行为,及时发现和堵塞监管漏洞,建立健全源头治理的防范整治长效机制,持续规范建筑市场秩序。工作目标是通过整治工作,到2022年6月底,工程建设领域恶意竞标、强揽工程等违法违规行为得到有效遏制,招标投标乱象和突出问题得到有效整治,招标投标监管制度进一步完善。整治重点分两方面,一是投标人串通投标、以行贿的手段谋取中标、挂靠或借用资质投标等恶意竞标行为。二是投标人胁迫其他潜在投标人放弃投标,或胁迫中标人放弃中标、转让中标项目等强揽工程行为。

28. 2021年8月31日,《住房和城乡建设部办公厅关于印发第一次全国自然灾害综合风险普查房屋建筑和市政设施调查数据成果质量在线巡检办法（试行）的通知》（建办质函〔2021〕353号）下发。通知明确根据《第一次全国自然灾害综合风险普查实施方案（修订版）》（国灾险普办发〔2021〕6号）、《第一次全国自然灾害综合风险普查房屋建筑和市政设施调查实施方案》（建办质函〔2021〕248号），住房和城乡建设部组织编制了《第一次全国自然灾害综合风险普查房屋建筑和市政设施调查数据成果质量在线巡检办法（试行）》。实施数据成果质量在线巡检的目的，是在既有的调查阶段数据质量管理和县级自检、逐级质检核查等程序的基础上，利用信息化手段进一步加强对数据质量的全过程管控。巡检不代替上述各类既有的数据质量管控措施，也不代替各地根据实际情况建立的本地数据质量管控制度。住房和城乡建设部建立第一次全国自然灾害综合风险普查房屋建筑和市政设施调查数据质量在线巡检组成员名单和专家名单，列入巡检组成员名单的人员称为巡检组成员（以下简称"巡检员"），列入巡检组专家名单的人员称为巡检组专家（以下简称"巡检专家"）。巡检员和巡检专家有权对各地各阶段的调查数据进行在线巡检。

29. 2021年9月10日，住房和城乡建设部发布了《装配式混凝土结构住宅主要构件尺寸指南》《住宅装配化装修主要部品部件尺寸指南》。《装配式混凝土结构住宅主要构件尺寸指南》的编制旨在为各地区进行标准化预制构件体系的编制工作提供借鉴，为企业编制预制构件产品标准和产品应用手册提供技术支撑，各方共同以预制构件功能和性能指标要求为核心，不断改进和研发适宜的标准化部品部件及接口标准等。《住宅装配化装修主要部品部件尺寸指南》中的构件适用于装配式混凝土结构住宅。指南适用于新建和既有住宅建筑的装配化装修，主要内容包括装配式隔墙及墙面系统、装配式地面系统、装配式顶面系统、门窗、集成式厨房、装配式卫生间、整体收纳等部品部件及其接口的优先尺寸。

30. 2021年9月18日，《住房和城乡建设部办公厅关于全面实行一级建造师电子注册证书的通知》（建办市〔2021〕40号）下发。通知明确，自2021年10月15日起，在全国范围内实行一级建造师电子证书；自2022年1月1日起，一级建造师统一使用电子证书，纸质注册证书作废。

31. 2021年9月27日，住房和城乡建设部印发《住房和城乡建设部办公厅关于印发城市轨道交通工程基坑、隧道施工坍塌防范导则的通知》(建办质〔2021〕42号)(以下简称《导则》)。《导则》分为总则与术语、基本规定、管理行为、基坑工程施工坍塌防范、矿山法隧道施工坍塌防范、盾构法隧道施工坍塌防范、应急响应,共七章内容。《导则》将基坑、隧道施工坍塌防范贯穿于城市轨道交通工程建设全过程及各参建单位。《导则》的主要措施有四方面:一是构建基坑、隧道防范坍塌体系。二是规范参建各方管理行为。三是细化基坑、隧道坍塌防范措施。四是加强突发事件应急响应。

32. 2021年10月21日,中共中央办公厅、国务院办公厅印发了《关于推动城乡建设绿色发展的意见》,意见明确总体目标是:到2025年,城乡建设绿色发展体制机制和政策体系基本建立,建设方式绿色转型成效显著,碳减排扎实推进,城市整体性、系统性、生长性增强,"城市病"问题缓解,城乡生态环境质量整体改善,城乡发展质量和资源环境承载能力明显提升,综合治理能力显著提高,绿色生活方式普遍推广。到2035年,城乡建设全面实现绿色发展,碳减排水平快速提升,城市和乡村品质全面提升,人居环境更加美好,城乡建设领域治理体系和治理能力基本实现现代化,美丽中国建设目标基本实现。其中转变城乡建设发展方式的五个主要任务中,要求建设高品质绿色建筑和实现工程建设全过程绿色建造。建设高品质绿色建筑包含:实施建筑领域碳达峰、碳中和行动。规范绿色建筑设计、施工、运行、管理,鼓励建设绿色农房。推进既有建筑绿色化改造,鼓励与城镇老旧小区改造、农村危房改造、抗震加固等同步实施。开展绿色建筑、节约型机关、绿色学校、绿色医院创建行动。加强财政、金融、规划、建设等政策支持,推动高质量绿色建筑规模化发展,大力推广超低能耗、近零能耗建筑,发展零碳建筑。实施绿色建筑统一标识制度。建立城市建筑用水、用电、用气、用热等数据共享机制,提升建筑能耗监测能力。推动区域建筑能效提升,推广合同能源管理、合同节水管理服务模式,降低建筑运行能耗、水耗,大力推动可再生能源应用,鼓励智能光伏与绿色建筑融合创新发展。实现工程建设全过程绿色建造包括:开展绿色建造示范工程创建行动,推广绿色化、工业化、信息化、集约化、产业化建造方式，加强技术创新和集成，利用新技术实现精细化设计和施工。大力发展装配式建筑，重点推动钢结构装配式住宅建设，不断提升构件标准化水平，推动形成完整产业链，推动智能建造和建筑工业化协同发展。完善绿色建材产品认证制度，开展绿色建材应用示范工程建设，鼓励使用综合利用产品。加强建筑材料循环利用，促进建筑垃圾减量化，严格施工扬尘管控，采取综合降噪措施管控施工噪声。推动传统建筑业转型升级，完善工程建设组织模式，加快推行工程总承包，推广全过程工程咨询，推进民用建筑工程建筑师负责制。加快推进工程造价改革。改革建筑劳动用工制度，大力发展专业作业企业，培育职业化、专业化、技能化建筑产业工人队伍。

33.2021年10月22日，住房和城乡建设部联合应急管理部下发《住房和城乡建设部 应急管理部关于加强超高层建筑规划建设管理的通知》（建科〔2021〕76号），要求强化既有超高层建筑安全管理。全面排查安全隐患，各地要结合安全生产专项整治三年行动，加强对超高层建筑隐患排查的指导监督，摸清超高层建筑基本情况，建立隐患排查信息系统。

34.2021年12月8日，住房和城乡建设部办公厅印发《住房和城乡建设部办公厅关于印发危险性较大的分部分项工程专项施工方案编制指南的通知》（建办质〔2021〕48号）。指南包括基坑工程、模板支撑体系工程、起重吊装及安装拆卸工程、脚手架工程、拆除工程、暗挖工程、建筑幕墙安装工程、人工挖孔桩工程和钢结构安装工程共9类危险性较大的分部分项工程。对《住房城乡建设部办公厅关于实施〈危险性较大的分部分项工程安全管理规定〉有关问题的通知》中的"专项施工方案内容"作进一步明确、细化。一是明确细化危大工程专项施工方案的主要内容。二是专项施工方案中可采取风险辨识与分级。三是明确危大工程的验收内容。四是细化应急处置措施。

35.2021年12月14日，住房和城乡建设部发布《住房和城乡建设部关于发布〈房屋建筑和市政基础设施工程危及生产安全施工工艺、设备和材料淘汰目录（第一批）〉的公告》（中华人民共和国住房和城乡建设部公告2021年第214号），通知要求本公告发布之日起9个月后，全面停止在新开工项目中使用本《目录》所列禁止类施工工艺、设备和材料；本公告发布之日起6个月后，新开工项目不得在限制条件和范围内使用本《目录》所列限制类施工工艺、设备和材料。负有安全生产监督管理职责的各级住房和城乡建设主管部门依据《建设工程安全生产管理条例》有关规定，开展对本《目录》执行情况的监督检查工作。

2022年建筑业最新政策法规概览

1.2022年1月17日，住房和城乡建设部下发《住房和城乡建设部关于印发国家城乡建设科技创新平台管理暂行办法的通知》(建标〔2022〕9号)。科技创新平台是住房和城乡建设领域科技创新体系的重要组成部分，是支撑引领城乡建设绿色发展，落实碳达峰、碳中和目标任务，推进以人为核心的新型城镇化，推动住房和城乡建设高质量发展的重要创新载体。科技创新平台分为重点实验室和工程技术创新中心两类。重点实验室以支撑性、引领性科学研究和提升行业技术成熟度为重点，主要开展应用基础研究和前沿技术研究。工程技术创新中心以技术集成创新和成果转化应用为重点，主要开展行业重大共性关键技术研究、重大技术装备研发、科技成果工程化研究、系统集成和应用。科技创新平台为非法人实体单位，依托相关领域研究实力强、科技创新优势突出的科研院所、骨干企业、高等院校（以下简称"依托单位"）组建。鼓励建立产学研用创新联合体。住房和城乡建设部围绕国家重大战略，结合住房和城乡建设领域发展需求和相关规划，按照"少而精"的原则，统筹部署建设科技创新平台。科技创新平台统一命名为"国家城乡建设×××重点实验室""国家城乡建设×××工程技术创新中心"。住房和城乡建设部对通过验收、正式运行的科技创新平台统一颁发标牌。住房和城乡建设部每三年集中对科技创新平台实施绩效评价。

2.2022年1月19日，住房和城乡建设部下发了《住房和城乡建设部关于印发"十四五"建筑业发展规划的通知》(建市〔2022〕11号)，明确"十四五"时期建筑业发展目标和主要任务，指导和促进"十四五"时期建筑业高质量发展。2035年远景目标为：以建设世界建造强国为目标，着力构建市场机制有效、质量安全可控、标准支撑有力、市场主体有活力的现代化建筑业发展体系。到2035年，建筑业发展质量和效益大幅提升，建筑工业化全面实现，建筑品质显著提升，企业创新能力大幅提高，高素质人才队伍全面建立，产业整体优势明显增强，"中国建造"核心竞争力世界领先，迈入智能建造世界强国行列，全面服务社会主义现代化强国建设。"十四五"时期发展目标为：对标2035年远景目标，初步形成建筑业高质量发展体系框架，建筑市场运行机制更加完善，营商环境和产业结构不断优化，建筑市场秩序明显改善，工程质量安全保障体系基本健全，建筑工业化、数字化、智能化水平大幅提升，建造方式绿色转型成效显著，加速建筑业由大向强转变，为形成强大国内市场、构建新发展格局提供有力支撑。七大主要任务是：加快智能建造与新型建筑工业化协同发展、健全建筑市场运行机制、完善工程建设组织模式、培育建筑产业工人队伍、完善工程质量安全保障体系、稳步提升工程抗震防灾能力、加快建筑业"走出去"步伐。

3.2022年1月24日，《国务院关于印发"十四五"节能减排综合工作方案的通知》（国发〔2021〕33号）（以下简称《方案》）公布，《方案》提出：到2025年，城镇新建建筑全面执行绿色建筑标准。《方案》部署了十大重点工程，在城镇绿色节能改造工程中，住房和城乡建设部按职责分工负责全面提高建筑节能标准，加快发展超低能耗建筑，积极推进既有建筑节能改造、建筑光伏一体化建设等工作。

4.2022年3月25日，住房和城乡建设部下发《住房和城乡建设部关于开展房屋市政工程安全生产治理行动的通知》（建质电〔2022〕19号），决定开展房屋市政工程安全生产治理行动，全面排查整治各类隐患，防范各类生产安全事故，切实保障人民生命财产安全，坚决稳控安全生产形势。工作目标是：以习近平新时代中国特色社会主义思想为指导，坚持人民至上、生命至上，坚持统筹发展和安全，坚持"安全第一、预防为主、综合治理"，集中用两年左右时间，聚焦重点排查整治隐患，严厉打击违法违规行为，夯实基础提升安全治理能力，坚决遏制房屋市政工程生产安全特重大事故，有效控制事故总量，为党的二十大胜利召开营造安全稳定的社会环境。重点任务有五个方面：一是严格管控危险性较大的分部分项工程，为健全管控体系、排查安全隐患、狠抓隐患整改。二是全面落实工程质量安全手册制度，严格落实手册要求、夯实安全生产基础、落实关键人员责任。三是提升施工现场人防物防技防水平，加强安全生产培训教育、强化现场安全防护措施、提升安全技术防范水平、增强风险应急处置能力。四是严厉打击各类违法违规行为，大力整顿违反建设程序行为、大力整治发承包违法违规行为、加大违法违规行为查处力度、深入推进"两违"专项清查工作。五是充分发挥政府投资工程示范带头作用，带头遵守相关法律法规、严格安全生产责任追究、打造安全生产示范工程。工作安排分为动员部署阶段（2022年4月1日～2022年4月15日）、排查整治阶段（2022年4月16日～2022年12月）、巩固提升阶段（2023年1月～2023年12月）。

5.2022年4月19日，住房和城乡建设部发布《房屋市政工程生产安全重大事故隐患判定标准（2022版）》（建质规〔2022〕2号）（以下简称《标准》）。《标准》适用于判定新建、扩建、改建、拆除房屋市政工程的生产安全重大事故隐患。县级及以上人民政府住房和城乡建设主管部门和施工安全监督机构，在监督检查过程中可依照《标准》判定房屋市政工程生产安全重大事故隐患。住房和城乡建设部要求，各级住房和城乡建设主管部门要把重大风险隐患当成事故来对待，将《标准》作为监管执法的重要依据，督促工程建设各方依法落实重大事故隐患排查治理主体责任，准确判定、及时消除各类重大事故隐患。要严格落实重大事故隐患排查治理挂牌督办等制度，着力从根本上消除事故隐患，牢牢守住安全生产底线。

6.2022年4月26日，住房和城乡建设部办公厅下发《住房和城乡建设部办公厅关于开展2021年度全国民用建筑能源资源消耗统计调查的通知》（建办标〔2022〕20号），推进民用建筑节能工作，做好2021年度全国民用建筑能源资源消耗统计工作。统计调查范围依据调查内容分为全国城镇、全国106个城市和17个省（自治区、直辖市）三类。统计数据通过信息平台报送，通知要求各地住房和城乡建设主管部门要高度重视，精心组织，按照要求遴选样本建筑，强化审核管理，提高统计数据质量，确保上报数据真实、准确、完整、及时。

7.2022年5月9日，住房和城乡建设部印发《住房和城乡建设部关于印发"十四五"工程勘察设计行业发展规划的通知》（建质〔2022〕38号），明确"十四五"时期，工程勘察设计行业的发展目标为：稳步发展，规模持续扩大，效益显著提高，勘察设计在工程建设中的引领作用进一步凸显。勘察设计相关法规制度不断完善，市场环境进一步优化，诚信体系初步建立，勘察设计质量得到充分保障。工程勘察设计行业绿色化、工业化、数字化转型全面提速，技术管理创新和综合服务能力不断增强，标准化、集成化水平进一步提升，持续助力建筑业高质量发展。并提出健全市场运行机制、保障勘察设计质量、贯彻绿色低碳理念、提升科技创新能力、推动行业数字转型、推进多元服务模式、优化人才培养体系等发展方向与任务。

8.2022年5月18日，住房和城乡建设部办公厅印发《住房和城乡建设部办公厅关于组织申报第三批装配式建筑生产基地的通知》（建办标函〔2022〕187号），组织申报第三批装配式建筑生产基地。

9.2022年5月24日，《住房和城乡建设部办公厅关于征集遴选智能建造试点城市的通知》（建办市函〔2022〕189号）下发，为加快推动建筑业与先进制造技术、新一代信息技术的深度融合，拓展数字化应用场景，培育具有关键核心技术和系统解决方案能力的骨干建筑企业，发展智能建造新产业，形成可复制可推广的政策体系、发展路径和监管模式，为全面推进建筑业转型升级、推动高质量发展发挥示范引领作用。通知明确试点城市征集范围是地级以上城市（含直辖市及下辖区县），试点时间为期三年。试点城市重点开展八项任务，分别为：完善政策体系、培育智能建造产业、建设试点示范工程、创新管理机制、打造部品部件智能工厂、推动技术研发和成果转化、完善标准体系、培育专业人才。其中前四项为必选任务，后四项可结合地方实际自主选择。

10.2022年5月27日，住房和城乡建设部安全生产管理委员会办公室下发《住房和城乡建设部安全生产管理委员会办公室关于开展2022年住房和城乡建设系统"安全生产月"活动的通知》（建安办函〔2022〕8号），要求各地住房和城乡建设主管部门及有关单位开展主题为"遵守安全生产法当好第一责任人"的"安全生产月"活动。

11. 2022年6月9日,住房和城乡建设部办公厅发布了《住房和城乡建设部办公厅印发装配式钢结构模块建筑技术指南的通知》(建办标函〔2022〕209号)。指南适用于工业与民用模块建筑的设计、制作、安装、质量验收与维护管理。模块建筑包括按国家现行规划、建设审批流程和设计建造标准实施的模块建筑和应对公共安全事件等紧急调用的应急类模块建筑。按设计工作年限的不同,应急类模块建筑又可分为应急类普通模块建筑与应急类临时模块建筑。

12. 2022年6月30日,《住房和城乡建设部 国家发展改革委关于印发城乡建设领域碳达峰实施方案的通知》(建标〔2022〕53号)下发,主要目标是:2030年前,城乡建设领域碳排放达到峰值。城乡建设绿色低碳发展政策体系和体制机制基本建立;建筑节能、垃圾资源化利用等水平大幅提高,能源资源利用效率达到国际先进水平;用能结构和方式更加优化,可再生能源应用更加充分;城乡建设方式绿色低碳转型取得积极进展,"大量建设、大量消耗、大量排放"基本扭转;城市整体性、系统性、生长性增强,"城市病"问题初步解决;建筑品质和工程质量进一步提高,人居环境质量大幅改善;绿色生活方式普遍形成,绿色低碳运行初步实现。力争到2060年前,城乡建设方式全面实现绿色低碳转型,系统性变革全面实现,美好人居环境全面建成,城乡建设领域碳排放治理现代化全面实现,人民生活更加幸福。

13. 2022年8月2日,《住房和城乡建设部 人力资源和社会保障部关于修改〈建筑工人实名制管理办法(试行)〉的通知》下发,通知明确将第八条修改为:"全面实行建筑工人实名制管理制度。建筑企业应与招用的建筑工人依法签订劳动合同,对不符合建立劳动关系情形的,应依法订立用工书面协议。建筑企业应对建筑工人进行基本安全培训,并在相关建筑工人实名制管理平台上登记,方可允许其进入施工现场从事与建筑作业相关的活动。"将第十条、第十一条、第十二条和第十四条中的"劳动合同"统一修改为"劳动合同或用工书面协议"。

14. 2022年8月8日,《住房和城乡建设部办公厅关于开展建筑施工企业安全生产许可证和建筑施工特种作业操作资格证书电子证照试运行的通知》(建办质〔2022〕34号)下发,进一步贯彻落实国务院关于加快推进电子证照扩大应用领域和全国互通互认的要求，深化"放管服"改革，提升建筑施工安全监管数字化水平。自2022年10月1日起，在天津、山西、黑龙江、江西、广西、海南、四川、重庆、西藏等省（区、市）和新疆生产建设兵团开展建筑施工企业安全生产许可证电子证照试运行，在河北、吉林、黑龙江、浙江、江西、湖南、广东、重庆等省（市）和新疆生产建设兵团开展建筑施工特种作业操作资格证书电子证照试运行。其余省份应根据有关标准，尽快做好电子证照发放准备工作，力争在2022年年底前全面实现相关证照电子化。

15.2022年8月29日，住房和城乡建设部办公厅印发《住房和城乡建设部办公厅关于进一步做好建筑工人就业服务和权益保障工作的通知》(建办市〔2022〕40号)，要求进一步做好建筑工人就业服务和权益保障工作。通知明确，加强职业培训，提升建筑工人技能水平。各地住房和城乡建设主管部门要积极推进建筑工人职业技能培训，引导龙头建筑企业积极探索与高职院校合作办学、建设建筑产业工人培育基地等模式，将技能培训、实操训练、考核评价与现场施工有机结合。鼓励建筑企业和建筑工人采用师傅带徒弟、个人自学与集中辅导相结合等多种方式，突出培训的针对性和实用性，提高一线操作人员的技能水平。引导建筑企业将技能水平与薪酬挂钩，实现技高者多得、多劳者多得。同时，要全面实施施工现场技能工人配备标准，将施工现场技能工人配备标准达标情况作为在建项目建筑市场及工程质量安全检查的重要内容，推动施工现场配足配齐技能工人，保障工程质量安全。通知强调，各地住房和城乡建设主管部门要明确目标任务，利用多种形式宣传相关政策，积极回应社会关切和建筑工人诉求，合理引导预期，切实做好建筑工人就业服务和权益保障工作。

16.2022年10月28日，住房和城乡建设部印发《住房和城乡建设部办公厅关于建设工程企业资质有关事宜的通知》(建办市函〔2022〕361号)，进一步优化建筑市场营商环境，减轻企业负担，激发市场主体活力。通知指出，住房和城乡建设部核发的工程勘察、工程设计、建筑业企业、工程监理企业资质，资质证书有效期于2023年12月30日前期满的，统一延期至2023年12月31日。上述资质有效期将在全国建筑市场监管公共服务平台自动延期，企业无须换领资质证书，原资质证书仍可用于工程招标投标等活动。具有法人资格的企业可直接申请施工总承包、专业承包二级资质。企业按照新申请或增项提交相关材料，企业资产、技术负责人需满足《建筑业企业资质标准》(建市〔2014〕159号)规定的相应类别二级资质标准要求，其他指标需满足相应类别三级资质标准要求。持有施工总承包、专业承包三级资质的企业，可按照现行二级资质标准要求申请升级，也可按照上述要求直接申请二级资质。

17.2022年12月29日，《建设工程质量检测管理办法》(中华人民共和国住房和城乡建设部令第57号)(以下简称《管理办法》)公布，自2023年3月1日起施行，2005年9月28日原建设部公布的《建设工程质量检测管理办法》(建设部令第141号)同时废止。新修订出台的《管理办法》，从调整建设工程质量检测范围、强化资质动态管理、规范建设工程质量检测活动、完善建设工程质量检测责任体系、提高数字化应用水平、加强政府监督管理、加大违法违规行为处罚力度等多个方面进一步强化建设工程质量检测管理，维护建设工程质量检测市场秩序，规范建设工程质量检测行为，促进建设工程质量检测行业健康发展，保障建设工程质量。

2023年建筑业最新政策法规概览

1.2023年1月10日，《住房和城乡建设部关于2023年第一批注册监理工程师初始注册人员名单的公告》(中华人民共和国住房和城乡建设部公告2023年第8号)发布，何传良等1042人符合注册监理工程师初始注册条件，准予注册。随后，分批发布一级建造师注册的人员、注册土木工程师(岩土)初始注册人员、一级注册结构工程师初始注册人员、注册公用设备工程师初始注册人员、电气工程师初始注册人员、注册化工工程师初始注册人员、注册监理工程师初始注册人员、一级造价工程师初始注册人员准予注册名单。

2.2023年1月17日，《住房和城乡建设部关于2022年度三星级绿色建筑标识项目的公告》(中华人民共和国住房和城乡建设部公告2023年第11号）公布，确定深圳天安云谷产业园二期11栋，深圳市航天科技广场A、B座，北京市定福家园北里3号院1-3号楼（朝阳区平房乡新村定福家园项目），天津朗泓园（临海新城08-05-24地块住宅项目）1-17号楼及地下车库，长春净月经济开发区德国大陆汽车电子产业园区研发中心、食堂及更衣室、实验楼、辅助用房等项目获得三星级绿色建筑标识，其中深圳两个项目为公共建筑，北京、天津的项目为住宅建筑，长春的项目为工业建筑。

3.2023年1月29日，《住房和城乡建设部办公厅关于国家标准〈煤炭工业半地下储仓建筑结构设计规范（局部修订征求意见稿）〉公开征求意见的通知》公布，向社会公开征求意见。随后，国家标准《人民防空工程设计防火规范（局部修订征求意见稿）》、国家标准《石油化工安全仪表系统设计规范（局部修订征求意见稿）》、国家标准《光伏发电站施工规范（局部修订征求意见稿）》《存量填埋设施治理工程项目建设标准（征求意见稿）》、国家标准《油气长输管道工程施工标准（征求意见稿）》、国家标准《钢铁企业给水排水设计规范（局部修订征求意见稿）》、国家标准《石油化工大型设备吊装工程规范（局部修订征求意见稿）》、国家标准《兵器工业工程术语标准（征求意见稿）》、国家标准《石油化工建（构）筑物抗震设防分类标准（局部修订征求意见稿）》、国家标准《在役聚乙烯燃气管道检验与评价（征求意见稿）》、国家标准《无障碍设计规范（局部修订征求意见稿）》、国家标准《空调通风系统运行管理标准（局部修订征求意见稿）》、国家标准《城市地下综合管廊抗震设计标准（征求意见稿）》、国家标准《城镇燃气输配管道完整性管理规范（征求意见稿）》、国家标准《绿色建筑评价标准（局部修订征求意见稿）》等向社会公开征求意见。

4.2023年2月17日，国务院安委会办公室、住房和城乡建设部、交通运输部、水利部、国务院国资委、国家铁路局、中国民用航空局、中国国家铁路集团有限公司联合下发《关于进一步加强隧道工程安全管理的指导意见》（安委办〔2023〕2号）。意见指出，当前我国隧道（洞）建设规模巨大，但工程本质安全水平不高，坍塌、火灾等事故时有发生，安全生产形势严峻。为深入贯彻落实习近平总书记关于安全生产的重要论述精神，深刻吸取近年来隧道施工安全事故教训，全面加强隧道工程安全管理，有效防控重大安全风险，意见要求压实安全生产责任，严格落实建设单位首要责任，严格落实参建企业主体责任，强化属地和部门监管责任，健全制度体系，完善法规标准，建立合理工期和造价保障机制，完善现场安全管理制度，优化分包安全管理手段，提升重大风险防范化解能力，加强勘察设计源头风险防范，严格施工现场重大风险管控，深化事故隐患排查治理，提高应急处置水平，夯实安全生产基础，加快培养隧道施工安全管理人才，推进核心技术工人队伍建设，加大先进工艺技术推广应用，强化支撑保障，注重示范引导，充分发挥市场机制作用。

5.2023年3月23日，《住房和城乡建设部办公厅关于做好房屋市政工程安全生产治理行动巩固提升工作的通知》（建办质函〔2023〕81号）下发，通知要求紧紧围绕房屋市政工程安全生产治理行动五大任务，总结好的经验做法，巩固提升治理行动工作成效，坚决稳控安全生产形势。通知要求精准消除事故隐患，推动治理模式向事前预防转型，研判事故预防工作重点，落实"隐患就是事故"理念，健全安全责任体系，夯实安全生产工作基础，健全工程质量安全手册体系，压实企业主要负责人安全生产责任，狠抓关键岗位人员到岗履职，全面提升监管效能，推动施工安全监管数字化转型，构建新型数字化监管机制，全域推广应用电子证照，严厉打击违法违规行为，服务建筑业高质量发展，严肃查处违法违规行为，完善事故报送调查处罚闭环机制，坚持分类施策与惩教结合。

6.2023年3月31日，《住房和城乡建设部关于印发〈建设工程质量检测机构资质标准〉的通知》（建质规〔2023〕1号）下发。此资质标准是《建设工程质量检测管理办法》的配套文件，从调整检测资质分类、强化检测参数评审、提高技术人员要求、加强设备场所考核、提高检测数字化应用等多个方面进一步强化建设工程质量检测资质管理，提高检测机构专业技术能力，促进建设工程质量检测行业健康发展，保障建设工程质量。在2005年颁布的原资质标准基础上，调整检测资质分类，强化检测参数考核，突出信誉资历考评，提高主要人员要求，强调信息化管理要求，保障检测真实有效。

7.2023年4月4日，为掌握全国民用建筑能耗情况，推进民用建筑节能工作，《住房和城乡建设部办公厅关于做好2022年度全国民用建筑能源资源消耗统计调查的通知》(建办标函〔2023〕90号)下发，统计调查范围依据调查内容分为全国城镇、全国106个城市和17个省（自治区、直辖市）三类。统计数据通过信息平台（http://jznh.mohurd.gov.cn）报送，统计工作年度报告发送至电子邮箱（nhtj@mohurd.gov.cn）。

8.2023年4月13日，《住房和城乡建设部办公厅关于做好2023年全国防灾减灾日有关工作的通知》(建办质函〔2023〕98号)下发。通知明确，2023年5月12日是第15个全国防灾减灾日，主题是"防范灾害风险 护航高质量发展"，2023年5月6日至12日为防灾减灾宣传周。通知要求按照《国家减灾委员会办公室关于做好2023年全国防灾减灾日有关工作的通知》(国减办发〔2023〕5号)要求，就做好住房和城乡建设系统2023年全国防灾减灾日有关工作，防范灾害风险，组织做好防灾减灾宣传工作，抓好专项治理，推进风险隐患排查整治，采取积极措施，推动有效应对灾害风险，完善应急机制，提高防灾减灾救灾应急能力。

9.2023年4月18日，《住房和城乡建设部办公厅关于做好建设工程质量检测机构新旧资质标准过渡工作的通知》(建办质函〔2023〕100号)下发，明确自新标准发布之日起至2024年7月31日为过渡期，按照原标准要求进行办理的，颁发的资质证书有效期至2024年7月31日，按照新标准要求进行办理的，资质证书有效期5年，要求各地结合实际情况，制定本地区新旧资质过渡工作方案，确保工程质量检测行业发展平稳有序，切实保障工程质量。

10.2023年4月28日，《住房和城乡建设部关于废止和宣布失效部分行政规范性文件的公告》(中华人民共和国住房和城乡建设部公告2023年第58号)印发，其中废止了《房屋建筑与装饰工程消耗量定额》《通用安装工程消耗量定额》《市政工程消耗量定额》等24册全国统一消耗量定额。

11.2023年4月28日，《住房和城乡建设部办公厅关于推行勘察设计工程师和监理工程师注册申请"掌上办"的通知》（建办市函〔2023〕114号）下发，通知明确自2023年5月8日起，新增勘察设计注册工程师（二级注册结构工程师除外）、注册监理工程师注册申请"掌上办"功能。申请人可通过微信、支付宝搜索"住房和城乡建设部政务服务门户"小程序，办理勘察设计注册工程师（二级注册结构工程师除外）、注册监理工程师注册申请、注册进度查询、个人信息修改等业务。省级住房和城乡建设主管部门通过勘察设计注册工程师和注册监理工程师注册管理信息系统收到注册申请数据后，应及时完成上报。各级住房和城乡建设主管部门要充分运用数字化等手段，按照"双随机、一公开"原则，加强对勘察设计注册工程师、注册监理工程师注册工作和执业活动的事中事后监督检查。社会公众可通过全国建筑市场监管公共服务平台，查询勘察设计注册工程师、注册监理工程师的注册信息、执业单位变更记录信息。

12. 2023年4月28日，《住房和城乡建设部办公厅关于同意在长春市开展第一次全国自然灾害综合风险普查房屋建筑和市政设施调查数据成果应用更新工作试点的函》（建办质函〔2023〕111号）下发。函复同意在长春市开展第一次全国自然灾害综合风险普查房屋建筑和市政设施调查数据成果应用更新工作试点，试点期至2024年年底。要求吉林省住房和城乡建设厅认真贯彻落实全国住房和城乡建设工作会议部署，以房屋建筑和市政设施调查数据为底层核心数据和基础底图，加快推进省、市两级住房和城乡建设行业基础数据库（以下简称"基础数据库"）及数据枢纽建设，实现与部级基础数据库和数据枢纽互联互通。指导长春市住房保障和房屋管理局结合工作实际，积极探索房屋全生命周期安全管理的数字化应用场景，不断推进基础数据库应用和更新工作。要求试点过程中加强数据安全管理和质量控制。按照《中华人民共和国网络安全法》《中华人民共和国数据安全法》《中华人民共和国个人信息保护法》等法律法规和住房和城乡建设部关于全国房屋建筑和市政设施调查数据安全管理有关规定，强化省、市两级调查数据和信息系统安全保障，做好配套的硬件资源保障和运行维护工作。要求建立省、市两级数据质量审核机制，保证汇聚并更新至基础数据库的数据质量，避免不合格数据进入基础数据库。要求加强试点经验总结，每半年将试点工作进展情况报送住房和城乡建设部。

13. 2023年5月18日，《住房和城乡建设部关于推进建设工程消防设计审查验收纳入工程建设项目审批管理系统有关工作的通知》（建科〔2023〕25号）印发，推动全国县城及县级以上城市完成各类建设工程消防设计审查验收纳入工程建设项目审批管理系统，实现统一入口、全流程网上办理。

14. 2023年5月31日，《住房和城乡建设部办公厅关于开展工程设计人员能力提升培训的通知》（建办市函〔2023〕140号）下发，通知决定组织开展面向社会的工程设计人员能力提升公益性培训，所有工程设计人员均可通过住房和城乡建设部门户网站免费在线学习培训。培训目的是围绕让人民群众住上更好房子的目标，聚焦提升工程设计品质，统筹工程设计行业发展需要和工程设计人员实际需求，着力提升工程设计人员理念创新、实践应用、技术更新、精细化设计、全过程管理等方面能力，培养善思考、有能力、懂技术、负责任、能统筹的复合型工程设计人才队伍，为行业高质量发展提供有力支撑。培训内容是围绕建筑业工业化、数字化、绿色化转型发展的总体要求，重点开展设计创作、设计技术、新兴领域、组织管理、标准规范、政策解读等方面的培训。根据行业发展趋势和工程设计工作实际，不断丰富和完善培训课程内容，更好满足工程设计人员需求。培训采用线上视频培训为主，线上线下相结合的方式。自通知发布之日起，工程设计人员即可通过住房和城乡建设部门户网站"热点专题"栏目免费进行在线学习（网站地址 https://www.mohurd.gov.cn/ztbd/gcsjdjt/index.html）。根据工作需要，各有关单位可按规定组织开展线下培训。

15. 2023年6月6日，《住房和城乡建设部办公厅关于2022年度建筑工程施工转包违法分包等违法违规行为及举报投诉案件查处情况的通报》（建办市〔2023〕22号）公布。通报指出，按照住房和城乡建设部工作部署，全国31个省、自治区、直辖市和新疆生产建设兵团均向住房和城乡建设部报送了2022年度建筑工程施工转包违法分包等违法违规行为查处情况。据统计，各地住房和城乡建设主管部门共排查项目323775个，涉及建设单位249443家、施工企业272941家。各地住房和城乡建设主管部门共排查出8518个项目存在建筑市场违法违规行为。各地住房和城乡建设主管部门共查处存在违法违规行为的建设单位3162家、施工企业6386家。各地住房和城乡建设主管部门对存在违法违规行为的企业和人员，分别采取停业整顿、降低资质等级、吊销资质、责令停止执业、通报批评、没收违法所得、罚款、信用惩戒等行政处罚或行政管理措施。

16. 2023年6月15日，《住房和城乡建设部办公厅关于开展智能建造新技术新产品创新服务典型案例应用情况总结评估工作的通知》（建办市函〔2023〕146号）下发，通知决定对《住房和城乡建设部办公厅关于发布智能建造新技术新产品创新服务典型案例（第一批）的通知》（建办市函〔2021〕482号）确定的124个案例应用情况开展总结评估。要求案例推荐单位组织案例申报单位开展自评，并填写案例调查表，详细说明相关技术的工程应用情况、实施效益、技术水平等，提出存在的问题困难和政策建议，于2023年8月31日前报送住房和城乡建设部建筑市场监管司，住房和城乡建设部将组织专家对报送材料进行评审，必要时开展实地核验，对于在提品质、降成本等方面确有实效的智能建造技术，列入智能建造先进适用技术清单，并择优纳入住房和城乡建设领域推广应用技术公告，在全国范围推广应用。

17. 2023年6月16日，《住房和城乡建设部办公厅关于二级建造师跨地区执业问题的复函》（建办市函〔2023〕149号）下发，函复《关于二级建造师跨地区执业适用依据的请示》（冀建建市函〔2023〕103号）明确，按《关于印发〈建造师执业资格制度暂行规定〉的通知》（人发〔2002〕111号）第十五条规定，"二级建造师执业资格考试合格者，由省、自治区、直辖市人事部门颁发由人事部、建设部统一格式的《中华人民共和国二级建造师执业资格证书》。该证书在所在行政区域内有效"。《注册建造师管理规定》（建设部令第153号）第九条规定，"取得二级建造师资格证书的人员申请注册，由省、自治区、直辖市人民政府建设主管部门负责受理和审批，对批准注册的，核发由国务院建设主管部门统一样式的《中华人民共和国二级建造师注册证书》"。因此，二级建造师应在考试取得执业资格的省、自治区、直辖市申请注册。按《关于印发〈注册建造师执业管理办法〉(试行)的通知》(建市〔2008〕48号)第六条规定，通过考核认定或参加考试取得二级建造师资格证书并经注册人员，可在全国范围内以二级注册建造师名义执业。因此，二级注册建造师可随注册企业在全国范围内执业。

18. 2023年6月27日，《住房和城乡建设部办公厅关于开展2022年工程勘察设计、建设工程监理统计调查的通知》(建办市函〔2023〕163号)下发，通知明确为全面掌握工程勘察设计、建设工程监理行业情况，住房和城乡建设部修订了工程勘察设计、建设工程监理统计调查制度，做好2022年全国工程勘察设计、建设工程监理统计调查工作，通知要求各省级住房和城乡建设主管部门按照统计调查制度要求，组织开展本地区2022年度统计调查工作，并组织每月填报建设工程勘察设计、监理领域就业人员情况。报送流程要求，各级住房和城乡建设主管部门组织有关企业于2023年7月31日前，通过全国建筑市场监管公共服务平台(http://jzsc.mohurd.gov.cn)登录全国工程勘察设计、建设工程监理统计调查信息管理系统(以下统称"统计调查系统")填报各项统计调查数据。省级住房和城乡建设主管部门组织本地区年度工程勘察设计收入(不含子公司，下同)6亿元人民币以上(含)的企业，于2023年8月20日前通过统计调查系统，将经本企业法定代表人签字并加盖企业公章的财务指标申报表，以及其他反映企业工程勘察设计收入的合法财务报表扫描件上传，并将纸质版报送住房和城乡建设部建筑市场监管司。月报自2023年7月起填报。

19. 2023年7月18日，《住房城乡建设部关于2023年度第一批三星级绿色建筑标识项目的公告》(中华人民共和国住房和城乡建设部公告2023年第96号)公布。按照《住房和城乡建设部关于印发绿色建筑标识管理办法的通知》(建标规〔2021〕1号)和《住房和城乡建设部办公厅关于做好三星级绿色建筑标识申报工作的通知》(建办标〔2021〕23号)要求，住房和城乡建设部组织开展了2023年度第一批三星级绿色建筑标识项目申报工作。经项目单位申报、省级住房和城乡建设部门推荐、住房和城乡建设部组织专家评审并向社会公示，确定北京大兴国际机场工程、北京中建·大兴之星办公楼、南京扬子江国际会议中心、青岛胶东国际机场T1航站楼、青岛海天中心T2塔楼、保定市世园国际、拜耳医药保健有限公司北京工厂综合扩建项目、湖北中烟工业有限责任公司武汉卷烟厂易地技术改造项目（联合工房）8个项目获得三星级绿色建筑标识，予以公布。

  20.2023年8月14日，《住房城乡建设部办公厅关于开展建筑起重机械使用登记证书电子证照试运行工作的通知》下发。通知明确，决定自2023年12月1日起，在北京、天津、黑龙江、浙江、安徽、福建、山东、湖北、海南、重庆、贵州、云南、新疆等省（自治区、直辖市）开展电子证照试运行工作。总结电子证照试运行工作经验，自2024年7月1日起，在全国实行建筑起重机械使用登记证书电子证照制度。各试点地区建筑起重机械使用登记证书发证机关要按照《全国一体化政务服务平台电子证照 建筑起重机械使用登记证书》（C0330—2023）和《全国工程质量安全监管信息平台电子证照归集共享业务规程（试运行）》要求，规范开展电子证照制作、签发和信息归集工作，通过全国工程质量安全监管信息平台进行电子证照赋码，形成全国统一的电子证照版式，切实做到照面规范、内容全面、数据真实。各试点地区住房城乡建设主管部门要结合本地区实际，建设统分结合的建筑起重机械管理信息平台（以下简称"信息平台"），实现建筑起重机械备案、检测、验收、使用登记、安装拆卸告知全流程数字化监管，政务服务事项"一网通办"。各试点地区省级住房城乡建设主管部门要全量、实时归集辖区内建筑起重机械使用登记证书电子证照数据，将新制发的电子证照数据实时上传至全国工程质量安全监管信息平台，并动态维护证书变更信息。住房和城乡建设部将通过全国工程质量安全监管信息平台及关联的微信小程序，向全社会提供建筑起重机械使用登记证书电子证照信息公开查询及二维码扫描验证服务，同时向各试点地区省级住房城乡建设主管部门共享电子证照信息，实现建筑起重机械使用登记证书电子证照跨省互通互认、数据互联共享。通知要求，参与电子证照试运行工作的省（自治区、直辖市）要于2023年11月1日前完成信息平台建设、系统升级和联调测试工作，出台辖区内纸质证照转换电子证照实施细则，主动向服务对象和社会公开办事指南。未参与试运行工作的地区要积极学习试点地区的先进经验，于2024年6月1日前完成建筑起重机械使用登记证书电子证照发放准备工作。

21. 2023年8月21日，《住房和城乡建设部关于修改〈建设工程消防设计审查验收管理暂行规定〉的决定》（住房和城乡建设部令第58号）公布。进一步加强消防审验管理，优化特殊建设工程特殊消防设计专家评审管理，建立完善消防验收备案分类管理制度。

22. 2023年9月6日，《住房城乡建设部关于进一步加强建设工程企业资质审批管理工作的通知》（建市规〔2023〕3号）下发。通知明确，决定自2023年9月15日起，企业资质审批权限下放试点地区不再受理试点资质申请事项，统一由住房和城乡建设部实施。企业因发生重组分立申请资质核定的，需对原企业和资质承继企业按资质标准进行考核。通知明确，申请由住房和城乡建设部负责审批的企业资质，其企业业绩应当是在全国建筑市场监管公共服务平台（以下简称"全国建筑市场平台"）上满足资质标准要求的A级工程项目，专业技术人员个人业绩应当是在全国建筑市场平台上满足资质标准要求的A级或B级工程项目。业绩未录入全国建筑市场平台的，申请企业须在提交资质申请前由业绩项目所在地省级住房城乡建设主管部门确认业绩指标真实性。通知提出，自2024年1月1日起，申请资质企业的业绩应当录入全国建筑市场平台。住房和城乡建设部要求，住房城乡建设主管部门要完善信息化手段，对企业注册人员等开展动态核查，及时公开核查信息。申请施工总承包一级资质、专业承包一级资质的企业，应满足《建筑业企业资质标准》（建市〔2014〕159号）要求的注册建造师人数等指标要求。对存在资质申请弄虚作假行为、发生工程质量安全责任事故、拖欠农民工工资等违反法律法规和工程建设强制性标准的企业和从业人员，要加大惩戒力度，依法依规限制或禁止从业，并列入信用记录。

23. 2023年9月13日，《最高人民检察院 住房城乡建设部关于印发〈关于在检察公益诉讼中加强协作配合依法做好城乡历史文化保护传承工作的意见〉的通知》（高检发办字〔2023〕138号）下发。通知明确，深入学习贯彻党的二十大精神，认真贯彻落实习近平总书记关于加强城乡历史文化保护传承、坚定文化自信的重要指示批示精神，落实中共中央办公厅、国务院办公厅《关于在城乡建设中加强历史文化保护传承的意见》，最高人民检察院和住房和城乡建设部就在检察公益诉讼中加强协作配合，更好地做好城乡历史文化保护传承工作。通知明确城乡历史文化保护传承与检察公益诉讼协作的重点领域是：历史城区整体管控、历史文化街区和历史地段保护、历史文化名镇名村保护、历史建筑保护。通知要求从线索移送、会商研判、信息共享、联合专项、调查取证、专业支持、案例发布七个方面建立健全城乡历史文化保护传承与检察公益诉讼协作机制，从坚持制度定位、履职尽责标准、诉前检察建议回复、行政公益诉讼起诉应诉四个方面规范城乡历史文化保护传承行政公益诉讼办案工作。

24. 2023年11月16日，《住房城乡建设部办公厅关于印发发展智能建造可复制经验做法清单（第二批）的通知》（建办市函〔2023〕322号）下发，通知明确，各地以试点示范为抓手，加快完善发展智能建造的政策体系、产业体系和技术路径，推动建筑业转型发展工作取得积极成效。通知要求各地结合实际学习借鉴加大政策支持力度、推动建设试点示范工程、创新工程建设监管机制、强化组织领导和宣传交流四个方面的有关经验做法。

25. 2023年12月1日，《住房城乡建设部办公厅关于开展隔震减震技术在线学习的通知》（建办质函〔2023〕340号）下发，通知明确，住房和城乡建设部组织开发了隔震减震技术应用视频教育系列课程。课程围绕隔震减震技术要点、法规政策、标准规范、设计施工、质量管理等主题，邀请院士、全国工程勘察设计大师等有关专家录制了系列专题讲座。针对全国房屋市政工程质量安全检查中发现的隔震减震工程突出问题，进行了典型案例剖析，安排了相应的教学内容。

附录2 2021—2023年批准发布的国家标准和行业标准

2021年批准发布的国家标准　　　　　　　附表2-1

序号	标准名称	标准号	批准日期	实施日期
1	纤维增强塑料设备和管道工程技术规范（英文版）	GB 51160—2016E	2021-01-25	2016-08-01
2	工业企业电气设备抗震鉴定标准（英文版）	GB 50994—2014E	2021-01-25	2015-03-01
3	石油库设计文件编制标准（英文版）	GB/T 51026—2014E	2021-01-25	2015-05-01
4	石油化工工程地震破坏鉴定标准（英文版）	GB 50992—2014E	2021-01-25	2015-02-01
5	钢铁工业环境保护设计规范（英文版）	GB 50406—2017E	2021-01-25	2018-01-01
6	钢铁工业资源综合利用设计规范（英文版）	GB 50405—2017E	2021-01-25	2018-01-01
7	尾矿设施设计规范（英文版）	GB 50863—2013E	2021-01-25	2013-12-01
8	加氢站技术规范（2021年版）	GB 50516—2010	2021-03-26	2021-05-01
9	建筑金属板围护系统检测鉴定及加固技术标准	GB/T 51422—2021	2021-04-09	2021-10-01
10	生活垃圾卫生填埋场防渗系统工程技术标准	GB/T 51403—2021	2021-04-09	2021-10-01
11	城市客运交通枢纽设计标准	GB/T 51402—2021	2021-04-09	2021-10-01
12	泡沫灭火系统技术标准	GB 50151—2021	2021-04-09	2021-10-01
13	城市步行和自行车交通系统规划标准	GB/T 51439—2021	2021-04-09	2021-10-01
14	自动跟踪定位射流灭火系统技术标准	GB 51427—2021	2021-04-09	2021-10-01
15	煤化工工程设计防火标准	GB 51428—2021	2021-04-09	2021-10-01
16	室外排水设计标准	GB 50014—2021	2021-04-09	2021-10-01
17	公共广播系统工程技术标准	GB/T 50526—2021	2021-04-09	2021-10-01
18	建筑与市政工程抗震通用规范	GB 55002—2021	2021-04-09	2022-01-01

续表

序号	标准名称	标准号	批准日期	实施日期
19	建筑与市政地基基础通用规范	GB 55003—2021	2021-04-09	2022-01-01
20	组合结构通用规范	GB 55004—2021	2021-04-09	2022-01-01
21	木结构通用规范	GB 55005—2021	2021-04-12	2022-01-01
22	砌体结构通用规范	GB 55007—2021	2021-04-09	2022-01-01
23	燃气工程项目规范	GB 55009—2021	2021-04-09	2022-01-01
24	供热工程项目规范	GB 55010—2021	2021-04-09	2022-01-01
25	城市道路交通工程项目规范	GB 55011—2021	2021-04-09	2022-01-01
26	钢结构通用规范	GB 55006—2021	2021-04-09	2022-01-01
27	工程结构通用规范	GB 55001—2021	2021-04-09	2022-01-01
28	园林绿化工程项目规范	GB 55014—2021	2021-04-09	2022-01-01
29	生活垃圾处理处置工程项目规范	GB 55012—2021	2021-04-09	2022-01-01
30	市容环卫工程项目规范	GB 55013—2021	2021-04-09	2022-01-01
31	建筑隔震设计标准	GB/T 51408—2021	2021-04-27	2021-09-01
32	数字集群通信工程技术标准	GB/T 50760—2021	2021-06-28	2021-12-01
33	冷库设计标准	GB 50072—2021	2021-06-28	2021-12-01
34	汽车加油加气加氢站技术标准	GB 50156—2021	2021-06-28	2021-10-01
35	铟冶炼回收工艺设计标准	GB/T 51443—2021	2021-06-28	2021-12-01
36	煤炭工业矿区机电设备修理设施设计标准	GB/T 50532—2021	2021-06-28	2021-12-01
37	锑冶炼厂工艺设计标准	GB 51445—2021	2021-06-28	2021-12-01
38	冷库施工及验收标准	GB 51440—2021	2021-06-28	2021-12-01
39	风光储联合发电站设计标准	GB/T 51437—2021	2021-06-28	2021-12-01
40	冷轧电工钢工程设计规范（英文版）	GB/T 50997—2014E	2021-08-30	2015-02-01
41	型钢轧钢工程设计规范（英文版）	GB 50410—2014E	2021-08-30	2015-08-01
42	钢铁企业喷雾焙烧法盐酸废液再生工程技术规范（英文版）	GB 51093—2015E	2021-08-30	2015-11-01
43	转炉煤气净化及回收工程技术规范（英文版）	GB 51135—2015E	2021-08-30	2016-06-01
44	煤炭工业露天矿疏干排水设计规范（英文版）	GB 51173—2016E	2021-08-30	2016-12-01

附录2 2021—2023年批准发布的国家标准和行业标准

续表

序号	标准名称	标准号	批准日期	实施日期
45	煤炭工业智能化矿井设计标准（英文版）	GB/T 51272—2018E	2021-08-30	2018-09-01
46	煤炭工业矿井抗震设计规范（英文版）	GB 51185—2016E	2021-08-30	2017-04-01
47	煤炭洗选工程设计规范（英文版）	GB 50359—2016E	2021-08-30	2017-04-01
48	电子工业防微振工程技术规范（英文版）	GB 51076—2015E	2021-08-30	2015-09-01
49	建筑信息模型存储标准	GB/T 51447—2021	2021-09-08	2022-02-01
50	跨座式单轨交通工程测量标准	GB/T 51361—2021	2021-09-08	2022-02-01
51	盾构隧道工程设计标准	GB/T 51438—2021	2021-09-08	2022-02-01
52	钢管混凝土混合结构技术标准	GB/T 51446—2021	2021-09-08	2021-12-01
53	石油化工钢制设备抗震设计标准（英文版）	GB/T 50761—2018E	2021-09-18	2018-09-01
54	石油化工钢制设备抗震鉴定标准（英文版）	GB/T 51273—2018E	2021-09-18	2018-09-01
55	石油化工工程数字化交付标准（英文版）	GB/T 51296—2018E	2021-09-18	2019-03-01
56	建筑设计防火规范（2018年版）（英文版）	GB 50016—2014E	2021-09-18	2015-05-01
57	既有建筑鉴定与加固通用规范	GB 55021—2021	2021-09-08	2022-04-01
58	混凝土结构通用规范	GB 55008—2021	2021-09-08	2022-04-01
59	工程勘察通用规范	GB 55017—2021	2021-09-08	2022-04-01
60	工程测量通用规范	GB 55018—2021	2021-09-08	2022-04-01
61	既有建筑维护与改造通用规范	GB 55022—2021	2021-09-08	2022-04-01
62	建筑给水排水与节水通用规范	GB 55020—2021	2021-09-08	2022-04-01
63	建筑环境通用规范	GB 55016—2021	2021-09-08	2022-04-01
64	建筑节能与可再生能源利用通用规范	GB 55015—2021	2021-09-08	2022-04-01
65	建筑与市政工程无障碍通用规范	GB 55019—2021	2021-09-08	2022-04-01
66	防灾避难场所设计规范（2021年版）	GB 51143—2015	2021-12-13	2022-03-01

2021年批准发布的行业标准　　　　　　　　　　　　　附表2-2

序号	标准名称	标准号	批准日期	实施日期
1	历史建筑数字化技术标准	JGJ/T 489—2021	2021-06-30	2021-10-01
2	装配式内装修技术标准	JGJ/T 491—2021	2021-06-30	2021-10-01
3	钢框架内填墙板结构技术标准	JGJ/T 490—2021	2021-06-30	2021-10-01
4	高速磁浮交通设计标准	CJJ/T 310—2021	2021-06-30	2021-10-01
5	早期推定混凝土强度试验方法标准	JGJ/T 15—2021	2021-06-30	2021-10-01
6	建筑施工承插型盘扣式钢管脚手架安全技术标准	JGJ/T 231—2021	2021-06-30	2021-10-01
7	城市户外广告和招牌设施技术标准	CJJ/T 149—2021	2021-12-13	2022-03-01
8	环境卫生图形符号标准	CJJ/T 125—2021	2021-12-13	2022-03-01
9	湿地公园设计标准	CJJ/T 308—2021	2021-05-13	2022-03-01
10	建筑装配式集成墙面	JG/T 579—2021	2021-12-23	2022-03-01
11	装配式建筑用墙板技术要求	JG/T 578—2021	2021-12-23	2022-03-01
12	防水卷材屋面用机械固定件	JG/T 576—2021	2021-12-23	2022-03-01
13	建筑屋面排水用雨水斗通用技术条件	CJ/T 245—2021	2021-12-23	2022-03-01
14	聚合物透水混凝土	CJ/T 544—2021	2021-12-23	2022-03-01

2022年批准发布的国家标准　　　　　　　　　　　　　附表2-3

序号	标准名称	标准号	批准日期	实施日期
1	钼冶炼厂工艺设计标准	GB 51442—2022	2022-01-05	2022-05-01
2	炼铁工艺炉壳体结构技术标准	GB/T 50567—2022	2022-01-05	2022-05-01
3	农业温室结构设计标准	GB/T 51424—2022	2022-01-05	2022-05-01
4	锅炉安装工程施工及验收标准	GB 50273—2022	2022-01-05	2022-05-01
5	印制电路板工厂设计规范（英文版）	GB 51127—2015E	2022-03-28	2022-05-01
6	煤炭工业矿井设计规范（英文版）	GB 50215—2015E	2022-03-28	2016-03-01
7	煤矿立井井筒及硐室设计规范（英文版）	GB 50384—2016E	2022-03-28	2017-04-01
8	煤炭工业露天矿设计规范（英文版）	GB 50197—2015E	2022-03-28	2015-11-01
9	塔式太阳能光热发电站设计标准（英文版）	GB/T 51307—2018E	2022-03-28	2018-12-01
10	特殊设施工程项目规范	GB 55028—2022	2022-03-10	2022-10-01

续表

序号	标准名称	标准号	批准日期	实施日期
11	城乡排水工程项目规范	GB 55027—2022	2022-03-10	2022-10-01
12	城市给水工程项目规范	GB 55026—2022	2022-03-10	2022-10-01
13	宿舍、旅馆建筑项目规范	GB 55025—2022	2022-03-10	2022-10-01
14	安全防范工程通用规范	GB 55029—2022	2022-03-10	2022-10-01
15	施工脚手架通用规范	GB 55023—2022	2022-03-10	2022-10-01
16	建筑电气与智能化通用规范	GB 55024—2022	2022-03-10	2022-10-01
17	泵站设计标准	GB 50265—2022	2022-07-15	2022-12-01
18	小型水电站技术改造标准	GB/T 50700—2022	2022-07-15	2022-12-01
19	有色金属工业总图规划及运输设计标准	GB 50544—2022	2022-07-15	2022-12-01
20	跨座式单轨交通设计标准	GB/T 50458—2022	2022-07-15	2022-12-01
21	城市轨道交通工程项目规范	GB 55033—2022	2022-07-15	2023-03-01
22	煤矿井巷工程质量验收规范（2022版）	GB 50213—2010	2022-07-27	2022-12-01
23	石油化工装置防雷设计规范（2022版）	GB 50650—2011	2022-07-27	2022-12-01
24	±800kV直流换流站设计规范（2022版）	GB/T 50789—2012	2022-07-27	2022-12-01
25	消防设施通用规范	GB 55036—2022	2022-07-15	2023-03-01
26	建筑与市政工程施工质量控制通用规范	GB 55032—2022	2022-07-15	2023-03-01
27	民用建筑通用规范	GB 55031—2022	2022-07-15	2023-03-01
28	烟花爆竹工程设计安全标准	GB 50161—2022	2022-09-08	2022-12-01
29	金属非金属矿山充填工程技术标准	GB/T 51450—2022	2022-09-08	2022-12-01
30	农业建设项目验收技术标准	GB/T 51429—2022	2022-09-08	2022-12-01
31	石油化工建筑物抗爆设计标准	GB/T 50779—2022	2022-09-08	2022-12-01
32	尾矿堆积坝岩土工程技术标准	GB/T 50547—2022	2022-09-08	2022-12-01
33	油气回收处理设施技术标准	GB/T 50759—2022	2022-09-08	2022-12-01
34	建筑与市政工程防水通用规范	GB 55030—2022	2022-09-27	2023-04-01
35	建筑与市政施工现场安全卫生与职业健康通用规范	GB 55034—2022	2022-10-31	2023-06-01
36	氧化铝厂工艺设计标准	GB/T 50530—2022	2022-10-31	2023-02-01
37	有机肥工程技术标准	GB/T 51448—2022	2022-10-31	2023-02-01
38	电子工业废水处理工程设计标准	GB 51441—2022	2022-10-31	2023-02-01

续表

序号	标准名称	标准号	批准日期	实施日期
39	秸秆热解炭化多联产工程技术标准	GB/T 51449—2022	2022-10-31	2023-02-01
40	住宅性能评定标准	GB/T 50362—2022	2022-10-31	2023-02-01
41	煤矿井巷工程施工标准	GB/T 50511—2022	2022-10-31	2023-02-01
42	建筑防火通用规范	GB 55037—2022	2022-12-27	2023-06-01

2022年批准发布的行业标准　　　　　　　　附表2-4

序号	标准名称	标准号	批准日期	实施日期
1	城市信息模型基础平台技术标准	CJJ/T 315—2022	2022-01-19	2022-06-01
2	低地板有轨电车车辆通用技术条件	CJ/T 417—2022	2022-02-11	2022-05-01
3	城市轨道交通计轴设备技术条件	CJ/T 543—2022	2022-02-11	2022-05-01
4	城市轨道交通站台屏蔽门	CJ/T 236—2022	2022-02-11	2022-05-01
5	外墙外保温用防火分隔条	JG/T 577—2022	2022-02-11	2022-05-01
6	城市道路清扫保洁与质量评价标准	CJJ/T 126—2022	2022-02-11	2022-05-01
7	装配式住宅设计选型标准	JGJ/T 494—2022	2022-03-14	2022-04-01
8	建筑用电供暖散热器	JG/T 236—2022	2022-04-06	2022-08-01
9	间接蒸发冷水机组	JG/T 580—2022	2022-04-06	2022-08-01
10	卷帘门窗	JG/T 302—2022	2022-04-06	2022-08-01
11	房屋建筑统一编码与基本属性数据标准	JGJ/T 496—2022	2022-04-20	2022-07-01
12	城镇排水行业职业技能标准	CJJ/T 313—2022	2022-04-29	2022-08-01
13	市域快速轨道交通设计标准	CJJ/T 314—2022	2022-04-29	2022-08-01
14	智能楼宇管理员职业技能标准	JGJ/T 493—2022	2022-04-29	2022-08-01
15	城镇供热管网设计标准	CJJ/T 34—2022	2022-04-29	2022-08-01

2023年批准发布的国家标准　　　　　　　　附表2-5

序号	标准名称	标准号	批准日期	实施日期
1	石油化工金属管道工程施工质量验收规范（2023年版）	GB 50517—2010	2023-01-05	2023-05-01
2	涤纶、锦纶、丙纶设备工程安装与质量验收规范（2023年版）	GB 50695—2011	2023-01-05	2023-05-01

附录2 2021—2023年批准发布的国家标准和行业标准

续表

序号	标准名称	标准号	批准日期	实施日期
3	水利水电工程地质勘察规范（2023年版）	GB 50487—2008	2023-01-05	2023-05-01
4	薄膜晶体管液晶显示器工厂设计规范（英文版）	GB 51136—2015E	2023-01-05	2023-05-01
5	建筑防腐蚀工程施工规范（英文版）	GB 50212—2014E	2023-04-03	2015-01-01
6	建筑防腐蚀工程施工质量验收标准（英文版）	GB/T 50224—2018E	2023-04-03	2019-04-01
7	城市轨道交通自动售检票系统工程质量验收标准（英文版）	GB/T 50381—2018E	2023-04-05	2018-12-01
8	建筑物移动通信基础设施工程技术标准	GB 51456—2023	2023-05-23	2023-09-01
9	工业设备及管道防腐蚀工程技术标准	GB/T 50726—2023	2023-05-23	2023-09-01
10	城镇燃气输配工程施工及验收标准	GB/T 51455—2023	2023-05-23	2023-09-01
11	城乡历史文化保护利用项目规范	GB 55035—2023	2023-05-23	2023-12-01
12	服装工厂设计规范（2023年版）	GB 50705—2012	2023-07-30	2023-11-01
13	地下水监测工程技术标准	GB/T 51040—2023	2023-09-25	2024-05-01
14	核电厂工程测量标准	GB/T 50633—2023	2023-09-25	2024-05-01
15	建筑与市政工程绿色施工评价标准	GB/T 50640—2023	2023-09-25	2024-05-01
16	医院建筑运行维护技术标准	GB/T 51454—2023	2023-09-25	2024-05-01
17	机井工程技术标准	GB/T 50625—2023	2023-09-25	2024-05-01
18	核工业铀矿冶工程技术标准	GB 50521—2023	2023-11-09	2024-05-01
19	水工建筑物抗震设计标准（英文版）	GB 51247—2018E	2023-12-26	2018-11-01
20	小型水电站施工安全标准（英文版）	GB 51304—2018E	2023-12-26	2019-04-01
21	河流流量测验规范（英文版）	GB 50179—2015E	2023-12-26	2016-05-01
22	节水灌溉工程技术标准（英文版）	GB/T 50363—2018E	2023-12-26	2018-11-01
23	水利水电工程节能设计规范（2023年版）	GB/T 50649—2011	2023-12-26	2024-05-01

237

2023年批准发布的行业标准　　　　　　　附表2-6

序号	标准名称	标准号	批准日期	实施日期
1	节段预制混凝土桥梁技术标准	CJJ/T 111—2023	2023-01-05	2023-05-01
2	超长混凝土结构无缝施工标准	JGJ/T 492—2023	2023-01-05	2023-05-01
3	中低速磁浮交通车辆通用技术条件（英文版）	CJ/T 375—2011E	2023-04-05	2012-02-01
4	中低速磁浮交通车辆电气系统技术条件（英文版）	CJ/T 411—2012E	2023-04-05	2013-04-01
5	中低速磁浮交通道岔系统设备技术条件（英文版）	CJ/T 412—2012E	2023-04-05	2013-04-01
6	中低速磁浮交通轨排通用技术条件（英文版）	CJ/T 413—2012E	2023-04-05	2013-04-01
7	中低速磁浮交通车辆悬浮控制系统技术条件（英文版）	CJ/T 458—2014E	2023-04-05	2014-12-01
8	透水水泥混凝土路面技术规程（2023年版）	CJJ/T 135—2009	2023-07-30	2023-11-01
9	钢筋套筒灌浆连接应用技术规程（2023年版）	JGJ 355—2015	2023-07-30	2023-11-01
10	城市信息模型应用统一标准	CJJ/T 318—2023	2023-09-22	2024-01-01
11	城市信息模型数据加工技术标准	CJJ/T 319—2023	2023-09-22	2024-01-01

附录3 部分国家建筑业相关统计数据

2013—2022年法国、德国、英国和日本建筑业增加值及其在GDP中的比重　　附表3-1

年份	法国		德国		英国		日本	
	建筑业增加值（十亿欧元）	占GDP比重（%）	建筑业增加值（十亿欧元）	占GDP比重（%）	建筑业增加值（十亿英镑）	占GDP比重（%）	建筑业增加值（十亿日元）	占GDP比重（%）
2013	114.00	5.39	115.00	4.09	85.88	5.01	27914	5.86
2014	108.32	5.67	120.74	4.60	100.60	6.22	27733	5.86
2015	106.16	5.44	124.76	4.57	101.94	6.12	31185	5.92
2016	109.59	5.50	134.94	5.60	108.12	6.19	29371	5.51
2017	112.06	5.49	144.30	4.88	111.89	6.14	29334	5.41
2018	117.42	5.62	152.83	5.07	115.98	6.08	30425	5.58
2019	124.50	5.77	166.80	5.36	129.71	6.56	31065	5.64
2020	106.69	4.63	177.79	5.28	112.62	5.22	28876	5.35
2021	125.45	5.02	179.80	4.99	120.93	5.31	30258	5.58
2022	130.95	4.96	201.10	5.19	139.08	5.55	30904	5.56

数据来源：National Accounts Official Country Data，United Nations Statistics Division。

2018—2023年法国和德国营建产出及其增长率（2021年＝100）　　附表3-2

时间	法国		德国	
	营建产出	同比增长率	营建产出	同比增长率
2018-01	98.51	−0.04	95.70	11.70
2018-02	98.47	−2.11	90.40	−4.70
2018-03	95.74	−4.56	91.50	−3.10

续表

时间	法国		德国	
	营建产出	同比增长率	营建产出	同比增长率
2018-04	102.17	1.56	94.20	−2.80
2018-05	95.34	−6.43	97.00	0.90
2018-06	100.34	0.54	95.00	−1.20
2018-07	102.38	2.60	95.50	−0.80
2018-08	102.47	0.60	96.10	−1.10
2018-09	102.38	3.64	97.40	0.70
2018-10	101.33	−1.16	96.40	−0.40
2018-11	101.42	−0.43	95.90	−0.90
2018-12	104.45	−0.17	97.60	0.00
2019-01	98.52	0.01	95.80	0.00
2019-02	102.21	3.80	98.80	12.10
2019-03	102.35	6.90	99.00	8.80
2019-04	100.90	−1.24	99.60	5.90
2019-05	100.83	5.76	97.20	0.30
2019-06	101.15	0.81	98.40	3.40
2019-07	100.31	−2.02	98.60	3.00
2019-08	100.46	−1.96	99.10	2.70
2019-09	101.86	−0.51	99.50	2.00
2019-10	100.08	−1.23	97.90	1.20
2019-11	101.26	−0.16	99.90	3.60
2019-12	101.31	−3.01	98.90	0.70
2020-01	101.65	3.18	103.90	12.40
2020-02	101.50	−0.69	101.10	3.20
2020-03	63.48	−37.98	102.10	3.60
2020-04	36.95	−63.38	99.10	−0.20
2020-05	77.84	−22.80	98.70	1.70
2020-06	90.78	−10.25	101.90	3.50
2020-07	95.84	−4.46	96.70	−1.80

续表

时间	法国		德国	
	营建产出	同比增长率	营建产出	同比增长率
2020-08	101.41	0.95	99.30	−0.10
2020-09	95.86	−5.89	99.80	0.20
2020-10	95.67	−4.41	100.60	2.30
2020-11	96.65	−4.55	103.40	3.10
2020-12	97.09	−4.17	110.80	10.60
2021-01	102.71	1.04	94.60	−12.80
2021-02	98.85	−2.61	92.30	−9.50
2021-03	99.19	56.25	103.40	1.90
2021-04	99.39	168.99	101.80	2.30
2021-05	99.33	27.61	101.40	2.50
2021-06	99.55	9.66	101.00	−1.10
2021-07	99.69	4.02	99.50	2.50
2021-08	98.54	−2.83	98.20	−1.70
2021-09	100.64	4.99	99.20	−0.90
2021-10	102.39	7.02	99.40	−1.50
2021-11	101.54	5.06	100.10	−3.10
2021-12	98.18	1.12	99.10	−9.10
2022-01	102.89	0.18	99.50	7.60
2022-02	102.92	4.12	98.30	8.50
2022-03	102.77	3.61	99.80	−3.00
2022-04	102.01	2.64	97.30	−4.50
2022-05	102.40	3.09	97.50	−3.60
2022-06	101.28	1.74	97.80	−3.00
2022-07	100.56	0.87	96.10	−3.20
2022-08	101.37	2.87	95.60	−2.90
2022-09	102.10	1.45	95.20	−3.80
2022-10	102.65	0.25	96.80	−2.50
2022-11	103.30	1.73	96.30	−3.50

续表

时间	法国		德国	
	营建产出	同比增长率	营建产出	同比增长率
2022-12	100.77	2.64	90.30	−8.40
2023-01	101.67	−1.19	97.40	−3.20
2023-02	103.60	0.66	97.70	−0.40
2023-03	102.14	−0.61	95.80	−3.50
2023-04	102.97	0.94	98.00	0.70
2023-05	103.63	1.20	98.00	0.50
2023-06	101.20	−0.08	95.80	−1.90
2023-07	101.44	0.88	97.30	1.20
2023-08	100.24	−1.11	95.10	−0.80
2023-09	101.15	−0.93	95.30	−0.10
2023-10	100.15	−2.44	93.60	−3.20
2023-11	99.23	−3.94	93.40	−2.80
2023-12	100.77	0.00	90.50	−0.10

数据来源：欧盟统计局，Wind数据库。

2004—2023年美国建筑业增加值及占GDP比重
（单位：十亿美元，%） 附表3-3

年份	建筑业增加值	建筑业增加值占GDP比重
2004	588	4.8
2005	654	5.0
2006	698	5.0
2007	715	4.9
2008	653	4.4
2009	577	4.0
2010	542	3.6
2011	547	3.5
2012	584	3.6
2013	621	3.7
2014	674	3.9

续表

年份	建筑业增加值	建筑业增加值占GDP比重
2015	740	4.1
2016	793	4.3
2017	826	4.3
2018	840	4.1
2019	887	4.1
2020	898	4.3
2021	959	4.2
2022	1007	4.0
2023	1204	4.4

数据来源：美国经济分析局，Wind数据库。

日本以投资者分类的新开工建筑面积（单位：千平方米） 附表3-4

年份	总计	中央政府	都道府县	市町村	企业	非企业团体	个人
1985	199560	4525	4703	11234	66998	11193	100907
1990	283421	4591	5542	12878	128226	12870	119315
1995	228145	4505	5754	11045	80475	13438	112927
2000	200259	3815	3791	8115	79295	14200	91043
2005	186058	1695	1975	5591	93126	11379	72293
2009	115486	1472	1641	4920	47428	7720	52306
2010	121455	1178	1751	5343	48751	10278	54154
2011	126509	1207	1963	5299	51874	12379	53786
2012	132609	1168	1867	5567	57752	10933	55321
2013	147673	1299	2030	6257	63439	12287	62360
2014	134021	1122	2308	6286	59960	12218	52127
2015	129624	876	1667	4803	61894	9107	51277
2016	132962	1306	1671	4422	64458	9076	52028
2017	134679	830	1809	4399	69235	8380	50025
2018	131149	626	1410	4217	69608	7153	48135
2019	127555	565	1298	4075	65685	8823	47109

续表

年份	总计	中央政府	都道府县	市町村	企业	非企业团体	个人
2020	113744	820	1067	3493	60726	6383	41254
2021	122239	1016	1101	3255	66316	6543	44007
2022	119466	486	860	2858	68450	6982	39831

数据来源：日本统计年鉴2024。

日本以投资者分类的新开工建筑成本估计值（单位：十亿日元） 附表3-5

年份	总计	中央政府	都道府县	市町村	企业	非企业团体	个人
1985	23223	647	661	1626	7764	1473	11053
1990	49291	890	1088	2553	24302	2618	17840
1995	37892	985	1335	2752	11737	2691	18391
2000	31561	849	836	1836	10569	2790	14682
2005	28027	305	397	1073	12694	2058	11500
2009	20407	314	341	1069	8192	1622	8869
2010	20691	236	382	1164	7735	1999	9175
2011	21303	230	408	1151	7932	2427	9154
2012	22026	228	389	1186	8550	2177	9496
2013	25436	302	460	1436	9773	2599	10866
2014	24606	264	534	1607	9934	2892	9375
2015	25139	247	409	1271	11450	2321	9441
2016	26315	464	445	1258	12007	2468	9673
2017	27698	281	650	1306	13760	2282	9419
2018	26718	194	424	1298	13659	1960	9182
2019	27281	193	396	1388	13245	2925	9134
2020	24307	297	316	1159	12454	1992	8090
2021	26261	325	324	1113	13720	2063	8716
2022	26747	158	274	1002	14795	2308	8209

数据来源：日本统计年鉴2024。

日本以构造类型分类的新开工建筑面积（单位：千平方米） 附表3-6

年份	木质建筑	钢结构或者混凝土建筑	混凝土建筑	钢结构建筑	混凝土砌块建筑	其他
1985	70493	17748	42571	67926	528	293
1990	85397	32288	58061	106841	460	374
1995	84167	17775	43847	81575	351	431
2000	72023	17245	37565	72804	156	465
2005	63270	5440	46640	70067	101	540
2009	48225	2753	24280	39693	79	456
2010	52255	2818	25190	40609	88	494
2011	52799	2982	28994	41115	87	532
2012	54804	2404	29891	44753	103	653
2013	61969	3424	29846	51529	123	783
2014	53498	3201	27224	49225	93	780
2015	53615	2781	23233	49077	90	828
2016	56579	2289	23817	49113	109	1054
2017	56157	2484	24264	50787	87	900
2018	55456	2601	21855	50693	84	875
2019	55718	1354	22916	46554	85	928
2020	49756	1954	21757	39534	60	682
2021	53100	1842	21111	45309	56	820
2022	49537	2168	23590	43185	58	929

数据来源：日本统计年鉴2024。

日本以构造类型分类的新开工建筑成本估计值
（单位：十亿日元） 附表3-7

年份	木质建筑	钢结构或者混凝土建筑	混凝土建筑	钢结构建筑	混凝土砌块建筑	其他
1985	7352	3057	6155	6586	51	22
1990	11248	9260	12947	15753	51	32
1995	13328	4067	8726	11682	44	45
2000	11454	3523	6861	9636	27	60

续表

年份	木质建筑	钢结构或者混凝土建筑	混凝土建筑	钢结构建筑	混凝土砌块建筑	其他
2005	9616	1010	8000	9305	12	84
2009	7554	730	5318	6731	13	60
2010	8182	638	5187	6622	13	49
2011	8280	711	5712	6537	13	50
2012	8642	537	5798	6967	19	62
2013	9911	877	6083	8467	19	79
2014	8722	884	6209	8688	16	86
2015	8868	682	5583	9683	15	82
2016	9391	706	6055	10024	20	120
2017	9366	871	6444	10903	19	95
2018	9349	665	5751	10855	17	81
2019	9479	492	6545	10654	17	94
2020	8560	546	6027	9102	12	60
2021	9148	624	6086	10302	12	89
2022	8729	942	6547	10431	13	85

数据来源：日本统计年鉴2024。